证券服务机构

MISREPRESENTATION BY SECURITIES SERVICE AGENCIES

LIABILITIES AND RISK PREVENTION

虚假陈述责任及风险防范

郭克军 孙巍 沈乐行 著

法律出版社 LAW PRESS·CHINA

郭克军

郭克军律师拥有人大经济学学士、北大法学硕士、美国SMU法学硕士及长江商学院EMBA学位，现任中伦律师事务所管委会委员、中国创业和股权投资专业委员会常务理事、中国银行间市场交易商协会法律专业委员会委员等职务。

郭律师理论功底深厚，对资本市场全产业链有着深刻理解和洞见，尤为擅长企业境内外上市、重组并购、私募基金、资产管理、债券发行上市等业务，参与的多起大型上市、并购、重组及融资项目深得客户及业内好评，连续九年入选钱伯斯亚太版和/或全球版“领先律师”，连续三年入选The Legal 500亚太地区“特别推荐”律师榜单，2019年入选《国际法律评论》（IFLR1000）“高度评价”律师榜单，他主办的中国铁塔（00788.HK）香港上市项目获《商法》“2018年度杰出交易”。

孙 巍

孙巍律师毕业于中国政法大学、伦敦大学亚非学院以及纽约大学，是中国及美国纽约州执业律师，现为北京市中伦律师事务所合伙人，贸仲、北仲、上仲、上国仲、深国仲、广仲、石仲及甬仲等十余家中国内地仲裁委员会仲裁员，香港国际仲裁中心、新加坡国际仲裁中心、亚洲国际仲裁中心、南部非洲仲裁基金会、塔什干国际仲裁中心等国际仲裁机构仲裁员，塔什干国际仲裁中心监督委员会委员以及维也纳国际仲裁中心"List of Practitioner"。他同时担任中国政法大学兼职教授、UNCITRAL第二工作组中国国家代表团成员、ICC中国国家委员会仲裁和替代争议解决委员会委员、ICC"一带一路"委员会大使、贸仲建设工程业务小组召集人、《中国建设工程法律评论》主编以及常设中国建设工程法律论坛秘书长。

孙巍律师积累了丰富的国际诉讼和仲裁经验，代理过诸多重大疑难复杂跨境商事纠纷案件，涉及美国、保加利亚、德国、奥地利、波黑、伊朗、卡塔尔、新加坡、越南、秘鲁、刚果布、纳比米亚、加纳、我国香港地区等多个法域。孙巍律师已出版《联合国关于调解所产生的国际和解协议公约：立法背景及条文释义》和《Arbitration in China: A Practitioner's Guide》等十余本中英文著作。

孙巍律师入选Who's Who Legal 2021年仲裁领域"未来领袖"榜单，荣膺ALB"2020年中国十五佳诉讼律师"，Benchmark Litigation2019年、2020年亚太地区"争议解决之星"，获得《Chambers全球指南2020》争议解决（仲裁）领域重点推荐和2020年The Legal 500亚太地区榜单特别推荐。孙巍律师作为中国大陆第一宗紧急仲裁员程序案件的紧急仲裁员，获得GAR2019年度行业最佳发展成就提名。

作者简介

沈乐行

沈乐行毕业于纽约大学斯特恩商学院，学士学位，现任平安产险总公司高端责任险部总经理。拥有近20年从事董责险等职业责任保险的相关工作经验。1999—2002年在美国美林证券等大型金融机构从事证券研究及分析工作。2002年开始投身保险业，在香港加入美国国际集团，负责董责险等特殊险种，服务14年的过程当中担任过东南亚及大中华地区核保经理、多地核保团队负责人以及其他重要管理职位。2015年5月加入平安财险，建立及负责国内首家中资险企的董责险、并购险及绑架勒索保险等高端险种的专营团队。在过往的经历中，参与过多个重大项目的核保及理赔工作，包含国内最大的职业责任险项目、绑架险项目及多家知名美国挂牌公司的董责险项目等。

序言

党的十八届三中全会通过的《中共中央关于全面深化改革若干重大问题的决定》确立了市场在资源配置中起决定性作用的基础改革方向，并以此为基础提出要健全多层次资本市场体系，推进股票发行注册制改革，多渠道推动股权融资，发展并规范债券市场。如今，随着科创板的正式开市以及《证券法》的修订，注册制的全面推行正如火如荼，资本市场的市场化建设可谓迈出了坚实的一步。坚持市场化的基础是处理好市场与政府之间的关系，"让市场的归市场，政府的归政府"。在这一背景下，证券监管部门与证券服务机构的角色和职责必然随之发生一系列转变。具体而言，证券监督机构将会逐步弱化其在证券发行等市场交易领域的角色，而将其精力集中于市场监管之上；证券服务机构则将真正扮演资本市场的"看门人"，成为资本市场的主角之一。角色的转变意味着证券服务机构必须承担起与过往相比更为直接、更为重大的职责。因此，证券服务机构应当牢记使命，摆正自己的位置，切实履行在各项业务中应尽之勤勉尽责义务，避免以身试法。同时，亦可通过强化内部风险控制和认购责任保险等途径，防范执业过程中可能出现的法律风险。

证券服务机构在成为主角之后，必然手握重要"权力"，在权责一致的要求下，法律也必然会要求证券服务机构承担更多的责任，确保信息得以真实、准确、完整、及时地披露，维护市场的正常秩序，防止其怠于履行法定职责或滥用手中的"权力"与居心叵测之人同流合污、沆瀣一气。近年来，证券服务机构违背"看门人"职责的事件频现，[①]因我国《证券法》等法律法规对证券服务机构民事责任的规定较为笼统，对于民事责任的认定，当事人往往各执一词，始终无法厘清"责"从

---

① 如证监会(2016)84号、(2017)35号行政处罚书所载案例。

何起与“责”之范围。因此，在建设市场化、法治化资本市场和强化证券服务机构民事责任的现实要求之下，亟须完善和细化证券服务机构民事责任的认定路径。

一、他山之石：专家与非专家

较之于我国，美国证券市场的市场化程度更高，法律规则也更为完善，因此，我们可以通过对美国证券法中证券服务机构民事责任认定规则的观察，来反思和完善我国证券服务机构民事责任的认定路径。在美国，《1933年证券法》第11条是认定证券服务机构承担民事责任的重要依据。[①] 其中，第11条(a)款规定，当注册报告存在虚假陈述或遗漏了需要披露的重大事项时，投资者可向在注册报告上签名者、公司董事、承销商、编制或核准注册报告的各类专业人员（包括会计师、工程师和估价师等）在具有管辖权的法院提起诉讼。需要注意的是，第11条所确立的证券服务机构的民事责任并非严格责任。其中，第11条(b)款就这一责任的承担确立了相应的抗辩规则，故其又被称为尽职抗辩(due diligence defenses)。

那么，究竟何为尽职抗辩？通过观察第11条(b)款第3项规定不难发现，针对尽职抗辩的认定，《1933年证券法》采取的基本分析思路是：其一，判断证券服务机构是否为“专家”；其二，认定涉嫌虚假陈述的信息是否为“专家意见”。具体而言，对于以下情况，证券服务机构可主张尽职抗辩：第一，对于注册报告中并非以专家身份编制的部分，不是专家报告或估值复制或摘录的部分以及不是根据有权威的公开官方文件或报告编制的部分，经过合理的调查后有合理的依据相信且确实相信其中的陈述是真实的，并且未遗漏重大事项；第二，对于注册报告中根据其作为专家的权威而编制的部分，或表明从其本人作为专家编制的报告或估值复制或摘录的部分，经过合理的调查后有合理的依据相信且确实相信其中的陈述是真实的，且未遗漏重大事项，或者注册报告中的内容未能公允地反应其意见；第三，对于注册报告中根据专家（非其本人）权威而编制的部分，或者表明是从专家（非其本人）编制的报告或估值复制或摘录的部分，没有合理的依据相信且确实不相信存在虚假陈述或遗漏重大事项的；第四，对于注册报告中官方人士陈述的部分，或者根据公开官方文件复制或摘录的部分，没有合理的依据相信且确实不相信存在虚假陈述或遗漏重大事项的。

---

① See 15 U.S.C. § 77k(1998).

根据第11条(b)款第3项的规定,认定尽职抗辩是否成立的难题是确定"合理性"的标准。第11条(c)款对"合理性"的判断仅作了概括性的回答,即谨慎之人在管理自己的财产时需要采取的标准。这一规定并未真正解决问题,与其他法律领域的合理性标准一样,尽职抗辩中的合理性依然是一个非常模糊的概念。之后,为了增加"合理性"标准的可操作性,SEC制定了规则176,提出了判断合理性应当考虑的诸多因素,但效果依旧不容客观。① 或许囿于合理性判断的困难,《1933年证券法》自颁布实施之后,其第11条所规定的民事责任始终停留在纸面上。直到埃斯科特诉巴克里斯建筑公司案(Escott v. BarChris Construction Corp.)的出现,《1933年证券法》第11条才开始从纸面走向现实,发挥其应有的"威慑力",对合理性的判断标准也在判例中不断得以淬炼。

埃斯科特诉巴克里斯建筑公司案依据《1933年证券法》第11条提起,原告是可转换次级债券的投资者,被告包括:注册报告上的签名者、承销商和巴克里斯的审计师。原告认为,被告在向证券交易委员会申请并于1961年5月16日生效的有关债券的注册报告中的财务数据等存在重大虚假陈述和遗漏。法院经过审理认为,披露材料中的"专家性内容"不同于"非专家性内容"。会计师审定的内容属于专家性内容,但会计师并没有达到行业标准,其没有按照通常的财务标准作进一步的核查与证实,而仅停留在询问之上,过分地听信别人的答复。在此案中,我们看到了法院对专家意见合理性审查的基本思路,即在区分专家与非专家的基础之上,认为对于以专家身份作出的专家意见,必须依赖其专业知识与技能,满足合理的行业标准。②

二、殊途同归:特别注意义务与一般注意义务

伴随资本市场改革的不断深入,对于证券服务机构民事责任的认定,我国逐渐确立了特别注意义务与一般注意义务区分的认定思路。早在于2007年颁布实施的《律师事务所从事证券法律业务管理办法》中就明确提出,律师在出具法律意见时,对与法律相关的业务事项应当履行法律专业人士特别的注意义务,对其他业务事项履行普通人一般的注意义务,其制作、出具的文件不得有虚假记载、误导

① See David I. Michaels, *An Empirical Study of Securities Litigation After Worldcom*, 40 Rutgers L. J. 319, 331 (2009).

② See Escott v. BarChris Construction Corp, 283 F. Supp. 643 (S. D. N. Y. 1968).

性陈述或者重大遗漏。2015年,中华全国律师协会发布实施的《律师从事证券法律业务尽职调查操作指引》进一步明确了一般注意义务的范围,即尽职调查中律师就财务、会计、税务、评估、行业有关事项仅负有一般注意义务,可出于合理信赖直接援引其他证券服务专业机构的工作成果,除非明知涉及争议或纠纷,律师可不再对该等事项重复核查验证。

2019年,科创板的实施进一步促使特别注意义务与一般注意义务的区分逐渐成为认定证券服务机构民事责任的基本思路。《科创板注册管理办法》(试行)第7条第2款、《上海证券交易所科创板股票发行上市审核规则》(上证发〔2019〕18号)第31条第2款均坚持了特别注意义务与一般注意义务的区分思路。2019年6月20日,最高人民法院发布了《关于为设立科创板并试点注册制改革提供司法保障的若干意见》(法发〔2019〕17号)。在该意见中,最高人民法院认为,民事责任的追究是促使信息披露义务人尽责归位的重要一环,也是法律能否"长出牙齿"的关键。因此,应严格落实证券服务机构保护投资者利益的核查把关责任,证券服务机构对会计、法律等各自专业相关的业务事项未履行特别注意义务,对其他业务事项未履行普通注意义务的,应当判令其承担相应法律责任。同时应准确把握保荐人对发行人上市申请文件等信息披露资料进行全面核查验证的注意义务标准,在证券服务机构履行特别注意义务的基础上,保荐人仍应对发行人的经营情况和风险进行客观中立的实质验证,否则不能满足免责的举证标准。由此可见,特别注意义务与一般注意义务的区分已经成为司法实践中认定证券服务机构民事责任的基本方法。

虽然我们采取特别注意义务与一般注意义务这两个术语,但实际上这一思路与美国证券法关于证券服务机构民事责任的认定殊途同归。在美国证券法上,证券服务机构民事责任的认定重心在于判定尽职抗辩中的"合理性"。与之类似,在特别注意义务与一般注意义务区分的思路之下,认定证券服务机构民事责任的重心就落到了对特别注意义务的界定之上。只有合理界定了特别注意义务的范围,才能判断证券服务机构是否履行了相应的义务,并同时明确一般注意义务的内容。

三、归位尽责:特别注意义务的对号入座

现代社会中专业人士的工作具有两个重要特点:第一,其受到所从事行业长

期而严格的专门训练，工作内容具有高度的技术性和专业性，因此，只有在获得有关机关授予的资格证书或执业证明后才能行业；第二，其工作重心不是体力劳动，而是以精神、智力之判断为中心的智力活动。故由于专业人士工作的专门性，其在工作中具有较大的自由裁量余地，因而需要赋予其更为严格的注意义务标准，以维持各方利益的平衡，即对专业人士的特别注意义务要求。理论上通常认为，特别注意义务是指某一职业的从业人员应当达到该职业内一般从业人员应有的专业技能、业务水平、忠实勤勉及注意程度。只要违反这一义务，就应被认为存在过失，这种特别注意义务并不过多考虑各个专业人士间的主体差异，呈现出标准客观化的趋势。

为了实现归位尽责，防止矫枉过正，对于各类证券服务机构特别注意义务的认定，应当从以下三个方面入手：

第一，应当以行业规范与准则为重要参照。特别是在证券业务领域中，除了法律和行政法规之外，还存在监管机关、自律组织对证券服务机构或其从业人员制定的诸多行为准则及要求。这些行为准则及要求对于判断证券服务机构的特别注意义务尤为重要，此类规则本质上是将行业内通行做法或最低底线转换成文字的结果，如《中国注册会计师审计准则》《律师从事证券法律业务尽职调查操作指引》等。此外，结合业务实操，对于需要证券服务机构在其专业范围内独立核查或发表第一手专业意见的事项，相应证券服务机构均应尽到特别注意义务。例如，在IPO过程中，律师主要对发行人与法律相关的事项进行专业核查和法律分析，并发表独立法律意见，如判断公司设立及历次股权变更的合法性，论证改制重组方案的合规性，分析公司重要资产权属、组织机构运作、税务、诉讼与仲裁等事项的合法性等。该等事项皆属于与法律业务相关的事项，故律师均应履行特别注意义务。

第二，对于各证券服务机构之间职责重叠的部分，应当坚持以专业为核心划清特别注意义务的范围。例如，在保荐机构特别注意义务的厘定方面，保荐机构基于“牵头责任”负有全面核查义务而与其他证券服务机构存在职责重叠的部分，特别是审计、法律、评估等机构出具的文书均具有很强的专业性，原则上包括保荐机构在内的其他证券服务机构就该等专业意见所应当履行的职责并非重复的实质核查，而应当审慎核查专业意见据以产生的基准、假设及执行程序，以确保其有合理理由相信其他机构的专业意见，从而为发行人、其他证券服务机构提供补充性担保。

第三，对于各证券服务机构交叉引用文书的情况，结合上述分析，应首先判断引用内容是否属于证券服务机构应进行专门核验的内容，若并非该证券服务机构应履行特别注意义务的事项，则该证券服务机构核查自身掌握的信息与引用内容据以产生的基准、假设及执行程序是否存在差异即足。

特别注意义务与一般注意义务的区分为判定证券服务机构的民事责任指明了方向，但仅凭理论上的划分，仍无法充分保障义务的履行与责任的落实。随着资本市场的发展，证券服务机构的职责范围不断扩大，为了充分实现归位尽责，防止角色错位，真正落实证券服务机构的民事责任，必须结合具体实践明确各证券服务机构的基本职责。基于上述考虑，本书第一章和第二章以市场主体(各证券服务机构)和业务领域为主线，通过对法律法规和规范性文件的系统梳理，并结合实践中的基本要求和具体情形，探讨了各证券服务机构勤勉尽责义务的范围。① 在此基础上，本书第三章对实践中违背勤勉尽责义务最易引起的虚假陈述民事责任进行阐述，明确了责任的构成要件与核心问题。本书第四章则从程序法层面介绍了我国证券服务机构虚假陈述民事诉讼程序。此外，为了实现对投资者的充分保护，推动民事责任的落实，本书系统考察了美国的集团诉讼制度，希望在借鉴域外经验的基础之上，进一步完善我国的证券民事诉讼程序。此外，证券市场的不断进步，既需要构建一套行之有效的民事责任制度来严惩背信弃义之行为，也需要证券服务机构不断强化内部控制程序，坚守职责，尽其所能地履行相应职责，防范可能产生的民事诉讼，并在诉讼发生之后采取合理措施进行有效应对。同时，证券服务机构自身还可通过责任保险制度来分散和转移证券服务机构的执业风险，这样既能保障投资者利益，亦能防止巨额民事赔偿对证券服务机构可能造成的重创。基于此，本书第五章着重论述了在注册制背景之下证券服务机构对职业风险的应对措施。

① 《证券法》第53条及第54条明确禁止证券服务机构禁止利用内幕信息及其他未公开信息谋取不当利益，因此证券服务机构负有不得进行内幕交易的义务。但实践中，证券服务机构因内幕交易受到处罚或承担民事责任的案例总量相对较少，且证券服务机构所承担的义务内涵较为明确，因此除专门提及外，本书不将该部分内容列为讨论重点。

目录

第一章

证券服务机构

在证券市场上,常见的证券服务机构包括证券公司、会计师事务所、律师事务所、资产评估机构及信用评级机构。本部分即基于不同证券服务机构的主体视角,对证券服务机构从事证券业务的范围、适用的规范体系、业务基本要求等事项进行介绍,以明确各证券服务机构在证券业务中的基本角色定位,为分析证券服务机构如何履行勤勉尽责义务以及可能面临的民事责任确定基础。

需要特别指出的是,尽管从行政责任乃至刑事责任角度应对证券服务机构及其从业人员分别进行分析,但从民事责任角度,对于从业人员的职务行为,应由证券服务机构对外承担民事责任。由于证券服务机构与从业人员之间的责任划分与本书主题无关,因此若非特别提及,下文不对证券服务机构及其从业人员作严格区分。

第一节 证券公司

根据《证券法》第120条的规定,经国务院证券监督管理机构批准,取得经营证券业务许可证,证券公司可以经营证券经纪,证券投资咨询,与证券交易、证券投资活动有关的财务顾问,证券承销与保荐,证券融资融券,证券做市交易,证券自营等业务。其中,证券公司作为证券服务机构参与证券交易并可能对外承担民事责任的主要业务类型为保荐、承销及财务顾问。

就证券发行上市阶段而言,证券公司最主要的角色是保荐人与承销商,且作为保荐人的证券公司通常会兼任证券主承销商。因此,为了明定证券公司在特定业务中的职责所在,下文先对保荐业务与承销业务分别进行介绍,再分析二者之间的异同。

除此之外,在证券发行上市后,证券公司又作为财务顾问活跃在上市公司并购重组活动中,继续充当证券服务机构的"领头羊",推动并购重组活动的进行。在此阶段,虽然作为财务顾问的证券公司更多地扮演着专业服务机构的角色,但其职责并不仅限于发表专业意见,而是承担着部分监督核查的义务,负责确保交易合法以及信息披露真实、准确、完整。

一、证券公司从事保荐业务

（一）业务概述

根据《证券法》第10条和《证券发行上市保荐业务管理办法》第2条的规定，需要聘请保荐机构的情形包括：首次公开发行股票并上市、上市公司发行新股、上市公司发行可转换为股票的公司债券、公开发行存托凭证或者中国证券监督管理委员会认定的其他情形，依法采取承销方式的，或者公开发行法律、行政法规规定实行保荐制度的其他证券。

在中国法下，保荐，是指在证券发行过程中，保荐机构为发行人申请上市承担辅导、推荐、督导等职责，并为保荐期间的信息披露行为向投资者承担担保责任的行为。[①] 在保荐制度中，证券发行上市由保荐机构进行保荐，并由具有保荐代表人资格的从业人员具体负责保荐工作。

保荐又可区分为证券发行保荐及证券上市保荐。其中，证券发行保荐，是指保荐机构为了推荐发行人的证券发行，向证券监督管理部门提交发行人的证券符合相关法律、法规的规定条件的推荐书和相关资料文件的行为；证券上市保荐，是指保荐机构根据发行人的申请和上市规则的要求，向证券交易所提供发行人相关材料和推荐书的行为。由于证券发行与上市的标准接近，保荐机构所承担的证券发行和上市保荐职责也相似，因此两者被统称为证券发行上市保荐，通常不作严格区分。

（二）保荐业务的规范体系

由于保荐人广泛且深入地参与到证券发行上市的各个阶段，因此除了专门约束保荐机构的规范性文件外，在《首次公开发行股票并上市管理办法》《科创板首次公开发行股票注册管理办法》《上海证券交易所股票上市规则》《上市公司证券发行管理办法》《证券公司治理准则》《证券公司投资银行类业务内部控制指引》等规范证券发行上市程序或证券公司业务及内控活动的规范性文件中，也会有许多针对保荐业务及保荐机构的规定。由于该类规定中与保荐业务及保荐机构相关的内容往往基于专门规制保荐活动的规范性文件制定，立法理念及规制事项基本一致，主要在详略程度上有所差异，为免挂一漏万，除需要重点提及的规定外，

---

① 陈洁：《论保荐机构的担保责任》，载《环球法律评论》2010年第6期。

下文主要梳理专门针对保荐业务或保荐机构制定的规范性文件，以便对保荐业务的相关规则体系有一个较为清晰的阐述。

1. 法律法规

《证券法》是调整证券领域的基本法律，对保荐人从事保荐业务勤勉尽责的履职要求、主要监管部门、保密要求以及与发行人的连带责任等内容作出了原则性的规定。

2. 部门规章及自律规则

由于保荐机构的管理办法由中国证券监督管理委员会（以下简称证监会）规定，因此直接规范保荐业务的规范性文件主要由证监会制定：

（1）证监会制定的部门规章及规范性文件

在证监会发布的各项直接规范保荐业务的文件中，《证券发行上市保荐业务管理办法》、《保荐人尽职调查工作准则》（证监发行字〔2006〕15 号）、《发行证券的公司信息披露内容与格式准则第 27 号——发行保荐书和发行保荐工作报告》（中国证券监督管理委员会公告〔2009〕4 号，以下简称《发行保荐书和发行保荐工作报告准则》）、《证券发行上市保荐业务工作底稿指引》（中国证券监督管理委员会公告〔2009〕5 号）居于核心位置，适用于各种类型证券的保荐工作。

其中，《证券发行上市保荐业务管理办法》是最基础的规定，涵盖了保荐业务适用范围、保荐机构资格、上市前辅导范围、保荐代表人资格、发行上市核查标准、持续督导工作内容、针对保荐代表人及保荐机构的监管措施及行政处罚等内容；《保荐人尽职调查工作准则》对保荐机构尽职调查的总体核查标准、①具体核查事项和手段②作了详尽的规定，明确了保荐机构在尽调过程中的勤勉尽责标准；《发行保荐书和发行保荐工作报告准则》明确了保荐机构出具的主要文件，发行保荐书及发行保荐工作报告对于判断保荐代表人及保荐机构是否充分履行诚实守信、

① 规定于《保荐人尽职调查工作准则》第一章“总则”，如“全面调查（第 2 条）”、“凡涉及发行条件或对投资者做出投资决策有重大影响的信息，保荐人均应当勤勉尽责地进行尽职调查（第 4 条）”、“考虑其自身专业胜任能力和专业独立性（第 5 条）”以及“工作底稿应当真实、准确、完整地反映尽职调查工作（第 7 条）”等。

② 《保荐人尽职调查工作准则》第 18 条规定，商业信用情况通过走访当地工商、税务、海关、土地管理、环保、银行、保险、电力、供水等机构和发行人主要供应商、销售商、客户，与发行人高管人员和员工谈话，咨询中介机构，查阅发行人完税凭证、工商登记及相关资料、银行单据、保险凭证、贷款合同及供销合同和客户服务合同、监管机构的监管记录和处罚文件等方法，调查发行人是否按期缴纳相关税、费及合同履约情况，关注发行人是否存在重大违法、违规或不诚信行为，评价发行人的商业信用。

勤勉尽责义务的重要性，同时规定了发行保荐书及发行保荐工作报告的必备内容；《证券发行上市保荐业务工作底稿指引》明确了保荐机构需要对招股说明书进行验证，并需将验证文件与底稿文件对应，还对保荐机构工作底稿的必备内容、保存形式、底稿目录样式进行了细致的列举。①

此外，证监会还发布了《保荐创新企业境内发行股票或存托凭证尽职调查工作实施规定》《关于进一步加强保荐业务监管有关问题的意见》《关于进一步加强保荐机构内部控制有关问题的通知》等针对创新企业保荐、保荐机构内控等特定事项的诸多保荐活动规范。

(2)交易所制定的自律规则

就证券上市阶段，上海证券交易所(以下简称上交所)在《上海证券交易所证券发行上市业务指引》《上海证券交易所科创板股票发行上市审核规则》中对保荐机构的工作方式、工作流程、人员配备等问题作出了规定。针对科创板业务，上交所专门制定了《保荐人通过上海证券交易所科创板股票发行上市审核系统办理业务指南》，从申请文件的提交，审核问询与回复，上市委员会会议中止、终止和复审阶段等方面对保荐人如何办理业务作出了指引。对于上市后的持续督导，上交所在《上海证券交易所上市公司持续督导工作指引》中专章规定了“首次公开发行股票和上市公司发行证券的持续督导工作”，明确了持续督导协议的内容、保荐人持续督导工作范围等内容。②

深圳证券交易所(以下简称深交所)制定了专门的《深圳证券交易所上市公司保荐工作指引》(深证上〔2014〕387 号)，对保荐机构获得发行人授权、保荐代表人更换、督导工作流程、保荐人发表独立意见范围等事项作出了规定；《深圳证券交易所首次公开发行股票发行与上市指南》列示了保荐机构上市期间关注事项及申报材料流程，并将上市保荐书样本作为附件予以列明。

此外，2005 年上交所及深交所还针对上市公司股权分置改革各自发布了《上市公司股权分置改革保荐工作指引》等一系列文件。

(3)证券业协会制定的自律规则

根据证监会 2013 年 12 月发布的《关于进一步加强保荐机构内部控制有关问题的通知》(发行监管函〔2013〕346 号)，保荐机构应遵循中国证券业协会制定的

① 《证券发行上市保荐业务工作底稿指引》第 6 条、第 8 条及附件 1。

② 《上海证券交易所上市公司持续督导工作指引》第 15 ~ 30 条。

保荐业务内控和尽职调查等行业自律规范，自觉接受中国证券业协会的自律管理，但目前证券业协会尚未就保荐业务发布专门的自律规范。

(三)保荐业务的基本内容与法律关系

1. 辅导、推荐与监督

保荐是证券发行上市的必要条件，保荐机构的工作也贯穿于证券发行上市的各个阶段。归纳而言，保荐业务的主要内容包括：

第一，辅导。保荐人应当对发行人在首次发行股票并上市前进行辅导，主要是对发行人的董事、监事、高级管理人员以及持有发行人5%以上股份的股东和实际控制人进行合规辅导，使其熟悉相关法规知识，通过培训掌握证券市场知识，了解证券发行上市以及规范运作、信息披露和履行承诺等内容。完成以上辅导工作后，由发行人所在地的证监会派出机构对辅导情况进行验收。从辅导职能来看，保荐人在证券发行上市过程中起到了担任发行人启蒙老师的作用。

第二，推荐。推荐是保荐人要履行的最直接的职责。保荐人应当确信发行人符合法律、行政法规、证监会的相关规定之后才能推荐其证券发行上市，对推荐上市的证券，保荐人需要按照规定提交保荐书及其他与保荐有关的文件，并对保荐书及其他申报材料中的相关内容作出承诺。

推荐证券公开发行的基础和前提是对拟发行证券公司的全面尽职调查，在尽职推荐受理后、证券发行上市前，不论是否有明确规定，凡是涉及发行条件或对投资者作出投资决策有重大影响的信息，保荐机构均应勤勉尽责地进行尽职调查。

第三，监督。监督职责是保荐人花费时间最长、最重要的工作。该工作贯穿保荐证券发行上市的所有环节。上市前，在全面尽职调查的基础上，保荐机构需要对发行人及其他证券服务机构参与编制的申请文件、证券发行募集文件进行全面的监督，督导、核查发行人满足法律、行政法规和证监会有关发行证券的规定，对于发行人申请文件、证券发行募集文件中其他证券服务机构未发表意见的内容，保荐机构需要充分调查并作出独立判断；对于其他证券服务机构发表意见的内容，保荐机构需结合尽职调查过程中获得的信息进行审慎核查并作出独立判断。

在上市后，保荐机构需要在一定期间内督导发行人履行上市公司规范运作、信守承诺和信息披露等义务，保证上市公司及其董监高人员遵守法律规范，上市公司公司治理、内部控制及信息披露等制度完善有效，发行上市阶段各项承诺妥善履行。同时,保荐机构需审阅发行人的信息披露文件及向证监会、交易所提交的其他文件。在法规确定的持续督导期届满后,若保荐工作尚未完成,保荐机构仍需承担监督义务。

2. 法律关系的界定:"推荐" + "担保"

虽然从具体内容来看,保荐业务大致可划分为辅导、推荐、监督三项,但择其要者,整个保荐业务主要涉及以下两项基本民事法律关系:其一,保荐机构与被保荐人(发行人)之间的委托合同关系;其二,保荐机构与投资者之间的担保关系。

具体而言,一方面,保荐机构需要对整个证券市场和广大投资者负责,尽到勤勉尽责的基本义务,保证所保荐证券信息披露真实、准确、完整,对上市证券进行合规检查,代证监会在证券上市前后一定时期内对上市证券所应履行的监督之责,并将相关监督情况反馈给证监会,即"担保"。

以首次公开发行股票并上市为例,根据《首发管理办法》第 5 条及第 43 条的规定,保荐机构应当遵循勤勉尽责、诚实守信的原则,认真履行审慎核查和辅导义务,并对其所出具的发行保荐书的真实性、准确性、完整性负责;对招股说明书的真实性、准确性、完整性进行核查,并在核查意见上签字、盖章。根据《创业板首发管理办法》第 6 条的规定,保荐机构应当严格履行法定职责,遵守业务规则和行业规范,对发行人的申请文件和信息披露资料进行审慎核查,督导发行人规范运行,对证券服务机构出具的专业意见进行核查,对发行人是否具备持续盈利能力、是否符合法定发行条件作出专业判断,并确保发行人的申请文件和招股说明书等信息披露资料真实、准确、完整、及时。根据《科创板注册管理办法(试行)》第6 条的规定,保荐机构应当诚实守信,勤勉尽责,按照依法制定的业务规则和行业自律规范的要求,充分了解发行人经营情况和风险,对注册申请文件和信息披露资料进行全面核查验证,对发行人是否符合发行条件、上市条件独立作出专业判断,审慎作出推荐决定,并对招股说明书及其所出具的相关文件的真实性、准确性、完整性负责。

另一方面,保荐机构需要对拟公开发行证券的公司提供专业服务,协助公司顺利上市,即"推荐";不同于"担保","推荐"的服务对象是发行人,其具体内容主要受保荐机构与发行人之间的委托合同调整;而"担保"所指向的对象是证券市场、投资者和证监会。

（四）证券公司从事保荐业务的法律责任

1. 民事责任

与保荐业务中的法律关系相对应，证券公司在从事保荐业务时可能同时承担两项民事责任：一是对发行人的违约责任；二是对投资者的担保责任。因本书所涉民事责任主要指对投资者的民事责任，故此处仅着重探讨保荐机构的担保责任。保荐担保责任是一种人的担保，其基础是保荐机构以自己的全部财产和信用为被保荐发行人提供担保。排除该种担保责任的前提在于，保荐机构保证已充分遵循勤勉尽责之义务，履行其辅导、推荐、监督职责，且披露的信息真实、准确、完整。

关于保荐机构的担保责任，《证券法》第 24 条和第 85 条分别对两种情形进行了明确规定。根据《证券法》第 24 条的规定，证券发行不符合法定条件或者法定程序，对于已经发行尚未上市的，应撤销发行注册决定，发行人应当按照发行价并加算银行同期存款利息返还证券持有人；发行人的控股股东、实际控制人以及保荐人应当与发行人承担连带责任，但是能够证明自己没有过错的除外。根据《证券法》第 85 条的规定，信息披露义务人未按照规定披露信息，或者公告的证券发行文件、定期报告、临时报告及其他信息披露资料存在虚假记载、误导性陈述或者重大遗漏，致使投资者在证券交易中遭受损失的，信息披露义务人应当承担赔偿责任；发行人的控股股东、实际控制人、董事、监事、高级管理人员和其他直接责任人员以及保荐人、承销的证券公司及其责任人员，应当与发行人承担连带赔偿责任，但是能够证明自己没有过错的除外。

从《证券法》第 24 条和第 85 条的规定来看，对于证券公司在保荐业务中的担保责任应采过错推定的归责原则。作为过错原则适用中的一种特殊情形，过错推定原则仍需以行为人的过错为承担责任的根据或标准。因此，在追究证券公司的担保责任之时，仍然需要对证券公司的过错进行判断。

过错本意上为行为人的可归责心理状况，属主观范畴，但行为人是否存在过错往往通过一定的行为反映出来，所以人们可以通过对其外在行为的研究，来判断行为人有无过错以及过错的大小，即实现过错的客观化。因此，判断证券公司是否承保证责任的主要前提便是明确证券公司在从事保荐业务的过程中是否存在违法、违规的行为。这就意味着，必须进一步确定保荐业务中证券公司的行为边界，即其所承担的勤勉尽责义务的具体内涵，这是本书的核心内容之一。考虑到对作为保荐机构的证券公司的义务需要结合保荐业务的具体内容方能较为清晰地予以确定，基于篇幅和逻辑连贯性之考量，这一内容主要在第二章的首次公开发行股票并上市部分中结合保荐业务的具体内容进行详细阐述。

此外，新《证券法》第 93 条规定了中介机构的先行赔付机制，发行人因欺诈发行、虚假陈述或者其他重大违法行为给投资者造成损失的，发行人的控股股东、实际控制人、相关的证券公司可以委托投资者保护机构，就赔偿事宜与受到损失的投资者达成协议，予以先行赔付。先行赔付后，可以依法向发行人以及其他连带责任人追偿。

2. 行政责任与刑事责任

自保荐机构向证监会提交保荐文件之日起，保荐机构及其保荐代表人即应承担相应的责任。保荐机构及其保荐代表人违反相关规定未尽勤勉尽责义务可能适用的监管措施及承担的行政及刑事责任主要包括：

根据《证券发行上市保荐业务管理办法》第 65 条的规定，保荐机构、保荐代表人、保荐业务负责人和内核负责人违反该办法，未诚实守信、勤勉尽责地履行相关义务的，证监会责令改正，并对其采取监管谈话、重点关注、责令进行业务学习、出具警示函、责令公开说明、认定为不适当人选等监管措施；依法应给予行政处罚的，依照有关规定进行处罚；情节严重涉嫌犯罪的，依法移送司法机关，追究其刑事责任。

保荐机构出现《证券发行上市保荐业务管理办法》第 67 条规定的严重违反诚实守信、勤勉尽责义务的情形的，证监会可根据具体情形采取暂停保荐业务资格，责令保荐机构更换董事、监事、高级管理人员或限制其权利，撤销保荐机构业务资格等措施。①

① 《证券发行上市保荐业务管理办法》第 67 条："保荐机构出现下列情形之一的，中国证监会可以视情节轻重，暂停保荐业务资格 3 个月到 36 个月，并可以责令保荐机构更换董事、监事、高级管理人员或者限制其权利；情节特别严重的，撤销其保荐业务资格：（一）向中国证监会、证券交易所提交的与保荐工作相关的文件存在虚假记载、误导性陈述或者重大遗漏；（二）重大事项未报告、未披露；（三）内部控制制度存在重大缺陷或者未有效执行；（四）尽职调查制度、内部核查制度、持续督导制度、保荐工作底稿制度等保荐业务制度存在重大缺陷或者未有效执行；（五）廉洁从业管理内控体系、反洗钱制度存在重大缺陷或者未有效执行；（六）保荐工作底稿存在虚假记载、误导性陈述或者重大遗漏；（七）唆使、协助或者参与发行人及证券服务机构提供存在虚假记载、误导性陈述或者重大遗漏的文件；（八）唆使、协助或者参与发行人干扰中国证监会及其发行审核委员会、证券交易所及其上市委员会的审核工作；（九）通过从事保荐业务谋取不正当利益；（十）伪造或者变造签字、盖章；（十一）严重违反诚实守信、勤勉尽责义务的其他情形。"

保荐代表人出现《证券发行上市保荐业务管理办法》第 68 条、第 69 条规定的严重违反诚实守信、勤勉尽责义务的情形的，证监会将根据具体情形采取一定期间不受理保荐代表人负责的推荐、认定为不适当人选、证券市场禁入等措施。①

发行人出现《证券发行上市保荐业务管理办法》第 70 ~ 72 条规定情形的，证监会将根据具体情形采取责令保荐机构更换相关负责人、对保荐代表人采取认定为不适当人选、撤销保荐业务资格等措施。②

根据《证券发行上市保荐业务管理办法》第 74 条的规定，保荐机构、保荐业务负责人、内核负责人或者保荐业务部门负责人在 1 个自然年度内被采取《证券

① 《证券发行上市保荐业务管理办法》第 68 条："保荐代表人出现下列情形之一的，中国证监会可以根据情节轻重，在 3 个月到 36 个月内不受理相关保荐代表人具体负责的推荐；情节特别严重的，采取认定为不适当人选的监管措施：（一）尽职调查工作日志缺失或者遗漏、隐瞒重要问题；（二）未完成或者未参加辅导工作；（三）重大事项未报告、未披露；（四）未参加持续督导工作，或者持续督导工作未勤勉尽责；（五）因保荐业务或其具体负责保荐工作的发行人在保荐期间内受到证券交易所、中国证券业协会公开谴责；（六）唆使、协助或者参与发行人干扰中国证监会及其发行审核委员会、证券交易所及其上市委员会的审核工作；（七）伪造或者变造签字、盖章；（八）严重违反诚实守信、勤勉尽责义务的其他情形。"第 69 条："保荐代表人出现下列情形之一的，中国证监会可以采取认定为不适当人选的监管措施；情节严重的，对其采取证券市场禁入的措施：（一）在与保荐工作相关文件上签字推荐发行人证券发行上市，但未参加尽职调查工作，或者尽职调查工作不彻底、不充分，明显不符合业务规则和行业规范；（二）通过从事保荐业务谋取不正当利益；（三）本人及其配偶持有发行人的股份；（四）唆使、协助或者参与发行人及证券服务机构提供存在虚假记载、误导性陈述或者重大遗漏的文件；（五）参与组织编制的与保荐工作相关文件存在虚假记载、误导性陈述或者重大遗漏。"

② 《证券发行上市保荐业务管理办法》第 70 条："发行人出现下列情形之一的，中国证监会可以暂停保荐机构的保荐业务资格 12 个月到 36 个月，责令保荐机构更换相关负责人，对保荐代表人采取认定为不适当人选的监管措施；情节严重的，撤销保荐业务资格，对相关责任人采取证券市场禁入的措施：（一）证券发行募集文件等申请文件存在虚假记载、误导性陈述或者重大遗漏；（二）持续督导期间信息披露文件存在虚假记载、误导性陈述或者重大遗漏。"第 71 条："发行人公开发行证券上市当年即亏损的，中国证监会可以暂停保荐机构的保荐业务资格 3 个月，对保荐代表人采取认定为不适当人选的监管措施，尚未盈利的企业或者已在证券发行募集文件中充分分析并揭示相关风险的除外。前款所称亏损或盈利，涉及的净利润以扣除非经常性损益前后孰低者为计算依据。"第 72 条："发行人在持续督导期间出现下列情形之一的，中国证监会可以根据情节轻重，在 3 个月到 12 个月内不受理相关保荐代表人具体负责的推荐；情节特别严重的，对保荐代表人采取认定为不适当人选的监管措施：（一）证券上市当年累计 50% 以上募集资金的用途与承诺不符；（二）公开发行证券并在主板上市当年营业利润比上年下滑 50% 以上；（三）首次公开发行股票并上市之日起 12 个月内控股股东或者实际控制人发生变更；（四）首次公开发行股票并上市之日起 12 个月内累计 50% 以上资产或者主营业务发生重组；（五）上市公司公开发行新股、可转换公司债券之日起 12 个月内累计 50% 以上资产或者主营业务发生重组，且未在证券发行募集文件中披露；（六）实际盈利低于盈利预测达 20% 以上；（七）关联交易显失公允或者程序违规，涉及金额较大；（八）控股股东、实际控制人或其他关联方违规占用发行人资源，涉及金额较大；（九）违规为他人提供担保，涉及金额较大；（十）违规购买或出售资产、借款、委托资产管理等，涉及金额较大；（十一）董事、监事、高级管理人员侵占发行人利益受到行政处罚或者被追究刑事责任；（十二）违反上市公司规范运作和信息披露等有关法律法规，情节严重的；（十三）中国证监会规定的其他情形。"

发行上市保荐业务管理办法》第65条规定的监管措施累计5次以上，中国证监会可以暂停保荐机构的保荐业务资格3个月，责令保荐机构更换保荐业务负责人、内核负责人或者保荐业务部门负责人。保荐代表人在2个自然年度内被采取《证券发行上市保荐业务管理办法》第65条规定的监管措施累计2次以上，中国证监会可以6个月内不受理相关保荐代表人具体负责的推荐。

根据《证券法》第182条的规定，“保荐人出具有虚假记载、误导性陈述或者重大遗漏的保荐书，或者不履行其他法定职责的，责令改正，给予警告，没收业务收入，并处以业务收入一倍以上十倍以下的罚款；没有业务收入或者业务收入不足一百万元的，处以一百万元以上一千万元以下的罚款；情节严重的，并处暂停或者撤销保荐业务许可。对直接负责的主管人员和其他直接责任人员给予警告，并处以五十万元以上五百万元以下的罚款”。

二、证券公司从事承销业务

（一）业务概述

证券承销是指在证券发行的过程中，由证券承销机构代理发行人销售证券，并收取一定比例的承销费用的行为。在目前的证券市场中，公开发行[①]股票、存托凭证、各类债券等证券时都需要承销机构的参与。[②] 证券的承销方式可以分为代销和包销两种。其中，证券代销是指证券公司代发行人发售证券，并在承销期结束时将未售出的证券全部退还给发行人的承销方式，证券包销是指证券公司将发行人的证券按照协议全部购入或者在承销期结束时将售后剩余证券全部自行购入的承销方式。另外，承销机构在向不特定对象发行证券可自行选择是否组建承销团，承销团由主承销商和参与承销的证券公司组成。[③] 组成承销团的承销机构应当签订承销团协议，并按照承销团协议及承销协议进行承销活动。承销团成员之间的权利义务主要通过承销团协议明确。

---

① 非公开发行证券部分情况下可以自行销售。《证券发行与承销管理办法》第22条：“……上市公司非公开发行股票未采用自行销售方式或者上市公司配股的，应当采用代销方式。”《公司债券发行与交易管理办法》第33条第2款：“取得证券承销业务资格的证券公司、中国证券金融股份有限公司及中国证监会认可的其他机构非公开发行公司债券可以自行销售。”

② 《证券法》第26条第1款：“发行人向不特定对象发行的证券，法律、行政法规规定应当由证券公司承销的，发行人应当同证券公司签订承销协议。证券承销业务采取代销或者包销方式。”

③ 《证券法》第30条：“向不特定对象发行证券聘请承销团承销的，承销团应当由主承销和参与承销的证券公司组成。”

在债券领域，对于公司债、企业债、非金融机构债务融资工具、金融债券等信用债，承销机构为商业银行或证券公司等可以开展投资银行业务的金融机构，其中，证券公司主要为发改委、证监会及证券交易所审批的公司债、企业债承销机构。[①] 根据交易商协会发布的《非金融企业债务融资工具信用评级机构市场评价规则》（中国银行间市场交易商协会公告〔2016〕5号）及历年发布的非金融企业债务融资工具承销名单，在银行间市场担任非金融企业债务融资工具的承销机构应具备相应的非金融企业债务融资工具相关承销业务资格。对于国债、地方政府债等利率债，由于该类债券以政府信用作为担保，几乎无违约风险，也几乎不可能出现证券服务机构承担民事责任的情形，故不作为本部分讨论的对象。

综上所述，在股票（包括可转换公司债）领域，承销机构即指具备证券承销资格的证券公司；在债券领域，承销机构可能是其他金融机构。证券公司从事承销业务，应当取得证券承销业务资格。

（二）承销业务与保荐业务的异同

承销制度旨在利用承销机构的专业优势，减轻证券发行人与投资者间的信息不对称，根据发行人情况和市场需求合理定价，确保上市证券能够成功售出，产生时间远早于保荐制度，目前世界上主要的证券市场都建立了承销制度。而保荐制度的实质是监管部门将部分监管权限下放，通过保荐机构对发行人的审核、监督，确保发行人符合法定的发行上市条件，将面向成千上万上市公司及待上市公司的监管难题部分转化为对近百家具备保荐机构资格的证券公司的监管，从而减轻监管压力。

基于上述制度目的的差异，保荐机构和承销机构的业务阶段及业务重点有所不同。就股票发行上市而言，承销机构正式开始履职是在证券取得发行核准后，协助发行人合理定价并推介销售，此时监管部门主要关注承销机构是否存在虚假承销、不正当招揽业务等与证券销售直接关联的行为。而为监督发行人的规范运作，确保发行人符合发行上市条件，保荐机构深入证券发行上市的各个阶段中，在上市前对发行人进行辅导及尽职调查，在发行上市阶段编制保荐书并核实披露信

---

① 《证券发行与承销管理办法》第2条："发行人在境内发行股票或者可转换公司债券（以下统称证券）、证券公司在境内承销证券以及投资者认购境内发行的证券，适用本办法。"

《企业债券管理条例》第21条："企业发行企业债券，应当由证券经营机构承销。证券经营机构承销企业债券，应当对发行债券的企业的发行章程和其他有关文件的真实性、准确性、完整性进行核查。"

息，在上市后对发行人进行持续督导，承担着对发行人的全面核查义务，其主要工作成果是发行保荐书及上市保荐书，监管部门则主要关注保荐机构是否勤勉尽责地完成了尽职调查，以及若发行人违反发行上市相关的实质及程序条件，保荐机构是否具有过错。

但由于保荐机构与承销机构都承担着对发行人的核查义务，且都具有保护投资者的功能定位，二者在职能上存在许多交叉。尤其是在信息披露方面，二者都应当确保证券发行上市文件的真实、准确、完整。此外，现行规范性文件并未明确区分保荐责任与承销责任。保荐机构及承销机构通常是同一证券公司，保荐人及承销商职责重合的部分均由该证券公司负责，故虚假陈述、欺诈发行等责任的主体仅为该证券公司，且不会重复担责。

（三）承销业务的规范体系

除需要重点提及的规定外，本部分专门针对承销业务或承销机构的主要规则进行了以下梳理：

1. 法律法规

《证券法》并未对证券承销业务的范围及资质作出统一的规定，而是在不同条文中规定了首次公开发行股票或发行新股应由承销机构承销、证券公司承销证券应当签订承销协议、证券承销业务采取代销或包销方式、向不特定对象发行证券可选择承销团模式、承销机构的保密义务、承销机构的信息披露责任等事项。[①]

2. 部门规章及自律规则

为了更好地保护投资者的信赖利益，我国对证券承销机构进行了多方面的监管和约束。目前，我国证券承销机构的主要业务监管部门为证监会，同时辅之以证券交易所、中国证券业协会和交易商协会制定的自律规则，以兹共同规范、约束证券承销机构的业务行为，严格要求证券承销机构制定风险管理制度和内部控制制度，加强定价和配售过程管理，落实承销责任，以达到保护投资者、维护市场秩序的目标。发改委、银保监会、人民银行虽然为企业债、地方政府债、金融债等债券的监管部门，但并非证券公司的业务监管部门，并未针对相应证券的承销业务作出系统的规定。

① 《证券法》第11~12条、第26条、第28条、第30条、第83条等。

3. 证监会制定的部门规章及其他规范性文件

《证券发行与承销管理办法》是规范承销业务的核心法规，相对详尽地规定了承销业务各个程序的工作要求，并设专章规范证券承销业务，规定了承销协议与承销团协议、承销方案报送、信息披露义务等事项。①

《公司债券发行与交易管理办法》专设一节共9条对公司债券的发行与承销管理作出了规定，对债券承销机构、制度建设、承销协议及承销团协议、价格及利率确定方式、资料留存等事项亦作出了规定。②

4. 交易所制定的自律规则

沪深交易所对于承销机构及承销业务的规定散见于其制定的各个规范性文件中，包括：上交所制定的《上海市场首次公开发行股票网上发行实施细则》(2018年修订)、《上海市场首次公开发行股票网下发行实施细则》(2018年修订)、《上海证券交易所上市公司可转换公司债券发行实施细则》(2018年修订)、《上海证券交易所证券发行上市业务指引》(2018年修订)等，深交所制定的《深圳市场首次公开发行股票网上发行实施细则》(2018年修订)、《深圳市场首次公开发行股票网下发行实施细则》(2020年修订)、《深圳证券交易所债券招标发行业务指引》、《深圳证券交易所公司债券簿记建档发行业务指引》等。

此外，上交所专门制定了《科创板首次公开发行股票承销业务规范》《科创板首次公开发行股票承销业务指引》，对具有科创板特点的发行方式、战略配售、路演推介、投资者要求、发行配售与定价、超额配售选择权、网上网下发行比例与回拨机制、股份锁定等事项作出了规定。

5. 证券业协会制定的自律规则

针对股票领域的承销业务，中国证券业协会制定了《首次公开发行股票承销业务规范》《首次公开发行股票配售细则》《首次公开发行股票网下投资者管理细则》。其中，《首次公开发行股票承销业务规范》较为集中、全面地规定了承销机构的业务要求，明确规定了信息披露、采用合法手段承销、及时报告、保密、底稿留存等各项义务；③另外两份自律规则则主要为针对主承销商配售、网下投资者推荐、主承销商网下投资者选定及管理等具体工作的要求。2019年5月，中国证券业协

① 《证券发行与承销管理办法》第22条、第25条、第28条。

② 《公司债券发行与交易管理办法》第33条、第34条、第36条、第37条、第40条。

③ 《首次公开发行股票承销业务规范》第4条、第11条、第40条、第49条、第50条。

会发布了《科创板首次公开发行股票承销业务规范》,结合科创板上市规则就科创板承销业务作了专门规定。

针对债券领域的承销业务,中国证券业协会制定了《公司债券承销业务规范》及《公司债券承销业务尽职调查指引》(修订稿)。前者对承销机构的资质,从承接业务到定价、配售等阶段的工作要求,承销机构的信息披露义务,自律惩戒措施作出了规定,明确了承销机构作为各证券服务机构的"领头人",应协助发行人协调各证券服务机构的相关工作,①并应开展尽职调查,②对自身出具文件、发行人申请文件及债券发行募集文件披露的信息进行核查。后者规定了对承销机构尽职调查工作的定义、③最低要求、④对于募集文件中不同内容的核查方式、工作底稿、核查内容及手段等内容,明确了承销机构对募集文件及承销业务涉及的影响发行人偿债能力的重大事项的核查义务,但并未采用针对保荐人的"全面核查""充分理由"等措辞。

6. 交易商协会制定的自律规则

针对银行间市场非金融企业债务融资工具,交易商协会发布了《银行间债券市场非金融企业债务融资工具中介服务规则》(2012 年修订)、《银行间债券市场非金融企业债务融资工具承销人员行为守则》、《银行间债券市场非金融企业债务融资工具主承销商后续管理工作指引》、《银行间债券市场非金融企业债务融资工具尽职调查指引》。

(四)承销业务的基本内容

1. 证券销售、顾问及信息披露

证券承销是证券发行上市的关键环节,在发行人"万事俱备"之际,证券承销

---

① 《公司债券业务规范》第 8 条:"承销机构应当协助发行人协调资信评级机构、会计师事务所、律师事务所等中介机构的相关工作。承销机构不得干涉发行人选取相关中介机构。"

② 《公司债券业务规范》第 9 条:"承销机构应当依据相关规定开展尽职调查工作。"

③ 《公司债券承销业务尽职调查专项指引梳理》第 2 条:"本指引所称尽职调查是指承销机构及其业务人员遵循勤勉尽责、诚实信用原则,通过各种有效方法和步骤对发行人进行充分调查,以掌握发行人经营情况、财务状况和偿债能力,并有合理理由确信发行文件真实、准确、完整以及核查发行文件中与发行条件相关的内容是否符合相关法律法规及部门规章规定的过程。"

④ 《公司债券承销业务尽职调查专项指引梳理》第 3 条:"承销机构应当秉持职业审慎,保持合理怀疑,结合发行人的行业、业务、融资类型等实际情况,充分运用必要的手段和方法开展尽职调查,按照法律法规和本指引的要求,核实发行文件的真实性、准确性和完整性,确保尽职调查的质量。本指引是对承销机构尽职调查工作的一般要求。除对本指引列示的内容进行调查外,承销机构还应当对承销业务中涉及的,可能对发行人偿债能力或者投资者做出投资决策有重大影响的其他事项进行调查。"

机构将作为发行人和投资人之间的桥梁，把资金需求端与供给端紧密地连接在一起，作为最后的“东风”协助发行人最终完成股票、债券发行工作，达到募集资金的最终目标。因此，证券承销机构作为负责证券承销的主体，在证券发行中扮演着极为重要角色，也承担着多方面的职能：

（1）协助发行人销售证券

根据《证券法》《证券发行与承销管理办法》等相关规定，证券承销机构应与发行人签订承销协议，遵循承销协议，采用包销、代销方式代理发行人开展证券承销业务，在包销的情况下，承销机构还能够利用其广泛的市场网络，转嫁发行人无法完全销售证券的风险。

就协助销售职能而言，证券承销机构的工作内容包括协助路演推介、询价、定价、配售，撰写并发布投资价值研究报告、报送承销方案、出具承销总结报告等。在此阶段，承销机构利用自身对于证券市场的充分了解和丰富的资源，在充分调查的基础上合理地确定证券价格，主导发行人的“对外公关”活动，将发行人、证券投资者甚至监管部门串联起来，确保上市证券能够有效地对外销售。

（2）充当顾问

作为专业的服务机构，承销机构能够充分利用其经验优势，为发行人提供市场准入、财务、管理等建议和信息，发挥顾问功能。

除协助发行人进行定价、配售等保荐人不涉及的事务外，承销机构的顾问职能实质与保荐人对发行人的辅导职能非常相似。例如，根据中国证券业协会《公司债券承销业务规范》第10条[①]的规定，承销机构应当对发行人进行债券市场相关的法律及基础知识培训，与保荐人对发行人的辅导职能极为相似。但应当注意到，即使实际中承销机构往往也被要求履行较为严格的全面核查义务，从现行法律法规的角度看，承销机构并不需要对证券发行上市承担像保荐人那样高标准的注意义务[②]和责任，特别是在保荐人与承销商不一致的情形下，分析承销机构的义

---

① 《公司债券承销业务规范》第10条：“承销机构应当向发行人进行有关债券市场的法律法规、基础知识培训，使其掌握公司债券申报发行等方面的法律法规和规则，知悉信息披露和履行承诺等方面的责任和义务，树立进入债券市场的法制意识、诚信意识和自律意识。”

② 《证券法》第24条第1款：“国务院证券监督管理机构或者国务院授权的部门对已作出的证券发行注册的决定，发现不符合法定条件或者法定程序，尚未发行证券的，应当予以撤销，停止发行。已经发行尚未上市的，撤销发行注册决定，发行人应当按照发行价并加算银行同期存款利息返还证券持有人；发行人的控股股东、实际控制人以及保荐人，应当与发行人承担连带责任，但是能够证明自己没有过错的除外。”

务不应一概比照保荐机构较为严格的标准。

2. 信息披露

作为证券市场的"看门人"之一,承销机构与律师事务所、会计师事务所等其他证券服务机构一样,基于其专业、经验、信誉和信息等优势,引导着投资者的判断和投资行为。因此,《证券法》《证券发行与承销管理办法》《公司债券发行与交易管理办法》等规范性文件均要求承销机构核实在发行过程中披露的信息,确保信息真实、准确、完整、及时,不得有虚假记载、误导性陈述或者重大遗漏。

为确保披露信息的真实、准确、完整,承销机构就需要对发行人真实情况进行了解。在同时适用保荐和承销制度的证券发行过程中,由于保荐人与主承销商重合,承销机构对发行人的尽职调查基本被包含在保荐人的尽职调查中;而在其他情况下,承销机构需要对发行人进行独立尽职调查,撰写尽职调查报告并建立工作底稿制度,确保出具文件信息的真实、准确、完整。此外,对于承销过程中涉及的资料,包括推介宣传材料、路演现场录音等能够如实、全面反映询价、定价和配售过程的资料,承销机构也应予以存档备查。

(五)证券承销之法律关系

根据上述承销业务的基本内容,不难发现,在整个证券承销过程中主要存在以下两种法律关系:承销机构与发行人之间的承销合同(包括协助销售与顾问)、承销团成员之间的证券分销合同。其中,证券承销主要反映的是承销机构与发行人之间的承销合同关系。承销机构为了发行人的利益办理证券发行业务,发行人有权选择适当的承销机构并支付相应的报酬,但证券公司在从事证券承销业务之时不仅受合同法的调整,还应受证券法律法规的制约,履行对证券市场和广大投资者的基本义务,尽到必要的勤勉尽责义务。

(六)证券承销机构的法律义务

从弥合发行人与投资者之间信息不对称角度来看,承销机构和保荐机构同样承担着保证信息披露真实、准确、完整的勤勉尽责义务,但承销业务所处阶段的定价、销售等行为更为直接地与投资者的投资决定关联,与保荐机构的勤勉尽责义务偏重于确保发行人及证券符合发行上市条件不同。根据《证券法》《股票发行与交易管理暂行条例》《企业债券管理条例》《公司债券发行与交易管理办法》等法律法规的明确规定,承销机构的勤勉尽责义务主要体现在以下三个方面:

1. 核查义务

不得虚假承销是证券承销机构的首要义务。相对于投资者而言，证券承销机构对于发行人、发行的证券以及发行相关文件等各方面拥有更为专业、全面的判断。同时，证券承销机构又恰恰处于证券进入流通市场前的最后一关，故更应做好“把关者”的角色，基于其信息与专业优势帮助投资者履行全面的审核义务。

证券承销商应对承销过程中涉及的发行人资料，如公开发行募集文件、招股说明书、发行债券企业的发行章程等资料进行全面核查，以保证相关文件的真实性、准确性、完整性。在核查过程中，承销机构若发现存在虚假记载、误导性陈述或者重大遗漏，承销机构不得开展销售活动。已经销售的，必须立即停止销售活动，并采取纠正措施。若承销机构发现公司存在虚假陈述，应予以纠正或出具相关保留意见。

2. 信息披露义务

在承销业务中，证券公司的义务主要包含以下三个方面：

第一，在向投资者公开推介的过程中，承销机构应保持信息披露的一致性。具体而言，披露的发行人相关内容应与招股意向书及其他公开信息保持一致，向互联网投资者公开的信息应与网下投资者公开信息保持一致。不得夸大或通过虚假广告的方式对投资者进行误导。

第二，在发行过程中，承销机构应当按照中国证监会规定的要求编制信息披露文件，履行信息披露义务，保证披露的信息真实、准确、完整、及时，不得有虚假记载、误导性陈述或者重大遗漏，并在适当期限内以法定方式披露相关内容。

第三，为便于后续监管，根据证监会、中国证券业协会的要求证券公司作为承销机构应对承销过程中涉及的资料，包括推介宣传材料、路演现场录音等能够如实、全面反映询价、定价和配售过程的资料予以存档备查。

3. 维护市场秩序义务

为防止承销机构滥用其信息优势操纵市场定价、从事内幕交易等破坏证券市场平衡的行为，证监会主要从以下几个方面对承销机构进行了约束：

（1）在价格方面，承销机构不得泄露询价和定价信息，不得操纵发行定价，不得干扰、劝诱网下投资者的申购，不得直接或间接参与网下配售或与网下投资者互相串通协商报价和配售或收取回扣等。

（2）在内幕信息方面，承销机构不得利用内幕信息进行交易，在上市公司非公开发行股票过程中，不得利用上市公司非公开发行股票谋取不正当利益，禁止泄露内幕信息和利用内幕信息进行证券交易或者操纵证券交易价格。

(3)在利益输送方面，承销机构不得向其他相关利益主体输送利益，直接或通过其利益相关方向参与认购的投资者提供财务资助，不得谋取不正当利益。

(七)证券公司从事承销业务的法律责任

1. 民事责任

因承销机构与投资者之间不存在主动达成的意定法律关系，二者之间的法律关系以及权利义务之内容本质上是根据法律、法规的明确规定得以确立，故承销机构必须遵循证券法律法规的基本规定，履行相应的法定义务。否则，根据《证券法》的规定，若信息披露义务人披露的相关资料存在虚假记载、误导性陈述或者重大遗漏，承销商未尽相关核查义务致使投资者在证券交易中遭受损失的，承销机构应与发行人共同承担连带赔偿责任，但是能够证明自己没有过错的除外。对于进行虚假的或者误导投资者的广告或者其他宣传推介活动、以不正当竞争手段招揽承销业务或存在其他违反证券承销业务规定的行为的承销机构，给其他证券承销机构或者投资者造成损失的，应依法承担赔偿责任。

此外，根据《最高人民法院关于审理证券市场因虚假陈述引发的民事赔偿案件的若干规定》(以下简称《虚假陈述若干规定》)的规定，承销商知道或者应当知道发行人或者上市公司虚假陈述，而不予纠正或者不出具保留意见的，构成共同侵权，应当对投资人的损失承担连带责任。若承销机构能够举证证明投资人的损失或者部分损失是由证券市场系统风险等其他因素所导致的，人民法院应当认定虚假陈述与损害结果之间不存在因果关系。

2. 行政责任与刑事责任

对于进行虚假的或者误导投资者的广告或者其他宣传推介活动、以不正当竞争手段招揽承销业务或存在其他违反证券承销业务规定的行为的承销机构，证监会及相关监管机构将根据具体情况采取以下措施，包括责令改正，给予警告，没收违法所得，并处50万元以上500万元以下的罚款；情节严重的，暂停或者撤销相关业务许可。

对于承销机构中直接负责的主管人员和其他直接责任人员，证监会及相关监管机构采取给予警告、可以并处20万元以上200万元以下的罚款，情节严重的，并处以50万元以上500万元以下的罚款；另外，还有监管谈话、责令改正、责令公开说明、责令参加培训、责令定期报告、认定为不适当人选、暂不受理与行政许可有关的文件等相关监管措施，情节严重的，可以对承销机构采取3～12个月暂不受理其证券承销业务有关文件的监管措施；涉嫌犯罪的，将依法移送司法机关，追究其刑事责任。

三、证券公司从事财务顾问业务

（一）业务概述

在证券服务市场中，与证券交易、证券投资活动有关的财务顾问业务是指与证券交易、证券投资活动有关的咨询、建议、策划业务。具体包括：

1. 为企业申请证券发行和上市提供改制改组、资产重组、前期辅导等方面的咨询服务；

2. 为上市公司重大投资、收购兼并、关联交易等业务提供咨询服务；

3. 为法人、自然人及其他组织收购上市公司及相关的资产重组、债务重组等提供咨询服务；

4. 为上市公司完善法人治理结构、设计股票期权、职工持股计划、投资者关系管理等提供咨询服务；

5. 为上市公司再融资、资产重组、债务重组等资本营运提供融资策划、方案设计、推介路演等方面的咨询服务；

6. 为上市公司的债权人、债务人对上市公司进行债务重组、资产重组、相关的股权重组等提供咨询服务以及中国证监会认定的其他业务形式。①

上述业务中，最为常见且与证券服务机构民事责任最为密切相关的是上市公司并购重组财务顾问业务，即为上市公司的收购、重大资产重组、合并、分立、股份回购等对上市公司股权结构、资产和负债、收入和利润等具有重大影响的并购重组活动提供交易估值、方案设计、出具专业意见等专业服务。② 根据《上市公司并购重组财务顾问业务管理办法》第2条第2款的规定，经证监会核准具有上市公司并购重组财务顾问资格的证券公司、证券投资咨询机构或其他符合条件的财务顾问机构，可以依法从事上市公司并购重组财务顾问业务。实践中，财务顾问角

---

① 中国证券业协会投资者之家网站证券e学栏目：https://tzz.sac.net.cn/zqex/cnp/1j/201701/t20170118_130174.html，最后访问日期：2020年2月12日。

② 《上市公司并购重组财务顾问业务管理办法》第2条第2款。

色大多由证券公司担任。

（二）财务顾问业务的规范体系

针对财务顾问业务的规则体系较为简单明确，核心规定为《上市公司并购重组财务顾问业务管理办法》《上市公司重大资产重组管理办法》《上市公司并购管理办法》。其中，《上市公司并购重组财务顾问业务管理办法》综合了上市重大资产重组及并购法律法规中的要求，对财务顾问业务作出了较为全面的规定，规定了财务顾问的业务许可、业务规则、监督管理及法律责任等事项。

《上市公司股权激励管理办法》《上市公司回购社会公众股份管理办法（试行）》《上市公司国有股权监督管理办法》也对相应业务聘请财务顾问作出了相应规定。其中，《上市公司股权激励管理办法》规定了上市公司进行股权激励聘请财务顾问的情形；[①]《上市公司回购社会公众股份管理办法（试行）》规定了报送材料应包含独立财务顾问报告及独立财务顾问报告的主要内容；[②]《上市公司国有股权监督管理办法》规定了公开征集转让可能导致上市公司控股权转移、国有股东所持上市公司股份非公开协议转让涉及上市公司控股权转移的等若干需要聘请财务顾问的情形，以及财务顾问尽职调查的内容。[③]

除上述规定外，沪深证券交易所制定的自律规则中也存在部分与财务顾问业务相关的规范，如《上海证券交易所上市公司持续督导工作指引》对上市公司并购重组的持续督导工作作出了专章规定，要求财务顾问督促和检查并购重组当事人履行并购重组方案的约定及作出的承诺，实现上市公司及其他相关主体规范运作，依法履行报告和信息披露义务，并特别关注关联交易的公允性和对外担保的

① 上市公司进行股权激励的，仅在未按照定价原则而采用其他方法确定性限制性股票授予价格或股票期权行权价格时必须聘请财务顾问；独立董事或监事会认为有必要的，可以建议上市公司聘请独立财务顾问。

② 上市公司回购社会公众股份的，独立财务顾问报告应包含以下内容：(1)公司回购股份是否符合本办法的规定；(2)结合回购股份的目的、股价表现、公司估值分析等因素，说明回购的必要性；(3)结合回购股份所需资金及其来源等因素，分析回购股份对公司日常经营、盈利能力和偿债能力的影响，说明回购方案的可行性；(4)其他应说明的事项。

③ 财务顾问应当勤勉尽责，遵守行业规范和职业道德，对上市公司股份的转让方式、转让价格、股份转让对国有股东和上市公司的影响等方面出具专业意见；并对拟受让方进行尽职调查，出具尽职调查报告。尽职调查应当包括但不限于以下内容：(1)拟受让方受让股份的目的；(2)拟受让方的经营情况、财务状况、资金实力及是否有重大违法违规记录和不良诚信记录；(3)拟受让方是否具有及时足额支付转让价款的能力、受让资金的来源及合法性；(4)拟受让方是否具有促进上市公司持续发展和改善上市公司法人治理结构的能力。

合规性等。

(三)财务顾问业务的基本内容

与投资咨询机构、资信评级机构、资产评估机构、会计师事务所等专业化证券服务机构一样,财务顾问机构通过出具专业意见影响公司的各项决策性事项和投资者的投资选择,但在此基础上,作为并购重组各方的总协调人,财务顾问仍然像保荐机构及承销机构一样,承担了一定的总揽全局、监督核查的职责。

在财务顾问概念之下,尚有独立财务顾问的概念。独立财务顾问系指上市公司或上市公司独立董事聘请的专业机构。若将这一概念独立出来,则(狭义的)财务顾问是指除上市公司及其独立董事以外的其他主体聘请的专业机构,尤其是在上市公司收购业务中,在要约收购及管理层收购情形下,收购方须聘请财务顾问,而上市公司或其独立董事须聘请独立财务顾问。

根据《上市公司并购重组财务顾问业务管理办法》的相关规定,财务顾问的主要工作职责包括:

第一,咨询顾问。提供咨询服务是财务顾问最重要的职责。在各种交易类型中,财务顾问需要为委托人分析并购重组相关活动所涉及的法律、财务、经营风险,提出具体对策和建议,设计、完善交易方案,如在借壳上市中寻找合适的壳公司或者重组方,在产业并购中寻找合适的被并购标的等。此外,财务顾问还需要指导委托人按照相关规定制作申报和信息披露文件。

在该过程中,财务顾问实际上是作为委托人与交易对方、其他证券服务机构的组织者和协调者,①与保荐人、承销商一样是证券交易的牵头人。

此外,根据《上市公司并购重组财务顾问业务管理办法》②《上市公司收购管

---

① 《上市公司并购重组财务顾问业务管理办法》第19条:"财务顾问从事上市公司并购重组财务顾问业务,应当履行以下职责:……(五)接受委托人的委托,向中国证监会报送有关上市公司并购重组的申报材料,并根据中国证监会的审核意见,组织和协调委托人及其他专业机构进行答复……"

② 《上市公司并购重组财务顾问业务管理办法》第19条第3项:"对委托人进行证券市场规范化运作的辅导,使其熟悉有关法律、行政法规和中国证监会的规定,充分了解其应承担的义务和责任,督促其依法履行报告、公告和其他法定义务。"

理办法》[①]的规定，财务顾问需要对委托人及新进入上市公司的董事、监事和高级管理人员、控股股东和实际控制人的主要负责人进行证券市场规范化运作的辅导，必要时还需进行验收。

第二，核查监督。财务顾问应当在对上市公司并购重组活动及申报文件的真实性、准确性、完整性进行充分核查和验证的基础上，依据证监会的规定和监管要求，客观、公正地发表专业意见。

具体而言，财务顾问应当建立尽职调查制度和具体工作规程，对上市公司并购重组活动进行充分、广泛、合理的调查，核查委托人提供的为出具专业意见所需的资料，对委托人披露的内容进行独立判断，要求有充分理由确信所作的判断与委托人披露的内容不存在实质性差异，并据此在专业意见中对重要事项进行分析和说明。

就独立董事聘请独立财务顾问的情形，[②]财务顾问还起到了协助独立董事维护中小股东/非关联股东利益的作用。

第三，持续督导。在上市公司收购、重大资产重组、发行股份购买资产、合并等事项完成后的规定期限内，财务顾问承担持续督导责任。具体督导事项包括：(1)督促并购重组当事人按照相关程序规范实施并购重组方案，及时办理产权过

① 《上市公司收购管理办法》第65条第3项："对收购人进行证券市场规范化运作的辅导，使收购人的董事、监事和高级管理人员熟悉有关法律、行政法规和中国证监会的规定，充分了解其应当承担的义务和责任，督促其依法履行报告、公告和其他法定义务。"第66条："收购人聘请的财务顾问就本次收购出具的财务顾问报告，应当对以下事项进行说明和分析，并逐项发表明确意见：……（四）对收购人进行证券市场规范化运作辅导的情况，其董事、监事和高级管理人员是否已经熟悉有关法律、行政法规和中国证监会的规定，充分了解应承担的义务和责任，督促其依法履行报告、公告和其他法定义务的情况；……"

② 《上市公司收购管理办法》第51条第1款："上市公司董事、监事、高级管理人员、员工或者其所控制或者委托的法人或者其他组织，拟对本公司进行收购或者通过本办法第五章规定的方式取得本公司控制权（以下简称管理层收购）的，该上市公司应当具备健全且运行良好的组织机构以及有效的内部控制制度，公司董事会成员中独立董事的比例应当达到或者超过1/2。公司应当聘请具有证券、期货从业资格的资产评估机构提供公司资产评估报告，本次收购应当经董事会非关联董事作出决议，且取得2/3以上的独立董事同意后，提交公司股东大会审议，经出席股东大会的非关联股东所持表决权过半数通过。独立董事发表意见前，应当聘请独立财务顾问就本次收购出具专业意见，独立董事及独立财务顾问的意见应当一并予以公告。"《上市公司重大资产重组管理办法》第21条第3款："上市公司独立董事应当在充分了解相关信息的基础上，就重大资产重组发表独立意见。重大资产重组构成关联交易的，独立董事可以另行聘请独立财务顾问就本次交易对上市公司非关联股东的影响发表意见。上市公司应当积极配合独立董事调阅相关材料，并通过安排实地调查、组织证券服务机构汇报等方式，为独立董事履行职责提供必要的支持和便利。"

户手续,并依法履行报告和信息披露的义务;(2)督促上市公司按照《上市公司治理准则》的要求规范运作;(3)督促和检查申报人履行对市场公开作出的相关承诺的情况;(4)督促和检查申报人落实后续计划及并购重组方案中约定的其他相关义务的情况;(5)结合上市公司定期报告,核查并购重组是否按计划实施、是否达到预期目标;其实施效果是否与此前公告的专业意见存在较大差异,是否实现相关盈利预测或者管理层预计达到的业绩目标;(6)中国证监会要求的其他事项。

(四)财务顾问业务的法律关系

财务顾问业务涉及的基本民事法律关系是财务顾问机构与发行人之间的委托合同关系,但与此同时,这一法律关系亦需受到证券法律法规的调整,以保护证券投资者并维护证券市场的基本秩序,即履行勤勉尽责的义务。基于财务顾问的角色定位,其勤勉尽责义务的具体形态与保荐机构及承销机构既有相同之处,又有不同之处。从参与上市公司并购重组活动全程,全面推动交易进行来看,财务顾问与保荐机构具有一定相似性;从提供更为专业化的服务,以及维护市场秩序来看,财务顾问又与承销机构具有一定相似性。

(五)财务顾问的法律义务

1. 禁止虚假陈述与核查义务

基于自身的专业性,财务顾问机构应全面排查交易活动中涉及的相关风险,并对自己出具的相关意见负责。《证券法》明确规定,财务顾问出具财务顾问报告等文件,应当勤勉尽责,对所依据的文件资料内容的真实性、准确性、完整性进行核查和验证,其制作、出具的文件不得存在虚假记载、误导性陈述或者重大遗漏的情况。

除了对自身出具的文件的真实性、准确性、完整性负责之外,财务顾问机构还应审慎核查委托人相关文件,对委托人披露的内容进行独立判断,并应当有充分理由确信所作的判断与委托人披露的内容不存在实质性差异。若在其出具的意见中采用其他证券服务机构或者人员的专业意见,财务顾问机构仍然应当进行尽职调查,并审慎核查其采用的专业意见的内容,对利用其他证券服务机构或者人员的专业意见所形成的结论负责。若财务顾问对同一事项所作的判断与其他证券服务机构的专业意见存在重大差异,应当进一步调查、复核,并可自行聘请相关专业机构提供专业服务。

2. 持续督导义务

财务顾问机构应在上市公司收购、重大资产重组、发行股份购买资产、合并等事项完成后的规定期限内，通过日常沟通、定期回访等方式，结合上市公司定期报告的披露，履行持续督导义务，出具持续督导意见并进行公告。例如，根据《上市公司并购重组财务顾问业务管理办法》第31条的规定，针对上市公司并购重组，财务顾问应督促当事人实施并购重组交易方案、及时办理产权过户手续、按照《上市公司治理准则》的要求规范运作、促使各方当事人履行承诺、审查公司治理结构与运行情况、督促和检查申报人履行对市场公开作出的相关承诺的情况、督促和检查申报人落实后续计划及并购重组方案中约定的其他相关义务的情况以及结合上市公司定期报告，核查并购重组是否按计划实施、是否达到预期目标、其实施效果是否与此前公告的专业意见存在较大差异，是否实现相关盈利预测或者管理层预计达到的业绩目标等。

根据《上市公司收购管理办法》《上市公司重大资产重组管理办法》的规定，针对上市公司收购和重大资产重组，财务顾问应针对下列事项出具督导意见：交易资产（含负债）的交付或者过户情况、交易各方当事人承诺的履行情况、已公告的盈利预测或利润预测的实现情况、管理层讨论与分析部分提及的各项业务的发展现状、公司治理结构与运行情况、与已公布的重组方案存在差异等其他事项。

3. 维护市场秩序义务

（1）禁止内幕交易

财务顾问及其财务顾问主办人应当严格履行保密责任，不得利用职务之便买卖相关上市公司的证券或者牟取其他不当利益，同时，还应当督促委托人、委托人的董事、监事和高级管理人员及其他内幕信息知情人严格保密，不得进行内幕交易。对于涉及内幕交易的人员，财务顾问应当按照中国证监会的要求，配合提供上市公司并购重组相关内幕信息知情人买卖、持有相关上市公司证券的文件，并向中国证监会报告内幕信息知情人的违法违规行为，配合中国证监会依法进行的调查。

（2）禁止不正当竞争

根据《上市公司并购重组财务顾问管理办法》的规定，财务顾问从事上市公司并购重组财务顾问业务，应当公平竞争，按照业务复杂程度及所承担的责任和风险与委托人商议财务顾问报酬，不得以明显低于行业水平等不正当竞争手段招揽业务。

此外，财务顾问不得散布虚假信息、操纵证券市场，不得进行证券欺诈。

（六）证券公司从事财务顾问业务的法律责任

根据《上市公司并购重组财务顾问业务管理办法》《上市公司重大资产重组管理办法》《上市公司收购管理办法》的规定，在上市公司并购重组、收购等证券交易服务过程中，财务顾问违反相关勤勉尽责义务，未尽审慎核查、持续督导、维护市场秩序等义务的，证监会将采取相应惩罚措施，包括责令改正、监管谈话、出具警示函、责令公开说明、责令参加培训、责令定期报告、认定为不适当人选等监管措施；对于情节严重的，将采取取缔相关机构服务许可、责令关闭、没收违法所得、处以罚款等监管措施。

《证券法》第 163 条明确规定，若财务顾问未履行其核查义务或进行虚假陈述，即财务顾问制作、出具的文件存在虚假记载、误导性陈述或者重大遗漏，给他人造成损失的，应当与委托人承担连带赔偿责任，但是其能够举证证明自己没有过错的除外。

第二节　会计师事务所

会计信息是证券市场信息披露的核心内容，主要原因在于，会计信息能反映出公司的运行状况、财务状况、经营成本等重要指标，为公司下一步的财务决策提供了重要参考，也是投资者分析证券市场上各公司情况的最便捷途径。作为相对独立的第三方，会计师事务所对财务信息独立出具的审计报告等鉴证结果是审视企业财务信息真实公允性的重要参考，会计师事务所也是企业会计信息的关键“背书人”。证券欺诈发行或虚假陈述案件几乎都与会计信息造假有关，因此会计信息向来是投资者和监管部门关注的重中之重。

一、业务概述

注册会计师在证券市场中的业务主要有两类：审计鉴证业务和咨询服务业务。前者分为会计报表审计、验资、盈利预测审核等；后者主要包括管理咨询、投资咨询、代理记账和税务代理等。安然事件证实了同时进行咨询和审计的弊端，使注册会计师的审计独立性受到重视。而且咨询服务类业务是针对企业内部管理的内容，主要是为了给企业所有者、管理当局进行经营管理提供参考，故不在本书讨论范围内，本书主要针对注册会计师在证券市场中的审计鉴证业务加以讨论。

根据2014年《证券法》第169条第1款及财政部、证监会《关于会计师事务所从事证券期货相关业务有关问题的通知》(财会〔2012〕2号)的规定，会计师事务所从事证券服务业务，必须取得从事证券、期货相关业务资格。[①] 根据证监会公布的数据，截至2019年3月，具备该资格的会计师事务所总数为40家。

所有证券业务均需要对财务信息进行披露，因此几乎每一项证券业务都需要会计师事务所及注册会计师的参与。根据《注册会计师法》第14条及第15条的规定，注册会计师可以承办会计咨询、会计服务业务及下列审计业务：(1)审查企业会计报表，出具审计报告；(2)验证企业资本，出具验资报告；(3)办理企业合并、分立、清算事宜中的审计业务，出具有关的报告；(4)法律、行政法规规定的其他审计业务。

二、会计师从事证券业务的主要规范体系

(一)法律法规

对于会计师事务所的审计规范，《公司法》《证券法》针对审计业务作出了原则性的规定，确立了上市公司的财务报表强制审计制度。《注册会计师法》对审计业务的范围、注册会计师的权利义务及职业资格等进行了规定。《会计法》对监管及审计报告的要求作出了明确规定。会计师事务所从事证券活动的一般性义务主要由《公司法》第207条第3款、[②]《证券法》第163条[③]等作出规定，尚不存在专门立法文件。

---

① 新《证券法》删除了2014年《证券法》第169条。

② 《公司法》第207条第3款："承担资产评估、验资或者验证的机构因其出具的评估结果、验资或者验证证明不实，给公司债权人造成损失的，除能够证明自己没有过错的外，在其评估或者证明不实的金额范围内承担赔偿责任。"

③ 《证券法》第163条："证券服务机构为证券的发行、上市、交易等证券业务活动制作、出具审计报告及其他鉴证报告、资产评估报告、财务顾问报告、资信评级报告或者法律意见书等文件，应当勤勉尽责，对所依据的文件资料内容的真实性、准确性、完整性进行核查和验证。其制作、出具的文件有虚假记载、误导性陈述或者重大遗漏，给他人造成损失的，应当与委托人承担连带赔偿责任，但是能够证明自己没有过错的除外。"

（二）部门规章及自律规则

会计师事务所在从事证券业务的同时也要受到证监会及财政部门的监管，注册会计师行业内部存在对审计业务的具体规定，具体规范性文件包括财政部门制定的行政规章、审计准则及应用指南、审计准则问题解答、专项业务技术指引、职业道德规范等。

（三）财政部门制定的部门规章

财政部针对会计机构、会计人员及会计活动制定了相应的部门规章，主要包括《会计基础工作规范》《会计师事务所执业许可和监督管理办法》《会计人员管理办法》《注册会计师注册办法》等，这些规章规定了会计师事务所及注册会计师在从事审计鉴证业务时应当遵循的一般性要求。

1. 审计准则及应用指南

1996 年 1 月 1 日，中注协发布并实施《独立审计基本准则》，要求依照《注册会计师法》和《独立审计基本准则》的规定进行审计活动，具体要求为：保证审计报告的真实性、合法性，审计证据充分、适当，充分考虑审计重要性与审计风险，审计程序符合具体规定等。①

该《独立审计基本准则》就注册会计师的审计活动规定了基本原则并提出了具体要求，但规定得较为简略。2006 年 2 月 15 日，财政部发布《关于印发〈中国注册会计师执业准则〉的通知》，批准了中注协拟订的《中国注册会计师鉴证业务基本准则》等 22 项准则及其修订的《中国注册会计师审计准则第 1142 号——财务报表审计中对法律法规的考虑》等 26 项准则（以下简称审计准则），实现了与国际审计准则的趋同，此前《独立审计基本准则》被废止。此后，我国审计准则经 2012 年、2017 年、2019 年数次修订和调整，形成了现行 38 项审计准则的规范体系。

为了指导注册会计师正确理解和运用上述审计准则，中注协同步发布了针对审计准则重要条款进一步解释、说明和举例的《应用指南》。

2. 审计准则问题解答

中注协于 2013 年 10 月、2014 年 12 月、2018 年 4 月陆续发布三批审计准则问题解答，包括职业怀疑、函证、会计分录测试、集团财务报表审计等 15 个项目，为注册会计师正确理解审计准则及应用指南、解决实务问题提供了细化指导和提示。

---

① 《独立审计基本准则》（2006 年 2 月 15 日失效）第 8 条、第 14 条、第 15 条、第 19 条等。

3. 专项业务技术指引

根据注册会计师执业的领域，中注协在审计准则的体系框架内制定了一系列专项业务技术指引，旨在为注册会计师执业提供具体的技术指导，如《医院财务报表审计指引》《基金会财务报表审计指引》《高等学校财务报表审计指引》《商业银行审计指引》《高新技术企业认定专项审计指引》等。

4. 职业道德规范

2002 年 6 月 25 日，中注协发布《中国注册会计师职业道德规范指导意见》并于同年 7 月 1 日起实施。2009 年 10 月，中注协发布《中国注册会计师职业道德守则》，并自 2010 年 7 月 1 日起施行，实现了与国际会计师职业道德守则的全面趋同。2014 年，中注协根据《职业道德守则》制定了《中国注册会计师职业道德守则问题解答》，涵盖 30 个具体问题，并针对职业道德概念、审计和审阅业务对独立性的要求等作出了规定。

5. 会计监管风险提示

自 2012 年以来，证监会为督促会计师事务所采取有效措施提高职业水平，针对会计监管工作中的风险领域，发布了《会计监管风险提示》，具体包括政府补助、通过未披露关联方实施的舞弊风险、审计项目复核等共计 8 项内容。

三、会计师事务所从事证券业务的基本内容与基本要求

（一）会计师从事证券业务的范围及基本流程

1. 会计师从事证券业务的范围

就证券市场而言，注册会计师及会计师事务所主要涉及的事项为历史财务信息审计、企业资本验证、非经常损益鉴证及内部控制审计等。其中，历史财务信息审计及企业资本验证均遵循审计准则而非经常损益鉴证及内部控制审计的依据为《中国注册会计师鉴证业务基本准则》《中国注册会计师其他鉴证业务准则第 3101 号——历史财务信息审计或审阅以外的鉴证业务》《企业内部控制审计指引》。

2. 会计师从事证券业务的基本流程

以最关键的历史财务信息审计业务为例，根据《中国注册会计师审计准则》的规定，会计师事务所的主要工作流程如下：

(1)初步业务活动及总体审计策略

在承接业务前,会计师事务所需要开展初步业务活动,考量被审计单位是否存在不诚信记录、项目组是否具备执行业务等必要的素质、专业胜任能力、时间和资源。

(2)风险评估程序

在承接业务后,会计师事务所需要了解被审计单位及其环境,以识别和评估财务报表层次和认定层次(即某个具体项目相关的内部控制和活动层次)的重大错报风险。了解被审计单位及其环境不仅体现在风险评估阶段,而是贯穿整个审计过程。在了解过程中,注册会计师需要结合被审计单位所处行业及性质,确定了解的具体要点和了解的深度。同时,注意考虑各因素之间的相互关系,主要包括:行业状况、法律环境与监管环境及其他外部因素;被审计单位的性质;被审计单位会计政策的选择和运用;被审计单位的目标、战略以及相关经营风险;被审计单位财务业绩的衡量和评价;被审计单位的内部控制。

(3)总体应对措施及进一步审计程序

完成风险评估后,注册会计师应当区分财务报表层次和认定层次,对财务报表层次的重大误报风险提出总体应对措施,包括但不限于修改拟实施的审计程序的性质、时间和范围,使用一些不被被审计企业管理层预见或实现了解的进一步审计程序等。对认定层次,如经评估满足控制测试的条件,可进行控制测试,而无论风险评估结果如何,针对所有重大类别的交易、账户余额和披露实施实质性程序,均应执行实质性程序,包括检查、询问、观察、函证、重新计算、分析程序等。此外,根据具体情况,注册会计师还应对财务报表产生重大影响的事项实施审计,如期初余额、会计估计、关联方关系及其交易、持续经营能力、违反法律法规行为等。

(4)出具审计报告

在完成审计工作前,注册会计师应当评价审计证据得出的结论,是否已将审计风险减低至可接受的水平,是否需要重新考虑已实施审计程序,进而用分析程序对财务报表进行总体复核,证实财务报表中信息与会计师对被审计企业及其环境的了解、取得的证据相一致,最终形成确定的审计意见,包括无保留意见和保留意见、否定意见、无法表示意见等非无保留意见。

值得注意的是,由于财务信息系自真实业务活动中抽象而来,在抽象过程中存在一定不确定性,因此会计师出具专业意见时可以设定财务报表错报和漏报的容忍限度。如果抽样审计的结果与报表数据出入程度在合理的容忍限度内,会计师可以认定报表数据公允地反映了财务状况。这与查证资产权属、判断历史沿革合法性等事项在真实、准确、完整判断标准上存在差异。

(二)会计师事务所从事证券业务的基本要求

从妥善履行对证券发行人(委托人)及投资者的勤勉尽责义务的角度出发,参考审计准则及其他自律规范的规定,会计师事务所/注册会计师从事审计鉴证业务的基本要求可概括为:

1. 保持职业审慎

在风险评估阶段,注册会计师应当保持应有的职业谨慎和职业怀疑,识别存在的舞弊风险。

《中国注册会计师审计准则第1101号——注册会计师的总体目标和审计工作的基本要求》第28条规定:"在计划和实施审计工作时,注册会计师应当保持职业怀疑,认识到可能存在导致财务报表发生重大错报的情形。"

《中国注册会计师审计准则第1211号——通过了解被审计单位及其环境识别和评估重大错报风险》第31条规定:"在判断哪些风险是特别风险时,注册会计师应当至少考虑下列方面:(一)风险是否属于舞弊风险;(二)风险是否与近期经济环境、会计处理方法或其他方面的重大变化相关,因而需要特别关注;(三)交易的复杂程度;(四)风险是否涉及重大的关联方交易;(五)财务信息计量的主观程度,特别是计量结果是否具有高度不确定性;(六)风险是否涉及异常或超出正常经营过程的重大交易。"

以证监会于2018年12月6日对某会计师事务所及相关责任人发出的行政处罚决定书为例,在该案例中,目标公司实际控制人承接的广告业务单数量、金额占比高,且业务特征与正常业务单存在明显异常:一是单个合同金额大,均为100万元以上的合同,而正常业务单个合同金额较小,通常是几万元或几十万元;二是审批流程简化,没有相关销售副总、销售区域负责人等人的签名;三是发起流程非常规,由销售管理部总监代为发起,而正常销售业务合同申请的发起人通常为销售部(与销售管理部不同)的人员。该广告业务单具有重大性和异常性特征。此前,在目标公司的报表层次和应收账款层次,会计师事务所已经识别出目标公司存在收入高估的舞弊风险,以及因未成立内审部门而存在的管理层凌驾于控制之上的风险,结合"广告业务单"这一异常情况,会计师应当对其审批流程简化等异常情形保持合理的职业怀疑,并识别出其可能存在的舞弊风险。

2. 全面获取审计证据

在执行实质性审计程序阶段,注册会计师应当勤勉尽责地获取审计证据,核实审计报告中具体内容的真实性。

首先,应当按照审计计划的要求执行进一步审计程序。在证监会于 2017 年作出的一份政处罚决定书中,会计师事务所在具体审计计划中明确提出,对于应收票据科目,除应取得应收票据获取过程的证据、实施盘点之外,还要对票据真实性实施查询程序、获取银行的确认函。但其在实际执行中并未完成到票据承兑银行对票据真实性进行查询并获取银行确认函的审计程序,在审计工作底稿中也未说明未执行该项审计程序的原因。证监会据此认为其实质性程序存在缺陷。

其次,对被审计者相关审计证据的异常性予以关注,并执行进一步审计程序。例如,在审计收入时,注册会计师应当关注收入大幅增长等异常财务数据;在审计重大交易时,若交易属于“交易形式过于复杂”或“交易价格明显偏离正常市场价格”等重大非常规交易时,注册会计师在收集和评价审计证据、应对与重大非常规交易相关的舞弊风险时,应当保持职业怀疑。如果在审计活动中识别出与其他相关信息不一致的波动或关系,或与预期值差异重大的波动或关系,应当审慎采取相应措施对该等差异予以调查,如询问管理层、实施函证程序等。①

3. 落实工作底稿制度

审计工作底稿能够提供证据证明注册会计师得出总体结论的基础,亦能证明注册会计师按照审计准则和相关法律法规的规定计划和执行了审计工作。具体而言,其包括注册会计师对制订的审计计划、实施的审计程序、获取的相关审计证据,以及得出的审计结论作出的记录。根据《中国注册会计师审计准则第 1131 号——审计工作底稿》第 10 条的规定,“注册会计师编制的审计工作底稿,应当使得未曾接触该项审计工作的有经验的专业人士清楚了解:……”在证监会于 2017 年作出的一份行政处罚判决书中,会计师事务所在 2012 年审计工作底稿中,对风险评估的结果存在多处不一致甚至自相矛盾的情况,并从而导致难以判断中会计师事务所风险评估的最终结果,也是被证监会认定为“未勤勉尽责”情形的原因之一。

① 《中国注册会计师审计准则第 1313 号——分析程序》第 7 条、《中国注册会计师审计准则第 1312 号——函证》第 11 条等。

4. 遵守职业道德要求

《中国注册会计师职业道德守则第 1 号——职业道德基本原则》对注册会计师执业活动中的诚信、客观、公正原则及独立性要求作出了规定。注册会计师如果认为业务报告、申报资料或其他信息存在虚假陈述、重大遗漏等问题,则不得与存在该等问题的信息发生牵连;如果注意到已与有问题的信息发生牵连,应当采取措施消除牵连。注册会计师执行审计和审阅业务以及其他鉴证业务时,应当在实质上和形式上保持独立性,不得因任何利害关系影响其客观性。注册会计师应当公正处事、实事求是,不得由于偏见、利益冲突或他人的不当影响而偏离自己的职业判断,应保持客观和公正。

四、会计师事务所从事证券业务相关的法律责任

财政部门是会计师事务所及注册会计师的业务监管部门,对会计师事务所及注册会计师的监管措施及行政处罚手段主要规定在《会计法》《注册会计师法》《会计师事务所执业许可和监督管理办法》中,且相应监管措施及行政处罚手段并不专门针对证券业务;证监会对会计师事务所及注册会计师的监管主要是从监管证券服务机构角度出发,监管措施及行政处罚手段主要规定在《证券法》中,在承担的法律责任上与其他证券服务机构并无明显区别,下文不再重复介绍。

此外,《公司法》第 207 条①第 1 款及第 2 款还规定,当资产评估、验资或验证的机构提供虚假材料、有重大遗漏的报告时,公司登记机关可以处以没收违法所得、罚款等措施。

就会计师事务所及注册会计师可能承担的民事责任,除《证券法》及《虚假陈述若干规定》对于证券服务机构的统一规定外,会计师事务所及注册会计师还可能根据《公司法》第 207 条第 3 款、《注册会计师法》第 42 条②及《最高人民法院关

① 《公司法》第 207 条:"承担资产评估、验资或者验证的机构提供虚假材料的,由公司登记机关没收违法所得,处以违法所得一倍以上五倍以下的罚款,并可以由有关主管部门依法责令该机构停业、吊销直接责任人员的资格证书,吊销营业执照。承担资产评估、验资或者验证的机构因过失提供有重大遗漏的报告的,由公司登记机关责令改正,情节较重的,处以所得收入一倍以上五倍以下的罚款,并可以由有关主管部门依法责令该机构停业、吊销直接责任人员的资格证书,吊销营业执照。承担资产评估、验资或者验证的机构因其出具的评估结果、验资或者验证证明不实,给公司债权人造成损失的,除能够证明自己没有过错的外,在其评估或者证明不实的金额范围内承担赔偿责任。"

② 《注册会计师法》第 42 条:"会计师事务所违反本法规定,给委托人、其他利害关系人造成损失的,应当依法承担赔偿责任。"

于审理涉及会计师事务所在审计业务活动中民事侵权赔偿案件的若干规定》(法释〔2007〕12 号)承担赔偿责任。

具体而言,因合理信赖或者使用会计师事务所出具的不实报告,[①]与被审计单位进行交易或者从事与被审计单位的股票、债券等有关的交易活动而遭受损失的自然人、法人或者其他组织,可将被审计单位与会计师事务所作为共同被告起诉请求赔偿,当注册会计师满足特定条件时,[②]与会计师事务所及被审计单位承担连带赔偿责任。

此外,《刑法》第 229 条第 1 款规定了提供虚假证明文件罪,承担资产评估、验资、验证、会计、审计、法律服务等职责的中介组织的人员故意提供虚假证明文件,情节严重的,处 5 年以下有期徒刑或者拘役,并处罚金。

第三节　律师事务所

证券业务相关的法律规范繁多,且发行人自身存在的法律风险也影响着证券的价值。因此我国立法和监管机构均要求律师在部分证券发行与交易环节中,就相关事项出具法律意见、作出见证或承诺等。与会计师事务所专注于财务信息相比,律师事务所专注于证券发行上市过程中与法律相关的事项,并通过自身的专业经验和尽职调查,对发行人的情况作出确认、分析,防范欺诈发行等法律风险,确保有关于发行人的实质性信息已经合理披露。

---

① 《最高人民法院关于审理涉及会计师事务所在审计业务活动中民事侵权赔偿案件的若干规定》第 2 条:"因合理信赖或者使用会计师事务所出具的不实报告,与被审计单位进行交易或者从事与被审计单位的股票、债券等有关的交易活动而遭受损失的自然人、法人或者其他组织,应认定为注册会计师法规定的利害关系人。会计师事务所违反法律法规、中国注册会计师协会依法拟定并经国务院财政部门批准后施行的执业准则和规则以及诚信公允的原则,出具的具有虚假记载、误导性陈述或者重大遗漏的审计业务报告,应认定为不实报告。"

② 《最高人民法院关于审理涉及会计师事务所在审计业务活动中民事侵权赔偿案件的若干规定》第 5 条:"注册会计师在审计业务活动中存在下列情形之一,出具不实报告并给利害关系人造成损失的,应当认定会计师事务所与被审计单位承担连带赔偿责任:(一)与被审计单位恶意串通;(二)明知被审计单位对重要事项的财务会计处理与国家有关规定相抵触,而不予指明;(三)明知被审计单位的财务会计处理会直接损害利害关系人的利益,而予以隐瞒或者作不实报告;(四)明知被审计单位的财务会计处理会导致利害关系人产生重大误解,而不予指明;(五)明知被审计单位的会计报表的重要事项有不实的内容,而不予指明;(六)被审计单位示意其作不实报告,而不予拒绝。对被审计单位有前款第(二)至(五)项所列行为,注册会计师按照执业准则、规则应当知道的,人民法院应认定其明知。"

一、业务概述

根据《律师法》第 2 条的规定，[1]律师是指依法取得律师执业证书，接受委托或者指定，为当事人提供法律服务的执业人员，而律师事务所是律师的执业机构。律师可以担任法律顾问、担任代理人并参加诉讼、代理各类诉讼案件的申诉、参加调解仲裁活动、提供非诉法律服务等。[2]

就证券法律业务而言，根据《证券法》第 2 条[3]及《律所证券业务管理办法》第 2 条[4]的规定，律师事务所及其指派的律师从事证券法律业务系指律师事务所接受当事人委托，为其证券发行、上市和交易等证券业务活动，提供的制作、出具法律意见书等文件的法律服务。由此可见，律师事务所主要负责在证券法律业务中就相关法律事项制作、出具法律意见书等。具体而言，律师事务所可以为首次公开发行股票及上市，上市公司发行证券及上市，上市公司的收购、重大资产重组及股份回购，上市公司实行股权激励计划，上市公司召开股东大会，境内企业直接或者间接到境外发行证券、将其证券在境外上市交易，证券公司、证券投资基金管理公司及其分支机构的设立、变更、解散、终止，证券投资基金的募集、证券公司集合资产管理计划的设立，证券衍生品种的发行及上市，以及中国证监会规定的其他

---

① 《律师法》第 2 条："本法所称律师，是指依法取得律师执业证书，接受委托或者指定，为当事人提供法律服务的执业人员。律师应当维护当事人合法权益，维护法律正确实施，维护社会公平和正义。"

② 《律师法》第 28 条："律师可以从事下列业务：（一）接受自然人、法人或者其他组织的委托，担任法律顾问；（二）接受民事案件、行政案件当事人的委托，担任代理人，参加诉讼；（三）接受刑事案件犯罪嫌疑人、被告人的委托或者依法接受法律援助机构的指派，担任辩护人，接受自诉案件自诉人、公诉案件被害人或者其近亲属的委托，担任代理人，参加诉讼；（四）接受委托，代理各类诉讼案件的申诉；（五）接受委托，参加调解、仲裁活动；（六）接受委托，提供非诉讼法律服务；（七）解答有关法律的询问、代写诉讼文书和有关法律事务的其他文书。"

③ 《证券法》第 2 条："在中华人民共和国境内，股票、公司债券、存托凭证和国务院依法认定的其他证券的发行和交易，适用本法；本法未规定的，适用《中华人民共和国公司法》和其他法律、行政法规的规定。政府债券、证券投资基金份额的上市交易，适用本法；其他法律、行政法规另有规定的，适用其规定。资产支持证券、资产管理产品发行、交易的管理办法，由国务院依照本法的原则规定。在中华人民共和国境外的证券发行和交易活动，扰乱中华人民共和国境内市场秩序，损害境内投资者合法权益的，依照本法有关规定处理并追究法律责任。"

④ 《律所证券业务管理办法》第 2 条："律师事务所及其指派的律师从事证券法律业务，适用本办法。前款所称证券法律业务，是指律师事务所接受当事人委托，为其证券发行、上市和交易等证券业务活动，提供的制作、出具法律意见书等文件的法律服务。"

事项出具法律意见。①

二、律师从事证券业务的主要规范体系

(一)法律规范

与律师事务所及律师从事证券法律服务相关的法律规范主要是《证券法》,其原则性地规定了律师应当勤勉尽责,在提供证券法律服务过程中对所依据的文件资料内容的真实性、准确性、完整性进行核查和验证。

《律师法》则对律师执业许可,律师事务所的设立和法律服务活动开展,律师的业务和权利、义务,律师协会,律师及律师事务所的责任等进行了规定。其着眼于规范律师及律师事务所的所有法律服务活动,对律师及律师事务所从事证券法律服务业务产生当然约束力。

(二)部门规章及自律规则

除应遵守《证券法》《律师法》的相关规定外,律师及律师事务所在开展证券业务过程中还应遵守的其他部门规章及自律规则主要为由证监会、司法部制定的《律所证券业务管理办法》和《律所证券业务执业规则(试行)》。

《律所证券业务管理办法》于 2007 年 5 月 1 日生效,其对律师及律师事务所开展证券法律业务的业务范围进行了规定,对业务规则也作了较为全面的规定,要求律师事务所及指派律师勤勉尽责,审慎履行核查和验证义务。《律所证券业务管理办法》特别从内容到格式就法律意见的出具进行了规定。另外,《律所证券业务管理办法》还就监督管理和法律责任等进行了规定。

《律所证券业务执业规则(试行)》于 2011 年 1 月 1 日生效,其在《律所证券业务管理办法》的基础上,进一步就律师事务所和律师从事证券法律业务开展核查和验证、制作和出具法律意见书等执业活动进行了规范。《律所证券业务执业规则(试行)》对查验规则的方法、程序进行了规定,并区分查验对象的类别进一步规定了查验方法、步骤、途径。《律所证券业务执业规则(试行)》要求律师事务所及

---

① 《律所证券业务管理办法》第 6 条:"律师事务所从事证券法律业务,可以为下列事项出具法律意见:(一)首次公开发行股票及上市;(二)上市公司发行证券及上市;(三)上市公司的收购、重大资产重组及股份回购;(四)上市公司实行股权激励计划;(五)上市公司召开股东大会;(六)境内企业直接或者间接到境外发行证券、将其证券在境外上市交易;(七)证券公司、证券投资基金管理公司及其分支机构的设立、变更、解散、终止;(八)证券投资基金的募集、证券公司集合资产管理计划的设立;(九)证券衍生品种的发行及上市;(十)中国证监会规定的其他事项。"

律师必须制作工作底稿，对工作底稿的内容、格式等也作了要求。此外，《律所证券业务执业规则（试行）》还对法律意见书的制作过程、内容、结论、格式等进行了规范。

值得一提的是，为进一步规范和指导律师事务所及律师从事首次公开发行股票并上市证券法律业务活动，适应科创板股票发行注册制下提升证券服务机构能力、强化证券服务机构责任的要求，2019 年 8 月 3 日，证监会公布了由证监会会同司法部起草的《律所 IPO 业务执业细则（试行）》（征求意见稿），进一步明确了律师事务所及律师查验事项范围和勤勉尽责标准。虽然目前《律所 IPO 业务执业细则（试行）》（征求意见稿）尚未产生法律效力，但对于律师及律师事务所开展证券业务尤其是首发业务而言无疑具有重要意义。

三、律师事务所从事证券业务的基本要求

律师事务所及律师在证券业务中应尽勤勉尽责义务，并履行法律专业特别注意义务，具体表现在对所依据的文件资料内容的真实性、准确性、完整性进行查验，按要求发表明确、审慎的法律意见，并制作和保留底稿。

（一）勤勉尽责的标准

《证券法》第 163 条规定："证券服务机构为证券的发行、上市、交易等证券业务活动制作、出具审计报告及其他鉴证报告、资产评估报告、财务顾问报告、资信评级报告或者法律意见书等文件，应当勤勉尽责，对所依据的文件资料内容的真实性、准确性、完整性进行核查和验证。其制作、出具的文件有虚假记载、误导性陈述或者重大遗漏，给他人造成损失的，应当与委托人承担连带赔偿责任，但是能够证明自己没有过错的除外。"

《律所证券业务管理办法》第 3 条规定，律师事务所及其指派的律师从事证券法律业务，应当遵守法律、行政法规及相关规定，遵循诚实、守信、独立、勤勉、尽责的原则，恪守律师职业道德和执业纪律，严格履行法定职责，保证其所出具文件的真实性、准确性、完整性。

（二）法律专业的特别注意义务

《律所证券业务管理办法》第 14 条规定，律师在出具法律意见时，对与法律相关的业务事项应当履行法律专业人士特别的注意义务，对其他业务事项履行普通人一般的注意义务，其制作、出具的文件不得有虚假记载、误导性陈述或者重大遗漏。

《律所证券业务执业规则(试行)》第6条规定,律师从事证券法律业务,应当就业务事项是否与法律相关、是否应当履行法律专业人士特别注意义务作出分析、判断。需要履行法律专业人士特别注意义务的,应当拟订履行特别注意义务的具体方式、手段、措施,并予以落实。

上述相关规定均表明,律师从事证券法律业务时应履行的注意义务可以区分为特别注意义务和一般注意义务,而决定律师应履行何种注意义务的前提是要先判断律师从事的业务事项是否与法律相关。如与法律相关应履行特别注意义务,反之则应履行一般注意义务。不过,前述规定均未就哪些属于与法律相关的业务事项作进一步的明确。

值得注意的是,《律所证券业务管理办法》第15条规定,律师从国家机关、具有管理公共事务职能的组织、会计师事务所、资产评估机构、资信评级机构、公证机构(以下统称公共机构)直接取得的文书,可以作为出具法律意见的依据,但律师应当履行本办法第14条规定的注意义务并加以说明;对于不是从公共机构直接取得的文书,经核查和验证后方可作为出具法律意见的依据。律师从公共机构抄录、复制的材料,经该机构确认后,可以作为出具法律意见的依据,但律师应当履行本办法第14条规定的注意义务并加以说明;未取得公共机构确认的,对相关内容进行核查和验证后方可作为出具法律意见的依据。

根据上述规定,或可作出如下解释:对于非从公共机构直接取得且未经该机构确认的文书(包括从客户处直接取得的资料等),律师应履行特别注意义务,对其内容进行查验;对于从会计师事务所、评估机构等公共机构处直接取得的,或经该等公共机构认证的文书资料负有一般注意义务。其他法律法规未明确规定的文书和资料,只要与律师出具的文件内容相关,也应当履行特别注意义务的要求。换言之,律师按照法律法规规定出具法律意见书等文件均应被认为属于与法律相关的业务事项,除非律师出具的文件里涉及的内容来自应由公共机构履行特别注意义务或其他更高的注意义务的文书(限于从公共机构直接取得的文书或经其确认的文书)。

注意义务存在的场景广泛,涉及的主体各异,客观上也不可能对相关义务主体应履行的一般注意义务和特别注意义务具体涵盖范围进行规定,因此只能在上述理解的前提下,在具体案件中结合实际情况进一步判断行为主体是否履行了注意义务,尤其是特别注意义务。就从事证券业务的律师而言,按照相关法律法规的要求严格履行查验义务并落实工作底稿制度无疑是证明自己履行,相应注意义务的重要"抓手"。

(三)查验义务

根据《律所证券业务管理办法》第 12 条的规定,律师事务所及其指派的律师从事证券法律业务,应当按照依法制定的业务规则,勤勉尽责,审慎履行核查和验证义务。律师进行核查和验证,可以采用面谈、书面审查、实地调查、查询和函证、计算、复核等方法。

第 13 条进一步规定,律师事务所及其指派的律师从事证券法律业务,应当依法对所依据的文件资料内容的真实性、准确性、完整性进行核查和验证;在进行核查和验证前,应当编制核查和验证计划,明确需要核查和验证的事项,并根据业务的进展情况,对其予以适当调整。

《律所证券业务执业规则(试行)》第 8 条原则性规定了律师事务所及其指派的律师进行查验时,应当独立、客观、公正,遵循审慎性及重要性原则。《律所证券业务执业规则(试行)》第 9～28 条则进一步从查验工作的工作方法、程序、途径等方面作了细致的规定。

《律所 IPO 业务执业细则(试行)》(征求意见稿)第 2 条、第 3 条①亦明确了律师的查验义务,并对主体资格、独立性、业务、主要财产、公司治理、规范运作、关联交易和同业竞争、募集资金运用、诉讼与仲裁等首发业务中需出具法律意见书的主要事项的核查方法、要求等进行了规定。

(四)落实工作底稿制度

《律所证券业务管理办法》第 18 条②要求律师应就查验中形成的工作记录和获取的材料,以及关于各具体法律意见所依据的事实、规定和律师的分析判断的

① 《律所 IPO 业务执业细则(试行)》(征求意见稿)第 2 条:"本细则所称首次公开发行股票并上市证券法律业务(以下简称首发法律业务),是指律师事务所接受拟在中华人民共和国境内首次公开发行股票并上市的公司(以下简称发行人)的委托,指派本所律师对发行人首发的相关事项进行核查和验证(以下简称查验),制作并出具法律意见书、律师工作报告等文件的法律服务业务。"

② 《律所证券业务管理办法》第 3 条:"律师事务所及其指派的律师从事首发法律业务,应当按照《律师事务所从事证券法律业务管理办法》和《律师事务所证券法律业务执业规则(试行)》的规定,遵守诚实、守信、独立、勤勉、尽责的原则,恪守律师职业道德和执业纪律,严格履行法定职责,合理、充分地运用《律所证券业务执业规则(试行)》要求的查验方法,充分了解发行人的经营情况、面临的风险和问题,对发行人首发的相关事项是否符合法律、行政法规和中国证监会的规定进行查验,在确保获得充分、有效证据并对证据进行综合分析的基础上,作出独立判断,保证其制作、出具文件的真实性、准确性和完整性,不存在虚假记载、误导性陈述或者重大遗漏。"

说明，形成工作底稿，并予以保存。

《律所证券业务执业规则（试行）》第39条[①]明确规定，律师事务所应当完整保存工作记录，以及在工作中获取的所有文件、资料，并及时制作工作底稿，工作底稿是判断律师是否勤勉尽责的重要证据。《律所IPO业务执业细则（试行）》（征求意见稿）第40条就工作底稿的内容进行了规定："（一）律师接受委托事项的基本情况，包括委托人名称、事项的名称；（二）与委托人签订的委托协议；（三）查验计划及其操作程序的记录；（四）与查验相关的文件，如设立批准证书、营业执照、合同、章程等文件、变更文件或者上述文件的复印件；（五）与查验相关的重大合同、协议及其他重要文件和会议记录的摘要或者副本；（六）与政府有关部门、司法机关、中介机构、委托人等单位及相关人员相互沟通情况的记录，对委托人提供资料进行调查的访问记录、往来函件、现场查验记录、查阅文件清单等相关的资料及详细说明；（七）委托人及相关人员的书面保证或者声明书的复印件；（八）法律意见书草稿；（九）内部讨论、复核的记录；（十）其他与出具法律意见书相关的重要资料。"《律所IPO业务执业细则（试行）》（征求意见稿）第41条要求工作底稿内容应当真实、完整，记录清晰，标明目录索引和页码，由律师事务所指派的律师签名，并加盖律师事务所公章。

以证监会2017年6月27日对某律师事务所及相关责任人发出的行政处罚决定书为例，在该案例中，目标公司通过外部借款等方式虚构收回应收账款，会计师事务所在财务报表审计过程中未发现相关违法事实，而该律师事务所仅将应收应付账款凭证简单汇总，未对应收账款这一重要事项编制过专门的查验计划或制订专项查验方案，在未独立核查的基础上简单直接引用其他证券服务机构材料，未发现其中的明显瑕疵，被证监会没收业务收入并处以罚款。该案例充分说明，针对其他中介机构需要核查的同一事项，律师事务所仍应从法律专业人员的角度，根据执业规则就相关事实履行查验义务，针对该事项的不同部分相应地履行特别注意义务或一般注意义务，尤其是其他中介机构的意见与律师意见属于不同层面、不同性质时，切忌仅以其他中介机构已发表意见作为已履行一般注意义务的唯一依据。

---

① 《律所证券业务执业规则（试行）》第39条："律师事务所应当完整保存在出具法律意见书过程中形成的工作记录，以及在工作中获取的所有文件、资料，及时制作工作底稿。工作底稿是判断律师是否勤勉尽责的重要证据。中国证监会及其派出机构可根据监管工作需要调阅、检查工作底稿。"

四、律师事务所从事证券业务相关的法律责任

律师事务所及律师在从事证券业务中若违反了法律法规等规定的义务，则将面临法律、法规及规范性文件所规定的相关处罚措施。例如，《证券法》第 212 条、第 213 条、第 214 条对证券服务机构作出了一般性的处罚规定。其中，第 213 条还规定了会计师事务所、律师事务所以及从事资产评估、资信评级、财务顾问、信息技术系统服务的机构从事证券服务业务未报备案的处罚。而《律所证券业务管理办法》规定了若律师事务所或律师违反了该办法的规定，则应按照《证券法》的相应条款进行处罚。

此外，根据《律所证券业务管理办法》第 41 条①和第 42 条②的规定，律师事务所及其指派的律师从事证券法律业务，违反《律师法》和有关律师执业管理规定的，由司法行政机关给予相应的行政处罚，违反律师行业规范的，由律师协会给予相应的行业惩戒；涉嫌犯罪的，依法移送司法机关处理。

律师事务所及律师可能承担的民事责任主要规定在《证券法》及《虚假陈述若干规定》中，与其他证券服务机构相比，目前尚无特殊规定。

第四节　资产评估机构

资产评估，是指评估机构及其评估专业人员根据委托对不动产、动产、无形资产、企业价值、资产损失或者其他经济权益进行评定、估算，并出具评估报告的专业服务行为。资产评估原属于会计师事务所主要业务之一，在 20 世纪 90 年代中期，随着国有企业股份大潮的到来，评估机构和评估师数量迅速增长，资产评估业务从会计师事务所独立出来，中国资产评估行业进入了一个高速发展的时期。2016 年 7 月 2 日，《资产评估法》的正式颁布意味着资产评估行业的法律地位和法律框架基本奠定。资产评估的结果可以作为股东股权转让价格的衡量依据，同时

① 《律所证券业务管理办法》第 41 条："律师事务所及其指派的律师从事证券法律业务，违反《律师法》和有关律师执业管理规定的，由司法行政机关给予相应的行政处罚。律师事务所及其指派的律师从事证券法律业务，违反律师行业规范的，由律师协会给予相应的行业惩戒。"

② 《律所证券业务管理办法》第 42 条："律师事务所及其指派的律师违反规定从事证券法律业务，涉嫌犯罪的，依法移送司法机关处理。"

也可以作为企业调整会计账目的依据，对公司财务状况和经营成果产生深远影响，在证券市场的建设和发展中，资产评估机构作为一个重要的中介行业，其作用不可或缺。

一、业务概述

根据《资产评估法》的规定，评估专业人员包括评估师和其他具有评估专业知识及实践经验的评估从业人员。评估师是指通过评估师资格考试的评估专业人员。评估专业人员从事评估业务，应当加入评估机构，并且只能在一个评估机构从事业务。[①] 评估机构及评估师从事的资产评估业务系其根据委托对不动产、动产、无形资产、企业价值、资产损失或者其他经济权益进行评定、估算，并出具评估报告的专业服务行为。

根据《证券法》第 160 条[②]的规定，资产评估机构应当勤勉尽责、恪尽职守，按照相关业务规则为证券的交易及相关活动提供服务。任何主体需要确定评估对象价值的，可以自愿委托评估机构评估，而涉及国有资产或者公共利益等事项，法律、行政法规规定需要评估的，应当依法委托评估机构评估。[③] 实践中，在证券发行、上市、交易等众多证券业务和环节中均需要评估机构出具评估报告。

二、资产评估机构从事证券业务的主要规范体系

（一）法律规范

在法律层面，资产评估机构及专业人员从事证券业务应遵守《证券法》《资产评估法》的相关规定。《证券法》原则性地规定了资产评估机构应当勤勉尽责，在

---

① 《资产评估法》第 5 条："评估专业人员从事评估业务，应当加入评估机构，并且只能在一个评估机构从事业务。"第 8 条："评估专业人员包括评估师和其他具有评估专业知识及实践经验的评估从业人员。评估师是指通过评估师资格考试的评估专业人员。国家根据经济社会发展需要确定评估师专业类别。"

② 《证券法》第 160 条：" 会计师事务所、律师事务所以及从事证券投资咨询、资产评估、资信评级、财务顾问、信息技术系统服务的证券服务机构，应当勤勉尽责、恪尽职守，按照相关业务规则为证券的交易及相关活动提供服务。从事证券投资咨询服务业务，应当经国务院证券监督管理机构核准；未经核准，不得为证券的交易及相关活动提供服务。从事其他证券服务业务，应当报国务院证券监督管理机构和国务院有关主管部门备案。"

③ 《资产评估法》第 3 条："自然人、法人或者其他组织需要确定评估对象价值的，可以自愿委托评估机构评估。涉及国有资产或者公共利益等事项，法律、行政法规规定需要评估的（以下称法定评估），应当依法委托评估机构评估。"

提供证券法律服务过程中对所依据的文件资料内容的真实性、准确性、完整性进行核查和验证。①

《资产评估法》则从评估专业人员、评估机构、评估程序、行业协会、监督管理、评估机构及评估专业人员的责任等方面进行了规定，对评估机构及评估专业人员从事证券法律服务业务具有约束力。

（二）部门规章及自律规则

除应遵守《证券法》《资产评估法》的相关规定外，在开展证券业务过程中还应遵守由财政部制定的《资产评估行业财政监督管理办法》（财政部令第 97 号）、《资产评估基本准则》（财资〔2017〕43 号）等部门规章及《资产评估机构业务质量控制指南》（中评协〔2017〕46 号）等行业自律规范的相关要求。

1. 财政部门制定的部门规章

财政部对全国资产评估行业实行行政监督管理，制定有关监督管理办法和资产评估基本准则，指导和督促地方财政部门实施监督管理。资产评估机构从事证券期货相关资产评估业务实施的监督管理，由财政部负责。②

根据《资产评估法》的要求，2017 年 4 月 21 日，财政部制定并出台了《资产评估行业财政监督管理办法》（并于 2019 年 1 月 2 日修订），对资产评估专业人员、资产评估机构、资产评估协会、法律责任等进行了规范。

2017 年 8 月，财政部印发《资产评估基本准则》（财资〔2017〕43 号），该文件系根据《资产评估法》《资产评估行业财政监督管理办法》制定，共 6 章 35 条，分别为总则、基本遵循、资产评估程序、资产评估报告、资产评估档案和附则。其主要

① 《证券法》第 163 条："证券服务机构为证券的发行、上市、交易等证券业务活动制作、出具审计报告及其他鉴证报告、资产评估报告、财务顾问报告、资信评级报告或者法律意见书等文件，应当勤勉尽责，对所依据的文件资料内容的真实性、准确性、完整性进行核查和验证。其制作、出具的文件有虚假记载、误导性陈述或者重大遗漏，给他人造成损失的，应当与委托人承担连带赔偿责任，但是能够证明自己没有过错的除外。"

② 《资产评估行业财政监督管理办法》(2019 年修订) 第 4 条："财政部门对资产评估行业的监督管理，实行行政监管、行业自律与机构自主管理相结合的原则。"第 5 条："财政部负责统筹财政部门对全国资产评估行业的监督管理，制定有关监督管理办法和资产评估基本准则，指导和督促地方财政部门实施监督管理。财政部门对资产评估机构从事证券期货相关资产评估业务实施的监督管理，由财政部负责。"第 6 条："各省、自治区、直辖市、计划单列市财政厅（局）（以下简称省级财政部门）负责对本行政区域内资产评估行业实施监督管理。"第 7 条："中国资产评估协会依照法律、行政法规、本办法和其协会章程的规定，负责全国资产评估行业的自律管理。地方资产评估协会依照法律、法规、本办法和其协会章程的规定，负责本地区资产评估行业的自律管理。"

内容有：一是明确了《资产评估基本准则》规范的主体和适用范围；二是规定了资产评估机构及其资产评估专业人员开展资产评估业务的基本遵循；三是对资产评估程序、资产评估报告和档案等重要执业内容作了具体规范，增强了可操作性；四是规定了资产评估准则体系的组成。

《资产评估基本准则》将适用范围确定为资产评估机构及其资产评估专业人员开展资产评估业务，资产评估机构是在财政部门备案的评估机构，资产评估专业人员包括资产评估师和其他具有评估专业知识及实践经验的资产评估从业人员，资产评估业务涵盖法定和非法定资产评估业务。

2. 中国资产评估协会制定的自律规则

中国资产评估协会负责全国资产评估行业的自律管理，其根据《资产评估基本准则》制定资产评估执业准则（包括各项具体准则、指南和指导意见）和职业道德准则，供资产评估机构及专业人员遵守。

《资产评估机构业务质量控制指南》主要从资产评估机构的管理和运作角度进行了规范，其要求资产评估机构建立质量控制机制、制定职业道德相关政策、配备必需的人力资源、制定资产评估业务受理环节的控制政策和程序、资产评估业务实施和资产评估报告出具环节的控制政策和程序、对质量控制体系运行情况进行监控的政策和程序、制定文件控制政策和程序等，以达到控制评估质量的目的。

三、资产评估机构从事证券业务的基本要求

资产评估机构及资产评估人员在证券业务中应尽勤勉尽责义务，并履行法律规定的特别注意义务，具体表现在对所依据的文件资料内容的真实性、准确性、完整性进行查验，按要求发表明确、审慎的法律意见，并制作和保留底稿。

（一）勤勉尽责

《证券法》第163条规定："证券服务机构为证券的发行、上市、交易等证券业务活动制作、出具审计报告及其他鉴证报告、资产评估报告、财务顾问报告、资信评级报告或者法律意见书等文件，应当勤勉尽责，对所依据的文件资料内容的真实性、准确性、完整性进行核查和验证。其制作、出具的文件有虚假记载、误导性陈述或者重大遗漏，给他人造成损失的，应当与委托人承担连带赔偿责任，但是能够证明自己没有过错的除外。"

《资产评估法》要求评估专业人员勤勉谨慎从事业务。[①]《资产评估基本准则》第5条亦规定："资产评估机构及其资产评估专业人员应当诚实守信，勤勉尽责，谨慎从业，遵守职业道德规范，自觉维护职业形象，不得从事损害职业形象的活动。"

（二）查验义务

《证券法》第163条要求资产评估机构为证券的发行、上市、交易等业务活动制作、出具资产评估报告，并对所依据的文件资料内容的真实性、准确性、完整性进行核查和验证。《资产评估法》第13条第4款要求评估专业人员对评估活动中使用的有关文件、证明和资料的真实性、准确性、完整性进行核查和验证。

《资产评估基本准则》第13～15条[②]要求资产评估专业人员在执行资产评估业务时，应当对评估对象进行现场调查，获取资产评估业务需要的资料，了解评估对象现状，关注评估对象法律权属，应当根据资产评估业务具体情况收集资产评估业务需要的资料，并且应当对资产评估活动中使用的资料进行核查和验证。

（三）落实资产评估档案制度

《资产评估基本准则》第19条规定："资产评估机构应当对工作底稿、资产评估报告及其他相关资料进行整理，形成资产评估档案。"

---

① 《资产评估法》第13条："评估专业人员应当履行下列义务：（一）诚实守信，依法独立、客观、公正从事业务；（二）遵守评估准则，履行调查职责，独立分析估算，勤勉谨慎从事业务；（三）完成规定的继续教育，保持和提高专业能力；（四）对评估活动中使用的有关文件、证明和资料的真实性、准确性、完整性进行核查和验证；（五）对评估活动中知悉的国家秘密、商业秘密和个人隐私予以保密；（六）与委托人或者其他相关当事人及评估对象有利害关系的，应当回避；（七）接受行业协会的自律管理，履行行业协会章程规定的义务；（八）法律、行政法规规定的其他义务。"

② 《资产评估基本准则》第13条："执行资产评估业务，应当对评估对象进行现场调查，获取资产评估业务需要的资料，了解评估对象现状，关注评估对象法律权属。"第14条："资产评估专业人员应当根据资产评估业务具体情况收集资产评估业务需要的资料。包括：委托人或者其他相关当事人提供的涉及评估对象和评估范围等资料；从政府部门、各类专业机构以及市场等渠道获取的其他资料。委托人和其他相关当事人依法提供并保证资料的真实性、完整性、合法性。"第15条："资产评估专业人员应当依法对资产评估活动中使用的资料进行核查和验证。"

《资产评估基本准则》第 5 章[①]就资产评估档案的构成、管理类工作底稿和操作类工作底稿的定义及要求、资产评估档案的保存期等进行了规定，明确要求工作底稿应当真实完整、重点突出、记录清晰，能够反映资产评估程序实施情况、支持评估结论。

（四）遵守职业道德要求

《资产评估法》明确要求评估专业人员应当诚实守信，依法独立、客观、公正从事业务。[②]《资产评估行业财政监督管理办法》则规定评估机构应遵守独立性原则。[③]

根据《资产评估基本准则》第 4 条的规定，资产评估机构及其资产评估专业人员开展资产评估业务应当遵守法律、行政法规的规定，坚持独立、客观、公正的原则。

《资产评估机构业务质量控制指南》第 20 条进一步规定："资产评估机构应当按照资产评估职业道德准则的要求，坚持独立、客观、公正的原则。资产评估机构可以针对具体评估业务特点采用适当的处理方式保持独立性，如：（一）对影响独立性和客观性的利益关系等因素进行分析和判断，最大限度地减少或者消除不利因素，直至放弃评估业务，以使对独立性和客观性的不利影响降至可接受水平；（二）要求内部相关人员就有关独立性的信息进行沟通，以确定是否存在违反独立性的情形；（三）排除影响资产评估专业人员做出独立专业判断的外部因素干扰。"第 24 条要求资产评估机构在制定项目团队成员配备政策和程序时，应重点考察项目团队成员是否能够保持独立性。

---

① 《资产评估基本准则》第 30 条："资产评估档案包括工作底稿、资产评估报告以及其他相关资料。资产评估档案应当由资产评估机构妥善管理。"第 31 条："工作底稿应当真实完整、重点突出、记录清晰，能够反映资产评估程序实施情况、支持评估结论。工作底稿分为管理类工作底稿和操作类工作底稿。管理类工作底稿是指在执行资产评估业务过程中，为受理、计划、控制和管理资产评估业务所形成的工作记录及相关资料。操作类工作底稿是指在履行现场调查、收集资产评估资料和评定估算程序时所形成的工作记录及相关资料。"第 32 条："资产评估档案保存期限不少于十五年。属于法定资产评估业务的，不少于三十年。"第 33 条："资产评估档案的管理应当严格执行保密制度。除下列情形外，资产评估档案不得对外提供：（一）财政部门依法调阅的；（二）资产评估协会依法依规调阅的；（三）其他依法依规查阅的。"

② 《资产评估法》第 4 条："评估机构及其评估专业人员开展业务应当遵守法律、行政法规和评估准则，遵循独立、客观、公正的原则。评估机构及其评估专业人员依法开展业务，受法律保护。"第 13 条："评估专业人员应当履行下列义务：（一）诚实守信，依法独立、客观、公正从事业务；……"

③ 《资产评估行业财政监督管理办法》第 16 条："资产评估机构应当遵守独立性原则和资产评估准则规定的资产评估业务回避要求，不得受理与其合伙人或者股东存在利害关系的业务。"

四、资产评估机构从事证券业务相关的法律责任

资产评估机构及资产评估管理人员在从事证券业务时若违反了法律法规等规定的义务，将面临法律、法规及规范性文件所规定的相关处罚。除证券法对证券服务机构的一般性规定外，《资产评估法》就评估机构和评估专业人员签署虚假评估报告，或者评估报告有重大遗漏等情形所面临的处罚进行了规定。① 此外，《资产评估法》还规定，若给委托人或者其他相关当事人造成损失，由其所在的评估机构依法承担赔偿责任。评估机构履行赔偿责任后，可以向有故意或者重大过失行为的评估专业人员追偿。

第五节 信用评级机构

证券信用评级的意义在于将复杂的风险信息通过证券信用评级机构的分析预测归纳为代表风险等级的简单符号，降低投资者的信息搜寻成本和投资风险，尤其是降低债务性证券到期无法还本付息的风险。在中国证券市场上，证券信用评级的对象主要为各类债券、资产支持证券、商业银行优先股及其相关发行主体（主体评级及债项评级）。本部分主要针对的是为债券融资市场提供信用评级服务的信用评级机构，又由于债券融资市场存在一定区分，本部分以中国证监会监管、中国证券业协会自律管理的证券资信评级机构为主，并辅以对交易商协会、银保监会监督的相应信用评级机构的情况介绍。

① 《资产评估法》第44条："评估专业人员签署本人未承办业务的评估报告或者有重大遗漏的评估报告的，由有关评估行政管理部门予以警告，可以责令停止从业六个月以上一年以下；有违法所得的，没收违法所得；情节严重的，责令停止从业一年以上五年以下；构成犯罪的，依法追究刑事责任。"第45条："评估专业人员违反本法规定，签署虚假评估报告的，由有关评估行政管理部门责令停止从业两年以上五年以下；有违法所得的，没收违法所得；情节严重的，责令停止从业五年以上十年以下；构成犯罪的，依法追究刑事责任，终身不得从事评估业务。"第47条："评估机构出具有重大遗漏的评估报告，或未按《评估法》规定的期限保存评估档案的，由有关评估行政管理部门予以警告，可以责令停业一个月以上六个月以下；有违法所得的，没收违法所得，并处违法所得一倍以上五倍以下罚款；情节严重的，由工商行政管理部门吊销营业执照；构成犯罪的，依法追究刑事责任。"第48条："评估机构违反本法规定，出具虚假评估报告的，由有关评估行政管理部门责令停业六个月以上一年以下；有违法所得的，没收违法所得，并处违法所得一倍以上五倍以下罚款；情节严重的，由工商行政管理部门吊销营业执照；构成犯罪的，依法追究刑事责任。"

一、证券资信评级机构

（一）业务概述及主要规范体系

1. 业务概述

根据《证券市场资信评级业务管理暂行办法》第2条的规定，资信评级机构从事证券服务业务需要向证监会申请取得证券评级业务许可。修订后的《证券法》则取消了许可要求，规定了资信评级机构勤勉尽责、恪尽职守的义务。

在证监会监管语境下，证券评级业务是指对下列对象开展资信评级服务：(1)中国证监会依法核准发行的债券、资产支持证券以及其他固定收益或者债务型结构性融资证券；(2)在证券交易所上市交易的债券、资产支持证券以及其他固定收益或者债务型结构性融资证券，国债除外；(3)前述第1项和第2项规定的证券的发行人、上市公司、非上市公众公司、证券公司、证券投资基金管理公司；(4)中国证监会规定的其他评级对象。①

根据中国证券业协会《证券资信评级机构执业行为准则》及《证券市场资信评级机构评级业务实施细则（试行）》的相关规定，现将证券评级业务的评级程序概述如下：

(1)评级准备：接受委托的资信评级机构需根据受评级机构或受评级证券发行人所处行业特点、企业规模及复杂程度组建评级项目组，并对项目组成员进行利益冲突审查，制订完善的评级工作计划。

(2)尽职调查：根据《证券资信评级机构执业行为准则》及《证券市场资信评级机构评级业务实施细则（试行）》等相关要求对受评级机构或受评级证券发行人进行尽职调查。

(3)报告撰写：基于尽职调查及其他方式获取的资料，并运用评级专业知识，依据评级业务制度，撰写评级报告。

(4)报告审核：评级机构根据内部审核程序进行审核，经内部审核程序通过后方能提交评级委员会。

(5)等级评定：评级对象信用等级的确定、维持、调整以及失效等由评级委员会召开信用等级评审会议决定。

---

① 《证券市场资信评级业务管理暂行办法》第2条第2款。

(6)评级结果反馈与复评:资信评级机构应及时将评级结果书面告知受评级机构或受评级证券发行人,如果受评级机构或受评级证券发行人对评级结果有异议,可书面提出复评申请并提供充分有效的补充资料。

(7)评级结果公布:根据有关法律、法规和证券业协会自律规则的规定,公布评级结果。

(8)资料存档:评级项目完成或终止后,评级项目组应将项目资料及时进行分类整理和存档。

(9)跟踪评级:持续跟踪评级对象的政策环境、行业风险、经营策略、财务状况等因素的重大变化,及时分析该变化对评级对象信用等级的影响,出具定期或不定期跟踪评级报告。

2. 主要规则

(1)法律规范

除了对证券服务机构的普遍要求和统一罚则外,《证券法》还规定资信评级机构从事证券服务应当勤勉尽责、恪尽职守,按照相关业务规则为证券的交易及相关活动提供服务。①

(2)部门规章及自律规则

在中国证监会及中国证券业协会层面,对于资信评级机构的规定较为集中,主要包括中国证监会发布的于2007年9月1日起开始实施的《证券市场资信评级业务管理暂行办法》(中国证券监督管理委员会令第50号)、中国证券业协会发布的于2012年3月19日起开始实施的《证券资信评级机构执业行为准则》、中国证券业协会发布的于2016年6月24日起开始实施的《证券市场资信评级机构评级业务实施细则(试行)》(2016年修订)。

(二)资信评级机构从事证券业务的基本要求

由前文对资信评级机构评级程序的概述可知,区别于其他从事证券业务的中介机构,资信评级机构除在对受评级机构或受评级证券发行人的尽职调查过程中需要按照相应规则履行勤勉尽责义务之外,在内部审核程序、内部制度建立以及信息披露方面,基于证券评级业务的特殊性,监管上还存在较为特殊的要求。

---

① 《证券法》第160条。

1. 信息披露义务

根据《证券资信评级机构执业行为准则》第 44 条的规定,证券评级机构及其评级从业人员应保证披露信息的真实、准确、完整、及时、公平,不得有虚假记载、误导性陈述或重大遗漏。

《证券资信评级机构执业行为准则》第 45 条及《证券市场资信评级机构评级业务实施细则(试行)》第 53 条对资信评级机构履行信息披露义务的范围也作了明确的规定,简要列举如下:(1)评级机构基本情况;(2)董事、监事及高级管理人员情况;(3)评级从业人员情况;(4)内部控制制度和管理制度,包括回避制度、防火墙制度、合规检查制度、人员培训制度、执业行为守则等;(5)评级业务制度,包括信用等级划分及定义、评级方法、模型、评级程序、评级委员会制度、复评制度等;(6)评级结果信息,包括首次评级结果、跟踪评级结果以及有关评级行动;(7)评级结果质量统计报告;(8)可能对证券评级机构经营活动产生重大影响的信息;①(9)中国证监会、中国证券业协会要求披露的其他信息。②

从上述信息披露的范围可以看出,相较于其他从事证券业务的证券服务机构,资信评级机构的信息披露义务还包括对其自身、高管及从业人员、内部制度及评级业务制度,以及其他对资信评级业务之质量及经营活动有影响的信息履行披露义务,而非仅仅局限于资信评级机构出具的报告中披露信息的真实、准确、完整。

---

① 《证券市场资信评级机构评级业务实施细则(试行)》第 66 条第 2 款:"前款所称重大事项包括但不限于以下情况:(一)证券评级机构不再符合证券评级业务许可条件;(二)1/3 以上的通过证券评级业务高级管理人员资质测试的高级管理人员发生变动;(三)证券评级机构做出减资、合并、分立、解散及申请破产的决定;或者依法进入破产程序、被责令关闭;(四)涉及证券评级机构的重大诉讼、仲裁;(五)证券评级机构就重大传闻进行澄清或证实;(六)证券评级机构及其董事、监事、高级管理人员、评级从业人员违反《暂行办法》及协会自律规则受到中国证监会及协会处罚并记入诚信档案;(七)证券评级机构涉嫌犯罪被司法机关立案调查,或者受到重大行政处罚、刑事处罚;(八)公司董事、监事、高级管理人员涉嫌违法违纪被有权机关调查或采取强制措施;(九)中国证监会、协会认定的其他可能对证券评级机构经营活动产生重大影响的事项。"

② 如以公告形式披露开展证券评级业务过程中实际及潜在的利益冲突、所采取的利益冲突管理、控制措施及可能导致的后果[《证券市场资信评级机构评级业务实施细则(试行)》第 63 条];应当于每一会计年度结束之日起 4 个月内,在协会、证券评级机构及中国证监会指定的其他网站上披露从单个发行主体、发起人、客户或订阅用户处获得超过该会计年度证券评级机构收入 10% 以上报酬的客户名单[《证券市场资信评级机构评级业务实施细则(试行)》第 64 条];应当在每一会计年度结束之日起 3 个月内采用历史违约率、等级迁移率、利差等统计方法,对本机构出具的评级结果准确性和稳定性进行验证,并通过构建量化违约模型和评级结果相互印证[《证券市场资信评级机构评级业务实施细则(试行)》第 65 条]。

另外,《证券资信评级机构执业行为准则》对资信评级机构信息披露义务的履行还要求其做到"及时、公平",这也是根据证券评级业务的特殊性对信息披露义务设置了更高的要求。

2. 其他勤勉尽责的相关要求

《证券市场资信评级业务管理暂行办法》第36条对证券评级机构及其从业人员提出了勤勉尽责的要求,但《证券市场资信评级业务管理暂行办法》及其他相关规定并未明确规定"勤勉尽责"的具体要求。基于对《证券市场资信评级业务管理暂行办法》《证券资信评级机构执业行为准则》《证券市场资信评级机构评级业务实施细则(试行)》的梳理可知,对资信评级机构勤勉尽责的要求还体现在以下几个方面:

(1)尽职调查

根据《证券市场资信评级机构评级业务实施细则(试行)》的具体要求,资信评级机构在对受评级机构或受评级证券发行人进行尽职调查的过程中应当满足以下要求:

第一,尽调前准备工作。在评级作业前,应当针对评级对象形成评级现场工作计划;现场考察与访谈前,评级项目组应当对初步收集的资料进行认真研究和分析,确定人员,制定访谈提纲,与评级对象沟通、确定具体安排,并制订不能实现考察和访谈目的时的补充方案。

第二,现场考察与访谈。首次评级时,评级项目组必须进行现场考察与访谈,且不少于2个工作日;对同一评级对象进行连续评级,如距对该评级对象最近一次进场尽职调查的结束之日超过1年,证券评级机构应当进场开展尽职调查。评级机构应当考察评级对象主要生产经营场所、主要基础资产和相关主体的主要生产经营场所等;评级对象为企业主体的,访谈评级对象及相关主体的高级管理人员、主要业务和管理部门负责人、总资产、销售收入或净利润占公司合并数据20%以上的子公司负责人等;必要时,可访谈评级对象涉及相关主体的外部关联机构。

在现场考察与访谈过程中,评级项目组成员应当有针对性地进行提问,并认真做好访谈记录。访谈记录内容应当包括必备内容,由记录人和受访谈人签字确认,并作为工作底稿统一归档留存。

第三,资料收集。资信评级机构应当按照评级对象的类型和特征确定资料收集的内容,[①]具体途径包括但不限于:通过公开信息披露媒体、互联网及其他可靠渠道搜集相关资料,包括专业资讯和数据提供商、行业协会网站或刊物、学术研究机构论文或刊物、权威统计部门发布的信息以及公共媒体报道等;委托方或评级对象提供的相关资料。

第四,对所依据文件资料进行核查和验证。证券评级机构应当确保通过公开渠道获取资料的可靠性,并在引用时注明资料来源,对自行收集的资料信息应进行评估以保证其及时性、准确性、完整性,甄别基础资料来源的合法性和合规性。值得注意的是,《证券市场资信评级机构评级业务实施细则(试行)》明确规定,资产评级项目组在采信其他中介服务机构出具的相关材料时,应当在一般知识水平和能力范畴内对其真实性和准确性进行评估,而非常见的"审慎判断"或"独立核查"之表述。

(2)评级报告

根据《证券市场资信评级机构评级业务实施细则(试行)》的具体要求,资信评级机构出具的评级报告应当包括概述、声明、正文、跟踪评级安排和附录五个部分,并遵循客观性原则,对评级结论及其标识作出相应的、明确的阐述,避免使用夸大、诱导性用语,并进行充分风险揭示。

(3)报告审核及出具

根据《证券市场资信评级机构评级业务实施细则(试行)》的具体要求,资信评级机构评级报告的审核和出具应当符合以下要求:

评级报告至少应当依序经过评级项目组组长、部门负责人或部门指定人员和

---

① 《实施细则》第9条:"评级项目组应当根据证券评级业务需要,按照评级对象的类型和特征确定资料收集的内容,包括但不限于:(一)宏观经济、区域经济和行业资料。包括宏观经济数据、区域经济数据、行业运行数据以及政府调控政策等;(二)评级对象为企业主体时,相关基础资料、生产经营和财务资料。包括企业税务登记文件、公司章程、股东信息及持股比例、公司治理情况、组织架构、人员状况、生产经营数据、设备技术资料、研发情况、管理制度文件、经营计划与总结报告、发展规划、公司及主要子公司财务审计报告、授信情况,以及公司及其控股股东、实际控制人、保证人在中国证监会证券期货市场失信信息公开查询平台、国家工商总局企业信息公示系统、国家税务总局的重大税收违法案件信息公布栏、最高人民法院失信被执行人信息查询平台、中国人民银行征信系统等主要信用信息平台中的相关记录等;(三)评级对象为固定收益类产品时,除第二项中要求的资料外,还应当包括发行方案、募集资金用途、偿债保障措施安排以及偿债计划等;(四)评级对象为资产支持证券时,除第三项中要求的资料外,还应当包括资产池内基础资产的相关资料、交易结构设计方案及其涉及主体的资料等;(五)评级对象具有增信措施的,应当包括增信方案、担保方相关资料或抵质押资产的相关资料等;(六)其他相关资料。包括项目可行性研究报告、对外担保、法律诉讼以及其它重大事项等。"

评级总监三级审核。审核通过的评级报告须提交信用评级委员会。信用评级委员会对评级报告内容及观点提出意见并确定评级对象、受评证券的最终信用级别。信用评级委员会委员应当遵循利益冲突回避原则,不得担任本人作为项目组成员参与的评级项目的评审委员。评级项目组根据反馈信息修改后交由复核人员进行定稿。证券评级机构的合规人员对评级报告出具流程的合规性进行监督。

(4)跟踪评级

根据《证券市场资信评级机构评级业务实施细则(试行)》的具体要求,资信评级机构跟踪评级工作应当符合以下要求:

评级对象、受评证券存续期期间,证券评级机构应当在受评级机构或受评级证券发行人发布年度报告后2个月内出具一次定期跟踪评级报告,且定期跟踪评级报告应当与前次评级报告保持连贯,但另有规定的除外。此外,除另有规定外,对于1年期内的固定收益类产品,证券评级机构应当在正式发行后第6个月发布定期跟踪评级报告。发生影响前次评级报告结论重大事项的,①证券评级机构应当进行不定期跟踪评级。证券评级机构进行不定期跟踪评级,可以要求委托方或评级对象提供相关资料并就该事项进行必要调查,及时对该事项进行分析,据实确认或调整信用级别,并按照相关规则进行信息披露。

---

① 参见《证券市场资信评级机构评级业务实施细则(试行)》第46条第2款:"前款所称重大事项包括但不限于:(一)评级对象为企业主体或其发行的债券的,企业名称、经营方针和经营范围发生重大变化;生产经营外部条件发生重大变化;涉及可能对其资产、负债、权益和经营成果产生重要影响的重大合同;发生可能影响其偿债能力的资产抵押、质押、出售、转让、划转或报废的情况;发生未能清偿到期重大债务的违约情况;发生大额赔偿责任或因赔偿责任影响正常生产经营且难以消除的;发生超过净资产10%以上的重大亏损或重大损失;一次免除他人债务超过一定金额,可能影响其偿债能力的;三分之一以上董事、三分之二以上监事、董事长或者总经理发生变动;董事长或者总经理无法履行职责;做出减资、合并、分立、解散及申请破产的决定,或者依法进入破产程序、被责令关闭;涉及重大诉讼、仲裁的事项;涉嫌违法违规被有权机关调查,或者受到刑事处罚、重大行政处罚;董事、监事、高级管理人员涉嫌违法违纪被有权机关调查或者采取强制措施,可能影响企业经营状况的;发生可能影响其偿债能力的资产被查封、扣押或冻结的情况;主要或者全部业务陷入停顿,可能影响其偿债能力的;对外提供重大担保;可能对企业偿债能力产生重大影响的其他情形;(二)评级对象为资产支持证券的,未按计划说明书约定分配收益;资产支持证券信用等级发生不利调整;专项计划资产发生超过资产支持证券未偿还本金余额10%以上的损失;基础资产的运行情况或产生现金流的能力发生重大变化;特定原始权益人、管理人、托管人等资产证券化业务参与人或者基础资产涉及法律纠纷,可能影响按时分配收益;预计基础资产现金流相比预期减少20%以上;特定原始权益人、管理人、托管人等资产证券化业务参与人违反合同约定,对资产支持证券投资者利益产生不利影响;特定原始权益人、管理人、托管人等相关机构的经营情况发生重大变化,或者作出减资、合并、分立、解散、申请破产等决定,可能影响资产支持证券投资者利益;管理人、托管人等资产证券化业务参与人发生变更;特定原始权益人、管理人、托管人等资产证券化业务参与人信用等级发生调整,影响资产支持证券投资者利益;可能对资产支持证券投资者利益产生重大影响的其他情形。"

(5)项目存档

根据《证券市场资信评级机构评级业务实施细则(试行)》的具体要求,资信评级机构应当保留评级过程中的相关资料并存档备查,相关资料的保存期限不得少于10年。相关资料包括但不限于以下内容:评级业务委托书;评级业务相关收费凭证;委托方和评级对象及相关中介机构提供的原始资料和补充资料;尽职调查工作底稿;评级报告,包括报告初稿、各级审核意见稿和定稿;信用评级委员会的会议记录和表决情况;跟踪评级报告和资料(如有);证券评级机构年度报告;其他出具评级报告相关的文件或证券评级机构认为有必要保留的文件。

(6)其他相应要求

除前述信息披露义务及勤勉尽责的相应要求外,资信评级机构在从事评级业务的过程中还应建立相应的内部制度,如回避制度(针对评级委员会委员及评级从业人员进行利益冲突审查)、防火墙制度(评级部门及其人员与市场部门之间保持独立)、评级委员会制度、复评制度、跟踪评级制度等。此外,应当使用恰当的评级方法,满足所使用的评级方法、模型应与其披露的评级方法、模型保持一致等要求,内部应设立专门部门定期审查其评级方法、模型和程序及其重大变更,对于新产品评级还应当建立专家评估审核机制。

(三)资信评级机构从事证券业务的法律责任

《证券市场资信评级业务管理暂行办法》第36条规定,证券评级机构及其从业人员未勤勉尽责,出具的文件有虚假记载、误导性陈述或者重大遗漏的,依照《证券法》[①]第213条的规定处理。

根据《证券市场资信评级业务管理暂行办法》第41条的规定,证券评级机构有未依法依规披露信息,或对所依据的文件资料内容的真实性、完整性、准确性核查验证;报送、提供的经营管理信息和资料有虚假记载、误导性陈述或重大遗漏;内控不健全等情形的,证券会可责令改正,给予警告,并处以1万元以上3万元以下的罚款;对直接负责的主管人员和其他直接责任人员给予警告,并处以1万元以上3万元以下的罚款;情节严重或者拒不改正的,依照《证券法》第226条第3

① 2005年《证券法》第223条,2014年《证券法》未对该条进行修订,现对应新《证券法》第213条第3款。

款[①]的规定处理：

评级机构及其评级从业人员违反《证券资信评级机构执业行为准则》或《证券市场资信评级机构评级业务实施细则（试行）》规定的，证券业协会视情节轻重采取自律惩戒措施，并记入协会诚信信息管理系统。证券评级机构及其评级从业人员违反法律、法规或有关主管部门规定的，由证券业协会依法移交中国证监会或其他有权机关查处。

针对信用评级机构可能承担的民事责任及刑事责任，现行规范并未作出特殊的规定，仍然适用对于证券服务机构的一般性规定。

二、信用评级机构

资信评级机构为中国证监会许可及监管的从事证券资信评级业务的机构，而针对非金融企业债务融资工具的信用评级业务则由央行监管、交易商协会自律管理。

（一）业务概述及主要规范体系

1. 业务概述

根据《非金融企业债务融资工具市场信用评级业务自律指引》第 2 条及第 3 条的规定，信用评级，是指信用评级机构对影响受评对象信用风险的相关因素进行分析研究，就其偿债能力及意愿作出的综合评价。信用评级业务是以信用评级流程为主线形成的信用评级机构及相关主体活动的总和，包括委托评级业务和主动评级业务，其中，委托评级业务又分为发行人委托评级业务和投资人委托评级业务等。

发行人委托评级是指信用评级机构经发行人委托，通过公开渠道和实地调研收集受评对象相关资料，并以此为依据对相关发债主体或债项开展的信用评级。投资人委托评级是指信用评级机构经投资人委托，通过公开渠道以及实地调研收集受评对象相关资料，并以此为依据对相关发债主体或债项开展的信用评级。

2. 主要规则

在法律法规层面，信用评级机构与资信评级机构适用的规范并无明显差别，二者适用的规则差异主要在于部门规章、自律规则及行业规范。

---

① 2005 年《证券法》第 226 条第 3 款，2014 年《证券法》未对该条进行修订，新《证券法》删去了对应条文。

针对银行间债券市场信用评级工作，央行分别发布了《银行间债券市场发行债券信用评级的有关具体事项的公告》（中国人民银行公告〔2004〕第22号）、《中国人民银行信用评级管理指导意见》（银发〔2006〕95号）、《信用评级机构在银行间债券市场开展信用评级业务有关事宜的公告》（中国人民银行公告〔2017〕第7号），针对保险资金投资债券使用外部信用评级机构，原保监会发布了《关于加强保险资金投资债券使用外部信用评级监管的通知》（保监发〔2013〕61号）。前述央行和原保监会颁布的规则中对于信用评级机构开展评级业务的相应要求与中国证监会、中国证券业协会及交易商协会发布的针对信用评级业务的相应规定在原则上基本一致，下文不再赘述。

截至本书定稿前，交易商协会发布的关于非金融企业债务融资工具信用评级业务的相关规则主要如下，该等规则的主要内容将在后文结合信用评级机构义务进行介绍：

2020年6月12日生效的《银行间债券市场非金融企业债务融资工具中介服务规则》（2020年版）（中国银行间市场交易商协会公告〔2020〕13号）

2013年1月8日生效的《非金融企业债务融资工具信用评级业务自律指引》（中国银行间市场交易商协会公告〔2013〕1号）

2016年2月26日生效的《非金融企业债务融资工具信用评级机构业务市场评价规则》（中国银行间市场交易商协会公告〔2016〕5号）

2018年3月27日生效的《银行间债券市场信用评级机构注册评价规则》（中国银行间市场交易商协会公告〔2018〕6号）

2018年3月27日生效的《非金融企业债务融资工具信用评级机构自律公约》（中国银行间市场交易商协会公告〔2018〕7号）

2018年5月1日生效的《非金融企业债务融资工具信用评级业务调查访谈工作规程》（中国银行间市场交易商协会公告〔2018〕8号）

2019年8月1日生效的《银行间债券市场非金融企业债务融资工具信用评级业务信息披露规则》（中国银行间市场交易商协会公告〔2019〕7号）

此外，央行还发布了针对信用评级的推荐性金融行业标准——《信贷市场和银行间债券市场信用评级规范》（JR/T 0030.1－2006），包括信用评级主体规范、信用评级业务规范及信用评级业务管理规范。

（二）信用评级机构从事证券业务的基本要求

由于信用评级机构与资信评级机构从事的评级业务基本类似，只是监管部门及适用范围不同，因此本部分仅针对交易商协会发布的相应规则中对于信用评级机构之主要义务与资信评级机构存在的重大不同之处进行简要归纳：

1. 信息披露义务

首先，《信用评级业务信息披露规则》第 5 条明确将信用评级机构的全体董事、监事、高级管理人员或具有同等职责的人员纳入了信息披露义务主体的范围。

其次，区别于资信评级机构的信息披露义务要求，《信用评级业务信息披露规则》对于信用评级机构信息披露作了更为具体的要求，包括业务制度分层分类披露、披露评级体系文件、以表格形式披露成立以来所有历史评级结果并更新、对特定新承接客户的信息进行披露及更新、增加若干专项披露事项[①]等。

最后，为符合《信用评级机构业务市场评价规则》及《信用评级机构注册评价规则》的相关要求，信用评级机构向交易商协会提交资料的具体要求如下：

一是根据《信用评级机构业务市场评价规则》第 14 条的规定，信用评级机构应在规定时间内向交易商协会提交市场评价工作需要的资料，并保证资料真实、准确、完整。

二是根据《信用评级机构注册评价规则》第 12 条的规定，申请注册的信用评级机构应向交易商协会提交符合《银行间债券市场信用评级机构注册文件表格体系》要求的注册文件，并保证信息的真实、准确、完整、及时；根据该规则第 16 条的规定，信用评级机构注册文件信息发生重大变化的，应于 10 个工作日内向交易商协会提交更新材料。

2. 其他勤勉尽责义务

相较于资信评级机构，《非金融企业债务融资工具市场信用评级业务自律指引》第 25 条明确规定，信用评级机构对于评级项目作业流程的合规性也需要进行

---

① 《信用评级业务信息披露规则》第 20 条："对于新承接客户中之前由其他信用评级机构评级的非金融企业债务融资工具发行人，信用评级机构应当在每月前 5 个工作日内以表格形式披露其更换评级机构信息和相应的评级结果。"根据《信用评级业务信息披露规则》第 21 条、第 22 条的规定，信用评级机构应当于每年 4 月 30 日前在交易商协会认可的渠道公开披露上一年度信用评级业务开展和合规运行情况报告；信用评级机构应当在下列事项发生或决定之日起 3 个工作日内，公开披露相关信息并向交易商协会提交报告：（一）在评级结果披露后发现存在利益冲突相关情形的；（二）发现利益冲突情形后，已按照《银行间债券市场非金融企业债务融资工具信用评级业务利益冲突管理规则》的要求采取补救措施或终止评级的。

检查。

根据《信用评级业务调查访谈工作规程》第9条的规定，信用评级机构应当对评级对象进行实地调查访谈的业务还包括：跟踪评级时，与最近一次实地调查访谈时间间隔超过2年，或项目组成员在上次实地调查访谈后已全部更换的。

对于所依据文件的核查要求，根据《信用评级业务调查访谈工作规程》第15条的规定，信用评级机构应对所收集信息的及时性、完整性、可靠性进行评估，并在合理范围内对评级所依据信息的真实性、准确性和一致性进行核验。

若发现信息存在重大差异或对材料有异议，应当对有关事项进行重点调查、复核，要求评级对象就该事项进行说明；必要时，应向承销商、会计师事务所、资产评估机构、律师事务所等专业机构作进一步了解。

以证监会上海监管局2018年12月28日对某信用评级机构出具的行政监管措施决定书为例。在该案例中，该信用评级机构对多个资产证券化评级项目基础资产、原始权益人和重要增信事项等尽职调查不充分，未能发现个别项目担保承诺函所用印章系伪造；多个资产证券化评级项目存在现金流预测的假设不审慎；个别资产证券化跟踪评级项目风险提示不充分，未充分关注原始权益人未按约定归集资金的风险，被上海监管局采取了出具警示函的监管措施。

3. 内部制度的相应要求

对于内部制度建立的要求，交易商协会更明确地在相应规则中要求信用评级机构建立内部的合规监督制度、[①]评级质量控制机制、[②]分析师轮换、离职人员追溯等利益冲突防范机制。[③]

（三）信用评级机构从事证券业务的法律责任

有关机构及相关人员违反交易商协会发布的相关规定的，根据违规情节，交易商协会可按《非金融企业债务融资工具市场自律处分规则》的有关规定进行自律处分。涉嫌违法违规的，交易商协会可移交有关部门进一步处理。

---

① 《信用评级业务自律指引》第10条："信用评级机构应建立合规监督工作机制和相关制度，设立专门部门负责对信用评级及相关业务工作人员的合规性进行监测、检查和报告，定期评估公司内部控制制度的完备性和执行情况。"《调查访谈工作规程》第18条："信用评级机构的合规管理部门应对调查访谈工作的合规性进行检查和监督，对存在的问题及时提出改进措施并监督执行。"

② 《信用评级业务自律指引》第11条："信用评级机构应建立完善并严格执行评级质量控制机制和相关制度，包括评级新业务评估制度、评级过程质量控制制度和评级质量检验制度等。"

③ 《信用评级机构自律公约》第6条："信用评级机构应建立健全包括防火墙制度、回避制度、分析师轮换、离职人员追溯等在内的利益冲突防范机制。"

另外,《信用评级业务信息披露规则》作了更为细致的规定。根据该规则第28条的规定,信用评级机构违反本规则相关规定,未按要求真实、准确、完整、及时地披露信息的,根据情节严重程度可给予诫勉谈话、通报批评、警告,并处责令改正;对负有直接责任的董事、监事、高级管理人员和其他直接责任人员,给予诫勉谈话、通报批评、警告,并处责令改正。

信用评级机构披露的信息有虚假记载、误导性陈述或者重大遗漏的,根据情节严重程度,交易商协会可给予严重警告或公开谴责处分,可并处责令改正、责令致歉、暂停相关业务、暂停会员权利或取消会员资格处分,交易商协会经向央行报备后,将限制、暂停其开展信用评级业务或注销其相应业务注册。对负有直接责任的董事、监事、高级管理人员和其他直接责任人员,可给予严重警告或公开谴责处分,可并处责令改正、责令致歉或认定为不适当人选。

根据《信用评级业务信息披露规则》第29条的规定,在信息披露工作中,信用评级机构及负有直接责任的董事、监事、高级管理人员和其他直接责任人员涉嫌违反法律、行政法规的,交易商协会可移交行政主管部门或司法机关处理。

《中国人民银行信用评级管理指导意见》还规定,对信用评级机构不遵守评级程序、恶性竞争、评级诈骗、以级定价或以价定级等行为,央行将向社会公开披露,并中止违规机构在银行间债券市场和信贷市场进行的信用评级业务。

针对信用评级机构可能承担的民事责任及刑事责任,现行规范并未作出特殊的规定,仍然适用对于证券服务机构的一般性规定。

第二章

证券服务机构的职能

在前一部分基础上，本部分将对证券服务机构间的职责划分及注意义务的标准作更为细致的探讨，并重点着眼于不同的业务情景，对各证券服务机构的职责及勤勉尽责要求进行分析。

第一节　证券服务机构职责划分及注意义务标准

在证券市场中，证券服务机构通常扮演着两方面的角色。其一，证券服务机构作为投资者利益的维护者，根据专业知识对信息进行调查和审核，并据此提出专家意见，以自身信用担保披露信息的真实性，缓解证券市场的信息不对称问题；其二，证券服务机构通常接受发行人的委托和报酬，为委托人的利益而服务。基于这样的角色定位，各证券服务机构在不同的领域内为委托人及投资者提供专业化的服务。但在实践中，各证券服务机构的职责重叠现象较为普遍，证券服务机构出具的文书中交叉引用内容也无可避免，从而给明确证券服务机构的职责边界和注意义务标准带来了不便。因此，有必要对证券服务机构的职责划分及对不同事项的注意义务标准进行探讨。

一、证券市场证券服务机构的责任划分模式

（一）英国“保荐人牵头责任”模式

保荐制度最早出现于英国伦敦证券交易所于 1995 年新开设的 AIM 市场（另类投资市场、创业板），主要原因是该市场的上市条件宽松、程序简单，企业一般处于发展初期，面临的技术、市场、经营、管理以及财务等风险因素相比主板上市企业要大，因此从防范风险和保护投资者利益的角度出发设计了保荐制度。①

① 郭雳：《证券律师的行业发展与制度规范》，法律出版社 2013 年版，第 65 页。

在该模式之下，证券监管机构的监管对象主要限于证券公司等持牌机构，会计师、律师等基本不在其处罚范围之内。例如，证券律师主要由律师自律组织进行管理，受律师纪律审裁团惩戒。同时，虽然实行保荐制，英国对于证券服务机构的责任划分并未特别规定于成文法或普通法中，会计师、律师等以其签名的文件范围认定责任，证券服务机构与他人共同签署一份文件时，若因合理相信其他专家的意见而为之，则对该部分不承担责任。

（二）美国“区分责任”模式

美国没有规定保荐制度，1933 年《证券法》第 11 条规定了“区分责任”的监管模式，在该模式之下，证券服务机构之间形成事实上的委托关系。[①] 1933 年《证券法》第 11(a)条列出了包括发行人在内可能对注册申请表中说明不实或遗漏负法律责任的自然人和实体组织，包括所有发行人，其主要行政、财务及会计主管，以及所有对注册声明书部分内容负责的董事、承销商、会计师或其他专业人员。虽然美国没有强制要求律师参与证券发行，但是律师在提供专家意见时也被作为专业人员对待。

在责任承担上，1933 年《证券法》第 11(b)条规定了发行人的无过错责任及发行人以外的人的过错推定责任，且规定存在三种法定抗辩情形，即辞职抗辩[②]、不

① ［美］莱瑞·D. 所得奎斯特：《美国证券法解读》，胡轩之、张云辉译，法律出版社 2004 年版，第 180 页。

② 在注册报告书中有关其责任陈述部分生效日前：(A)已经或在法律允许的情况下采取了步骤辞去或终止或拒绝其办公室工作、职位或在注册报告书中被规定由其起作用或同意由其起作用的那些关系；(B)他已经以书面形式通知委员会或发行人，已采取这类行动，并且对注册报告书的这一部分将没有责任。

知情抗辩[①]和应有谨慎抗辩[②],其中,在举证应有谨慎时合理调查和正当理由的标准为精明人在管理自己财产时所需要的标准。

此外,美国判例法还发展出"滑动责任标准"(或称"区别对待标准",即 sliding scale of liability, 法院在签署注册申请表的内部人和外部人之间划了一条界线,最高的注意标准适用于签署注册表的内部人,外部人根据专业知识不同被分解到不同的注意标准中)[③]和"信赖专家抗辩"(reliance on experts)。[④]

(三)中国"严格保荐人牵头责任"模式

我国近十年来积极引入保荐制度,并将其应用范围从上市、首发拓展到再融资领域。证监会于 2003 年发布《证券发行上市保荐制度暂行办法》(2009 年修订为《证券发行上市保荐业务管理办法》,并经 2017 年、2020 年两次修订),《证券法》第 10 条也进一步明确规定了证券发行、上市保荐制度。然而,相比于香港以"分解职责、明确标准、强化独立"为核心的改革,我国大陆采取的是围绕保荐人(保荐机构和保荐代表人)的范围更广、更为严格的"牵头责任"监管模式。

具体而言,我国大陆现行保荐制体现出以下特色:(1)证券发行(首发或再融资)及上市,都必须由保荐人推荐,证监会或交易所只接受由其推荐的申请文件;

---

① 在其不知道情况下,注册报告书的这一部分生效。知道了这一事实,他随即根据第 1 段规定采取了行动,并通知了委员会,此外还给予了适当的公开通告,说明注册报告书的这一部分是在他不知道的情况下生效的。

② (A)如果注册报告书的某一部分据说不是由一专家根据其权威制定的,不是某专家报告或评价书的副本或摘录,不是根据有权威的公开官方文件或报告制定的,则关于注册报告书的这一部分,他经过适当调查,在注册报告书生效时,有理由认为,并且确实认为,其中的陈述是真实的,且没有漏报按规定其中应报的或使其中的陈述不致被误解所必要的重大事实;(B)如果注册报告书的某一部分据说是根据其作为专家的权威而制定的,或是他本人(作为专家)的报告或评价书的副本或摘录,则关于注册报告书的这一部分:(i)经过适当调查后,在注册报告书生效时, 他具有适当的理由认为,并且确实认为,其中的陈述是真实的,且没有漏报按规定应报或使其中的陈述不致被误解所必要的重要事实,或(ii)注册报告书的该部分未能公正地代表其作为专家的陈述,或不是其作为专家的报告或评价的完满的副本或摘录;及(C)如果注册报告书的某一部分据说是由一专家(非他本人)根据其权威而制作,或是一专家(非他本人)的报告或评价书的副本或摘录,则关于注册报告书的这一部分,在生效时,他没有适当的理由认为,且确实不认为其中的陈述是不真实的或存在对规定其中应报或是使其陈述不致被误解所必要的重大事实的漏报,或注册报告书的该部分并未清楚地反映该专家的陈述,或并非该专家报告或评价书的完整的副本或摘录;(D)如果注册报告书的某一部分据说是一官方人士的报告,或是一公开的官方文件的副本或摘录,关于注册报告书的这一部分,在生效时,他没有适当的理由认为,且确实不认为,其中的陈述是不真实的,或存在对规定其中应报的或使其中的陈述不致被误解所必要的重大事实的漏报,或注册报告书该部分并未清楚地代表该官方人士的陈述或并非公开官方文件的完整的副本或摘录。

③ 黄振中:《美国证券法上的民事责任与民事诉讼》,法律出版社 2003 年版,第 122 页。

④ 郭雳:《证券律师的行业发展与制度规范》,法律出版社 2013 年版,第 67 页。

(2)保荐人应勤勉尽责,对申请文件和披露材料审慎核查,承担连带责任;(3)保荐人对所推荐公司在上市后的一段时间负持续督导责任,并对后者在此期间的不规范行为承担责任;(4)保荐人须按要求建立一系列的内部管理制度;(5)证监会对保荐人实行持续监管。① 在不适用保荐制度的上市公司并购重组及债券发行领域,对承销商及财务顾问也有类似的"牵头责任"监管模式。

(四)小结

如前所述,我国证券监管制度强化了监管部门对证券公司的控制力,指出由其作为统领各证券服务机构的牵头角色。但囿于金融法制发展水平的制约,目前各领域尚未形成完全成熟的行业惯例,现行规范对证券服务机构之间的职责划分尚无十分清晰的规定,对其所采用的"审慎核查""全面核查""特别注意"等措辞也缺少明确的解释。

由此引发的解释性问题是,"审慎核查""独立判断"等标准应作如何解释?证券服务机构是否应对其他证券服务机构发表的意见再次进行实质性核查?进而,各证券服务机构在职责重叠的领域,应当如何划分对第三人责任?厘清上述问题有助于判断证券服务机构是否履行了应尽的勤勉尽责义务,亦有助于避免某一机构承担过重的职责。

二、证券服务机构职责划分与注意义务标准

(一)证券服务机构专业范围对职责划分和注意义务的影响

证券服务机构发挥作用的根源在于其能够输出专业知识和信息,具有良好的信誉,能够减轻市场各主体之间信息不对称的程度。要充分发挥证券服务机构的作用,必然需要专业人员各司其职、各尽其责,即证券服务机构的职责范围应当主要围绕专业来划分。这一点可类比于同为专业人员的医疗人员。《侵权责任法》第57条即规定,医疗过错的认定标准为"医务人员在诊疗活动中未尽到与当时的医疗水平相应的诊疗义务"。对于专业范围内的事项,证券服务机构应当给予相对高的关注程度;而对于专业范围外的事项,证券服务机构应当给予相对低的关注程度,换言之,对于分属于专业范围内外的不同事项,证券服务机构及其从业人员的注意义务不同。

---

① 周正庆:《证券知识读本》(修订本),中国金融出版社2006年版,第152页。

所谓证券服务机构及其从业人员的注意义务是专业人员的注意义务在证券领域的具体表现形式，即作为掌握法律、财务等领域专业知识及技能的专业人员，在提供证券业务服务时，对服务对象乃至其他第三人所负担的，为避免前述主体利益受到损害，而对服务事项保持“谨慎、小心行为”[①]的义务，尤其是预防发行人（委托人）及投资者潜在风险的义务。

理论上一般认为，证券服务机构对于自身肩负的职责应当尽到特别注意义务，充分、妥善、全面地进行核查并发表意见；对于其他机构已出具专业意见的事项则应尽一般注意义务，进行适当程度的审慎核查。[②] 从《最高人民法院关于为设立科创板并试点注册制改革提供司法保障的若干意见》第5小点[③]对会计、法律等证券服务机构对各自专业相关业务事项的特别注意义务，以及《科创板注册管理办法（试行）》第7条[④]和《律师事务所从事证券法律业务管理办法》第14条[⑤]等类似规定中，也可看出现行规范以是否专业相关事项为标准进行注意义务标准初步区分的倾向。但若仅区分出特别注意义务和一般注意义务，而不对特别注意义务及一般注意义务的具体内涵进行探究，并不能解决任何问题。因此，本书认为，结合实务操作，对于各证券服务机构的职责划分及相应的注意义务，或可区分以下几个层面予以界定。

（二）充分履行法律或行政法规明确规定的注意义务

若法律法规对证券服务机构提出了明确的工作要求，相应证券服务机构应当严格遵守，相应事项亦当然属于各证券服务机构职责范围内。

对于此类事项，遵循违法视为过失的原则，即在成文法明确规定了义务主体

---

① 戴谋富：《专家注意业务的本质及判断标准》，载《求索》2010年第7期。

② 郭雳、李逸斯：《IPO中各中介机构的职责分配探析——从欣泰电气案议起》，载《证券法苑》2017年第23卷。

③ 《最高人民法院关于为设立科创板并试点注册制改革提供司法保障的若干意见》第5小点：“……要严格落实证券服务机构保护投资者利益的核查把关责任，证券服务机构对会计、法律等各自专业相关的业务事项未履行特别注意义务，对其他业务事项未履行普通注意义务的，应当判令其承担相应法律责任。准确把握保荐人对发行人上市申请文件等信息披露资料进行全面核查验证的注意义务标准，在证券服务机构履行特别注意义务的基础上，保荐人仍应对发行人的经营情况和风险进行客观中立的实质验证，否则不能满足免责的举证标准。”

④ 《科创板注册管理办法（试行）》第7条第2款：“证券服务机构及其相关执业人员应当对与本专业相关的业务事项履行特别注意义务，对其他业务事项履行普通注意义务，并承担相应法律责任。”

⑤ 《律师事务所从事证券法律业务管理办法》第14条：“律师在出具法律意见时，对与法律相关的业务事项应当履行法律专业人员特别的注意义务，对其他业务事项履行普通人一般的注意义务，其制作、出具的文件不得有虚假记载、误导性陈述或者重大遗漏。”

对他人负有的注意义务时，义务主体违反该注意义务就当然具有过失。[①] 例如，根据《律师事务所从事证券法律业务管理办法》第 21 条的规定，法律意见书应当列明相关材料、事实、具体核查和验证结果、国家有关规定和结论性意见。法律意见不得使用“基本符合”或“未发现”等含糊措辞。若律师事务所违反前述规定，未列明具体核查和验证结果或列举不实，则当律师事务所在证明其不存在过错时，则存在该种违法情形导致其承担更高的举证不能风险的可能。

（三）针对专业范围内事项的特别注意义务

现代社会中专业人士的工作具有两个重要特点：第一，其受到所从事行业长期而严格的专门训练，工作内容具有高度的技术性和专业性，因此，只有在获得有关机关授予的资格证书或执业证明后才能从事；第二，其工作重心不是体力劳动，而是以精神、智力之判断为中心的智力活动。故基于专业人士工作的专门性，其在工作中具有较大的自由裁量余地，因而需要赋予其更为严格的注意义务标准，以维持各方利益的平衡，即对专业人士的特别注意义务要求。[②] 我国理论界通常认为，特别注意义务是指某一职业的从业人员应当达到该职业内一般从业人员应有的专业技能、业务水平、忠实勤勉及注意程度，否则就应被认为存在过失，这种特别注意义务并不过多考虑各个专业人士间的主体差异，呈现出标准客观化的趋势。当然，一概排除专业人士在经验、智力等方面的个体差异不太妥当，但这种具体的差异主要反映在个案之中，与损害后果的具体形态、社会一般认知等诸多因素交织在一起影响专业人士的过失判断，需要具体情况具体分析，本部分不作进一步探究。

对于特别注意义务的判断，行业惯例或“行规”提供了判断的重要参照。特别是在证券业务领域中，除了法律和行政法规之外，还存在监管机关、自律组织对证券服务机构或其从业人员制定的诸多行为准则及要求，这些行为准则及要求对于判断证券服务机构的特别注意义务尤为重要，因为此类规则的大部分内容理论上是行业内通行做法或最低底线的成文化[③]并具有公示性，且往往具有特殊的法律地位，能够在某种程度上反映监管意志。例如，独立审计准则理论上应该是中注

---

① 程啸：《侵权责任法》，法律出版社 2011 年版，第 206 页。

② 程啸：《侵权责任法》，法律出版社 2011 年版，第 207 页。

③ 由于规则的滞后性和监管部门的认知差异，该类规则与行业实际通行做法存在一定差异并不鲜见，但严格而言，若在业务过程中违反或未完全履行该类规则，必然要在论证已尽注意义务时作出更为充分的说明，并承担更高的举证不能的风险。

协制定的行业准则，但《注册会计师法》要求注册会计师执业准则报财政部批准后方可施行，独立审计准则的发布也由财政部负责。因此该类规则即便未明确体现为义务性规范，也应作为判断专业人员的注意义务标准的依据之一。若该等规则明确对证券服务机构提出了特别要求，一旦违反，证券服务机构即违反了其应尽的较高水平的特别注意义务。例如，证监会于 2019 年 8 月 23 日公布的《律师事务所从事首次公开发行股票并上市法律业务执业细则（试行）》（征求意见稿）即对律师事务所从事首发法律业务的主要查验事项和内容作出了具体规定，在正式发布后即应构成律师事务所从事首发业务的重要行为规范。

此外，结合业务实操，对于需要证券服务机构在其专业范围内独立核查或发表第一手专业意见的事项，相应证券服务机构均应尽到特别注意义务。

例如，在 IPO 过程中，律师主要对发行人与法律相关的事项进行专业核查和法律分析，并发表独立法律意见，如判断公司设立及历次股权变更的合法性、论证改制重组方案的合规性、分析公司重要资产权属、组织机构运作、税务、诉讼与仲裁等事项的合法性等。该等事项均属于与法律业务相关的事项，故律师均应当履行特别注意义务。

关于特别注意义务的内涵，部分规范在特定范围内作出了更为直接、明确的阐释，亦应为证券服务机构所关注。例如，根据《证券期货投资者适当性管理办法》第 20 条的规定，特别的注意义务包括制定专门的工作程序，追加了解相关信息，告知特别的风险点，给予普通投资者更多的考虑时间，或者增加回访频次等。① 根据《律师事务所证券法律业务执业规则（试行）》第 6 条的规定，“律师从事证券法律业务，应当就业务事项是否与法律相关、是否应当履行法律专业人员特别注意义务作出分析、判断。需要履行法律专业人员特别注意义务的，应当拟订履行特别注意义务的具体方式、手段、措施，并予以落实”。《律师事务所从事证券法律业务管理办法》第 13 条虽然未明确提及特别注意义务，但规定“在进行核查和验证前，应当编制核查和验证计划，明确需要核查和验证的事项，并根据业务的进展情况，对其予以适当调整”，要求律师事务所明确其工作范围，实质也是律师事务

---

① 《证券期货投资者适当性管理办法》第 20 条：“经营机构向普通投资者销售高风险产品或者提供相关服务，应当履行特别的注意义务，包括制定专门的工作程序，追加了解相关信息，告知特别的风险点，给予普通投资者更多的考虑时间，或者增加回访频次等。”另参见《全国中小企业股份转让系统投资者适当性管理细则》第 14 条。

所特别注意义务的体现。

此外,需要特别指出的是,应当用行为状态,即业务过程中证券服务机构履行各项程序的情况,而不是委托人或投资者利益是否受损的结果来分析证券服务机构的注意义务。因为注意义务的目的在于要求专家具有必要的技能和服务水平,并在执业过程中保持“合理的谨慎和注意”,但绝不是为委托人或投资者所期望的结果提供确定的保证。

(四)对于其他业务事项的一般注意义务

侵权法中判断行为人是否具有一般过失,通常采取“善良管理人”或“合理人”标准。[①] 因此,对于虽然在各证券服务机构专业范围之外,但相关规范要求证券服务机构适当核查或与专业事项密切相关的其他事项,证券服务机构应当对此尽到普通人应当具有的一般标准下的注意义务,即以社会公众对行为人所涉及的交往圈子中普通成员在相似情景下的行为期待作为判断标准。[②]

结合法律规范与实践,对于一般注意义务有以下两方面需要注意:

第一,从国家机关、具有管理公共事务职能的组织、其他证券服务机构、公证机构直接取得的文书,可以作为出具法律意见的依据,但需尽到一般注意义务,履行对文件来源及合法性的说明义务。例如,《律师事务所从事证券法律业务管理办法》第 15 条规定,律师从公共机构直接取得的文书,可以作为出具法律意见的依据,但律师应当履行本办法第 14 条规定的注意义务并加以说明;对于不是从公共机构直接取得的文书,经核查和验证后方可作为出具法律意见的依据。律师从公共机构抄录、复制的材料,经该机构确认后,可以作为出具法律意见的依据,但律师应当履行本办法第 14 条规定的注意义务并加以说明;未取得公共机构确认的,对相关内容进行核查和验证后方可作为出具法律意见的依据。[③] 根据该规定可以推出,对于从公共机构直接取得的文书或抄录、复制的材料,律师事务所通过

① 程啸:《侵权责任法》,法律出版社 2011 年版,第 204 ~ 205 页。

② 程啸:《侵权责任法》,法律出版社 2011 年版,第 283 页。

③ 《律师事务所从事证券法律业务管理办法》第 15 条:“律师从国家机关、具有管理公共事务职能的组织、会计师事务所、资产评估机构、资信评级机构、公证机构(以下统称公共机构)直接取得的文书,可以作为出具法律意见的依据,但律师应当履行本办法第十四条规定的注意义务并加以说明;对于不是从公共机构直接取得的文书,经核查和验证后方可作为出具法律意见的依据。律师从公共机构抄录、复制的材料,经该机构确认后,可以作为出具法律意见的依据,但律师应当履行本办法第十四条规定的注意义务并加以说明;未取得公共机构确认的,对相关内容进行核查和验证后方可作为出具法律意见的依据。”

出具机构的确认,以及材料内容与已掌握信息的交叉比对核查,在履行必要的底稿留存手续后,即履行了相应的注意义务。

第二,对于各证券服务机构之间职责重叠的部分,尤其是保荐机构基于“牵头责任”进行全面核查而与其他证券服务机构职责重叠的部分,应当坚持以专业为核心划清职责范围。特别是审计、法律、评估等机构出具的文书,均具有很强的专业性,原则上,包括保荐机构在内的其他证券服务机构就该等专业意见所应当履行的职责并非重复进行实质核查,而应当审慎核查专业意见据以产生的基准、假设及执行程序,以确保其有合理理由相信其他机构的专业意见,从而为发行人、其他证券服务机构提供补充性担保。①

例如,根据证监会《会计监管风险提示第 4 号——首次公开发行股票公司审计》的规定,注册会计师应遵照《中国注册会计师审计准则第 1521 号——注册会计师对含有已审计财务报表的文件中的其他信息的责任》的要求,阅读发行人在招股说明书中对其经营、财务、行业趋势和市场竞争等情况的披露。若识别的包含已审计财务报表的文件中的其他信息②和已审计财务报表存在重大不一致,注册会计师应当确定已审计财务报表或其他信息是否需要作出修改;如果管理层拒绝修改财务报表或其他信息,注册会计师应在审计报告中发表非无保留意见或增加其他事项段说明重大不一致,以及采取准则规定的其他应对措施。如果注册会计师认为在包括已审计财务报表的文件中的其他信息中存在对事实的重大错报,但是并不影响已审计财务报表,则在发行人管理层或治理层拒绝作出修改的情况下,注册会计师应当与保荐机构进行沟通。上述规定即将注册会计师对其他信息(至少是非财务部分)的核验标准限制在了“和已审计财务报表存在重大不一致”“存在对事实的重大错报”的范围内。

然而,在相关规范要求不同证券服务机构均发表专业核查意见,尤其是保荐

---

① 郭雳、李逸斯:《IPO 中各中介机构的职责分配探析——从欣泰电气案议起》,载《证券法苑》2017 年第 23 卷。

② 《中国注册会计师审计准则第 1521 号——注册会计师对含有已审计财务报表的文件中的其他信息的责任》第 4 条第 1 项:“其他信息是指根据法律法规的规定或惯例,在被审计单位年度报告、招股说明书等文件中包含的除已审计财务报表和审计报告以外的其他财务信息和非财务信息。”

人需要对“发行人是否符合发行条件、上市条件独立作出专业判断”①时，可能出现多个证券服务机构就同一事项发表意见的情形，此时各证券服务机构应当从各自专业角度发表独立意见。

例如，根据《最高人民法院关于为设立科创板并试点注册制改革提供司法保障的若干意见》第5小点的规定，准确把握保荐人对发行人上市申请文件等信息披露资料进行全面核查验证的注意义务标准，在证券服务机构履行特别注意义务的基础上，保荐人仍应对发行人的经营情况和风险进行客观中立的实质验证。

对于各证券服务机构交叉引用文书的情况，结合上述分析，应首先判断引用内容是否属于证券服务机构应进行专门核验的内容，若并非属于该证券服务机构应履行特别注意义务的事项范围，则该证券服务机构核查自身掌握的信息与引用内容据以产生的基准、假设及执行程序是否存在差异即可。

最后，需要强调的是，注意义务存在的场景广泛，涉及的主体各异，客观上也不可能对相关义务主体应履行的一般注意义务和特别注意义务具体包括哪些行为进行规定，因此只能在秉承上述理解的前提下，在具体案件中结合实际情况作进一步的判断。是否履行了注意义务，尤其是特别注意义务常常是各方争议的焦点，此时按照相关法律法规及行业自律规范的要求严格履行查验义务并重点落实工作底稿无疑是证明自己履行了注意义务的重要“抓手”。

第二节　首次公开发行股票并上市

公开发行股票是指发行人向不特定对象发行股票或向特定对象发行股票累计超过200人的行为。其中，最为关键也是最受关注的公开发行活动即首次公开发行股票（Initial Public Offering，IPO），亦即公司首次在证券市场公开发行股票募

---

① 《科创板首次公开发行股票注册管理办法（试行）》第6条：“保荐人应当诚实守信，勤勉尽责，按照依法制定的业务规则和行业自律规范的要求，充分了解发行人经营情况和风险，对注册申请文件和信息披露资料进行全面核查验证，对发行人是否符合发行条件、上市条件独立作出专业判断，审慎作出推荐决定，并对招股说明书及其所出具的相关文件的真实性、准确性、完整性负责。”

集资金并在证券交易所上市的行为。① 在本书讨论证券服务机构民事赔偿责任的语境下，上市主要指公司股票在沪深证券交易所设置的主板、中小板、创业板及科创板等板块上市交易。至于中国公司在境外上市的情形，暂不列入本书探讨范围（新三板挂牌同）。

在核准制下，IPO 的常见流程和主要工作内容如下（见表 1）：

表 1　IPO 的基本流程和主要工作

基本流程	主要工作
改制	发行人上市前为有限责任公司的，组织形式变更为股份有限公司
尽职调查及辅导	证券服务机构对发行人的业务、财务、合规等方面进行调查，评估发行人是否达到上市条件，并在证券公司主导下对发行人进行辅导，帮助发行人满足发行审核的监管要求
申请文件制作及申报	确定发行人各项指标符合上市条件后，发行人与证券服务机构按照监管部门要求编制招股说明书、保荐书、法律意见书、审计报告及其他申报材料，保荐机构向监管部门进行推荐
申请文件审核	证监会通过初审、反馈及审核补充文件、申请文件预披露、发审委审核等流程对发行人的上市申请进行审核
发行与上市	在满足持续盈利、关联交易公允等条件并通过审核后，经过询价、定价、申购、交易所核准等程序后，发行人即可正式上市
持续督导	保荐机构对发行人的规范运作进行持续督导

在科创板注册制之下，上述发行上市申请文件改为向上交所提交，由上交所审核机构进行审核及问询，经发行人及证券服务机构回复后，上交所上市委再对申请文件及审核报告进行审议，形成审议意见。若同意上市则将审核意见、审核材料及申请文件报送中国证监会履行注册程序，由证监会作出是否同意注册的决定，同意注册的决定自作出之日起 1 年内有效，发行人可自行选择发行时间。

---

① 中国证券业协会编：《金融市场基础知识》，中国财政经济出版社 2018 年版，第 198 页。严格来说，公开发行股票与股票在证券交易所上市交易是两个环节，但在我国证券实践中，公开发行与上市交易通常不作严格区分。

一、主要证券服务机构及其职责

为实现首次公开发行股票并上市，发行人应当聘请证券公司、会计师事务所、律师事务所。根据公司具体情况，发行人还可能需要聘请资产评估机构（主要是对发行人自有限公司改制为股份有限公司、以非货币资产对外投资、资产转让或置换、国有股东持股比例变动等情况出具资产评估报告或评估复核报告）及IPO咨询机构（主要负责撰写招股说明书中的"业务与技术"及"募集资金"章节）。其中，IPO咨询机构虽然能为发行人提供服务，但并不直接承担信息披露的义务，其可能承担的责任主要为违反与发行人咨询服务合同的违约责任，因此这非本书讨论的重点，下文也不对IPO咨询机构的职责作进一步探讨。

（一）证券公司

业务实操中，证券公司为招股说明书、募集资金运用说明等上市公司信息披露文件的执笔方。同时，其作为保荐机构需要出具发行/上市保荐书、保荐工作报告、辅导工作总结报告、发行人成长性专项意见（适用于创业板）、预计市值分析报告（适用于科创板）、现场检查报告、保荐工作总结报告等文件。除此之外，其作为承销机构还需要出具投资价值研究报告，并负责全套申请文件搜集、制作、核查验证及申报工作。

（二）证券公司作为保荐机构的工作范围

作为保荐机构，证券公司应当与发行人签订保荐协议，并指派保荐代表人负责具体保荐工作，在上市前辅导发行人规范运作，并在全面尽职调查的基础上推荐发行人股票发行上市，对发行人申请文件及发行募集文件进行审查，并在上市后持续督导发行人履行规范运作、信守承诺、信息披露等义务，对督导期内发行人的信息披露文件进行审查。

根据《证券发行上市保荐业务管理办法》及《保荐机构尽职调查工作准则》等规定，保荐机构需要对发行人进行辅导，辅导结束后由发行人所在地的中国证监会派出机构进行辅导验收；同时需要对发行人进行全面的尽职调查，形成尽职调查报告并编制相应工作底稿。

根据《发行证券的公司信息披露内容与格式准则第27号——发行保荐书和发行保荐工作报告》的规定，证券公司应当在发行保荐书中介绍保荐代表人、项目组成员、发行人情况、保荐机构与发行人的关联关系及对公正履行保荐职责的影响等情况，作出必要的承诺，[①]并在充分尽职调查、审慎核查基础上明确发表推荐结论，说明以下事项：

1. 逐项说明发行人是否已就本次证券发行履行了《公司法》《证券法》及中国证监会规定的决策程序；

2. 逐项说明本次证券发行是否符合《证券法》规定的发行条件；

3. 逐项说明本次证券发行是否符合《首次公开发行股票并上市管理办法》或者《上市公司证券发行管理办法》规定的发行条件，并载明得出每项结论的查证过程及事实依据；

4. 结合发行人行业地位、经营模式、产品结构、经营环境、主要客户、重要资产以及技术等影响持续盈利能力的因素，详细说明发行人存在的主要风险，并对发行人的发展前景进行简要评价。

在发行保荐工作报告中，证券公司应当详细说明保荐工作的运作流程，并详细说明项目存在的问题及解决情况：

(1)详细说明立项评估决策机构成员意见、立项评估决策机构成员审议情况；

(2)详细说明项目执行成员在尽职调查过程中发现和关注的主要问题以及对主要问题的研究、分析与处理情况(如协调发行人和证券服务机构召开定期会议、专题会议以及重大事项临时会议的主要内容等)，重点说明对主要问题的解决情况；

(3)详细说明内部核查部门关注的主要问题，逐项说明对内部核查部门意见

---

① 《发行证券的公司信息披露内容与格式准则第 27 号——发行保荐书和发行保荐工作报告》第 15 条："保荐机构应承诺已按照法律、行政法规和中国证监会的规定，对发行人及其控股股东、实际控制人进行了尽职调查、审慎核查，同意推荐发行人证券发行上市，并据此出具本发行保荐书。"第 16 条："保荐机构应就《证券发行上市保荐业务管理办法》第 33 条所列事项做出承诺。"此处"《证券发行上市保荐业务管理办法》第 33 条"，现为 2020 年 6 月 1 日通过的《证券发行上市保荐业务管理办法》第 26 条。《证券发行上市保荐业务管理办法》第 26 条："在发行保荐书和上市保荐书中，保荐机构应当就下列事项做出承诺：(一)有充分理由确信发行人符合法律法规及中国证监会有关证券发行上市的相关规定；(二)有充分理由确信发行人申请文件和信息披露资料不存在虚假记载、误导性陈述或者重大遗漏；(三)有充分理由确信发行人及其董事在申请文件和信息披露资料中表达意见的依据充分合理；(四)有充分理由确信申请文件和信息披露资料与证券服务机构发表的意见不存在实质性差异；(五)保证所指定的保荐代表人及本保荐机构的相关人员已勤勉尽责，对发行人申请文件和信息披露资料进行了尽职调查、审慎核查；(六)保证保荐书、与履行保荐职责有关的其他文件不存在虚假记载、误导性陈述或者重大遗漏；(七)保证对发行人提供的专业服务和出具的专业意见符合法律、行政法规、中国证监会的规定和行业规范；(八)自愿接受中国证监会依照本办法采取的监管措施；(九)中国证监会规定的其他事项。在实施证券发行注册制的板块，前款规定的上市保荐书承诺事项由证券交易所具体规定。"

的具体落实情况；

（4）详细说明内核小组会议讨论的主要问题及审核意见，逐项说明对内核小组意见的具体落实情况；

（5）陈述核查证券服务机构出具专业意见的情况，说明证券服务机构出具专业意见与保荐机构所作判断存在的差异，对其中的重大差异，应详细说明研究并予以解决的过程。

在科创板设立以前，沪深交易所并未对上市保荐书的内容作出系统规定，实践中上市保荐书除增加持续督导工作安排等事项外，与发行保荐书内容并无实质差别。科创板设立后，上交所制定了《上海证券交易所科创板上市保荐书内容与格式指引》，在发行人于科创板上市时，要求保荐机构发表明确的推荐结论并具备相应工作底稿支持，介绍发行人基本情况、本次发行情况、保荐代表人及项目组成员情况、保荐机构与发行人的关联关系及对公正履行保荐职责的影响，作出必要的承诺，[①]并说明以下事项：

1. 简要说明发行人是否已就本次证券发行上市履行了《公司法》《证券法》和中国证监会及上交所规定的决策程序。

2. 说明针对发行人是否符合科创板定位所作出的专业判断以及相应理由和依据，并说明保荐机构的核查内容和核查过程。

3. 逐项说明发行人是否符合《上海证券交易所科创板股票上市规则》规定的上市条件，并明确说明发行人所选择的具体上市标准，详细载明得出每项结论的查证过程及事实依据。对于市值指标，保荐机构应当结合发行人报告期外部股权融资情况、可比公司在境内外市场的估值情况等进行说明。发行人为红筹企业或

---

① 《上海证券交易所科创板上市保荐书内容与格式指引》第 3 条："上市保荐书开头部分应当载明，保荐人及其保荐代表人已根据《中华人民共和国公司法》（以下简称《公司法》）、《证券法》等法律法规和中国证监会及本所的有关规定，诚实守信，勤勉尽责，严格按照依法制定的业务规则和行业自律规范出具上市保荐书，并保证所出具文件真实、准确、完整。"第 8 条第 1 款："保荐人应当承诺已按照法律法规和中国证监会及本所的相关规定，对发行人及其控股股东、实际控制人进行了尽职调查、审慎核查，充分了解发行人经营状况及其面临的风险和问题，履行了相应的内部审核程序。"第 9 条："保荐人应当在上市保荐书中就《证券发行上市保荐业务管理办法》第 29 条所列相关事项作出承诺。"此处"《证券发行上市保荐业务管理办法》第 29 条"现为 2020 年 6 月 1 日通过的《证券发行上市保荐业务管理办法》第 22 条。《证券发行上市保荐业务管理办法》第 22 条："对发行人申请文件、证券发行募集文件中有证券服务机构及其签字人员出具专业意见的内容，保荐机构可以合理信赖，对相关内容应当保持职业怀疑、运用职业判断进行分析，存在重大异常、前后重大矛盾，或者与保荐机构获得的信息存在重大差异的，保荐机构应当对有关事项进行调查、复核，并可聘请其他证券服务机构提供专业服务。"

有表决权差异安排的，应当说明相应事项是否符合《上海证券交易所科创板股票上市规则》的相关规定。

4. 说明对发行人证券上市后持续督导工作的具体安排，包括持续督导事项、持续督导期限、持续督导计划等内容。

5. 无论该指引是否有明确规定，凡对本次证券发行上市有重大影响的事项，均应当说明。

根据《上海证券交易所持续督导工作指引》及《深圳证券交易所上市公司保荐工作指引》的规定，保荐机构应当主动、持续地关注发行人的经营及业务变化、股权变动、管理层变化、财务、信息披露、社会舆论等各方面情况，对发行人或相关当事人进行定期及不定期的现场检查，督导发行人及其董监高等人员遵纪守法，信守承诺，协助发行人建立健全完善的上市公司制度并妥善履行信息披露义务，在发生违法违规或其他重大事项时履行向交易所及中国证监会的报告义务。深交所明确规定，保荐机构应当对上市公司应披露的下列事项发表独立意见：

1. 募集资金使用情况；

2. 限售股份上市流通；

3. 关联交易；

4. 对外担保（对合并范围内的子公司提供担保除外）；

5. 委托理财；

6. 提供财务资助（对合并范围内的子公司提供财务资助除外）；

7. 风险投资、套期保值等业务；

8. 证券交易所或者保荐机构认为需要发表独立意见的其他事项。

（三）证券公司作为承销机构的工作范围

作为承销机构，证券公司需要进行路演推介、询价、定价、配售，撰写并发布投资价值研究报告、报送承销方案、出具承销总结报告等，同时主承销商对信息披露的内容应当进行严格的质量控制，确保在不同载体上披露的信息的一致性，并与发行人共同确保在首次公开发行股票的过程中披露信息真实、准确、完整、及时，无虚假记载、误导性陈述或重大遗漏。

根据2014年《证券法》的规定，拟公开发行股票的面值总额超过人民币3000万元或者预期销售总金额超过人民币5000万元的，应当由承销团承销。新《证券法》第30条对此进行了调整，向不特定对象发行证券可自行选择是否采用承销团模式。承销团由两个以上承销机构组成,主承销商应当与其他承销商签署承销团协议,各承销商根据承销团协议约定的内容分配工作范围。

(四)律师事务所

针对律师事务所的IPO法律服务业务,直接适用的规范性文件主要为《律师事务所从事证券法律业务管理办法》(2007年5月生效)及《律师事务所证券法律业务执业规则(试行)》(2011年1月生效),但前述文件并未如保荐业务规则那样规定有较为详细的核查范围及具有较强可操作性的核查手段,且随着中国资本市场的飞速发展,前述文件的许多内容逐渐无法满足实践的需求。因此,2019年8月,在注册制改革提升证券服务机构能力、强化证券服务机构责任的要求下,中国证监会发布了《律所IPO业务执业细则(试行)》(征求意见稿),在《律师事务所从事证券法律业务管理办法》及《律师事务所证券法律业务执业规则(试行)》的基础上,结合《首发业务若干问题解答》《科创板审核问答》及其他IPO业务规则,以及证监会过往的上市审核反馈问题,对律师从事IPO法律服务的要求进行了进一步更新及明确。虽然该征求意见稿的许多内容还有待商榷,并未最终敲定,但仍然对讨论律师事务所在首发业务中的角色、工作范围及勤勉尽责标准具有重要意义,因此下文也将引述该征求意见稿的内容作为相关问题的参考。

根据前述征求意见稿的界定,律师事务所从事首次公开发行股票并上市证券法律业务,是指律师事务所接受拟在中华人民共和国境内首次公开发行股票并上市的公司的委托,指派本所律师对发行人首发的相关事项进行核查和验证,制作并出具法律意见书、律师工作报告等文件的法律服务业务。

在业务实操中,律师事务所需要核查发行人的不规范事项并协助发行人及券商予以纠正,在申报上市前就IPO相关事项编制法律意见书及律师工作报告、文件真实性鉴证意见、产权证书鉴证意见等,协助发行人制作上市相关的会议文件、声明承诺、治理制度等文件,在发行上市审核阶段就证监会及证券交易所提出的相关法律问题编制补充法律意见书予以回答。

律师事务所应当对发行人首发、投资者投资决策具有重要影响的法律事项进行核查,并对与发行人发行有关的法律问题明确发表结论性意见。其中,根据中国证监会《公开发行证券公司信息披露的编报规则第12号——公开发行证券的法律意见书和律师工作报告》的规定,律师事务所需要在法律意见书及补充法律意见书中明确发表结论性意见的事项主要为本次发行上市的批准和授权、发行人的主体资格、发行上市的实质条件、发起人或股东、发行人的股本及演变、发行人业务、关联交易及同业竞争等22项问题以及律师认为需要说明的其他问题，意见内容包括文件是否合法合规、是否真实有效、是否存在纠纷或存在潜在风险，发行人是否符合股票发行上市条件、发行人行为是否存在违法违规，招股说明书及其摘要引用的法律意见书和律师工作报告的内容是否适当，并应明确发表总体结论性意见。[①]

（五）会计师事务所

根据中注协发布的《注册会计师业务指导目录（2014年）》的规定，在证券、期货相关业务项下，IPO审计业务为注册会计师的法定专营业务，内容为针对所有在中国境内首次公开发行股票并在主板、创业板、科创板上市的公司在申请文件中涉及的三年及一期财务报表进行审计。同时，注册会计师还应当同时基于中注协发布的《中国注册会计师其他鉴证业务准则第3111号——预测性财务信息的审核》《内部控制审核指导意见》《中国注册会计师其他鉴证业务准则第3101号——历史财务信息审计或审阅以外的鉴证业务》等规范性文件，出具盈利预测审核报告、内部控制鉴证报告、非经常性损益明细表专项审计报告、主要税种纳税情况说明的专项审核报告等，必要时还需要对发行人历史上由不具有证券期货业务资格的会计师事务所出具的验资报告，或者实收资本有重大瑕疵的情形进行复核并出具验资复核报告。

与券商、律师相比，会计师事务所专注于发行人的财务状况及与财务密切相关的事项，对发行人的尽职调查和对外信息披露均围绕着财务事项开展。

---

① 《公开发行证券公司信息披露的编报规则第12号——公开发行证券的法律意见书和律师工作报告》第24条："律师应在进行充分核查验证的基础上，对本次股票发行上市的下列（包括但不限于）事项明确发表结论性意见。所发表的结论性意见应包括是否合法合规、是否真实有效，是否存在纠纷或潜在风险。（一）本次发行上市的批准和授权；（二）发行人本次发行上市的主体资格；（三）本次发行上市的实质条件；（四）发行人的设立；（五）发行人的独立性；（六）发起人或股东（实际控制人）；（七）发行人的股本及其演变；（八）发行人的业务；（九）关联交易及同业竞争；（十）发行人的主要财产；（十一）发行人的重大债权债务；（十二）发行人的重大资产变化及收购兼并；（十三）发行人公司章程的制定与修改；（十四）发行人股东大会、董事会、监事会议事规则及规范运作；（十五）发行人董事、监事和高级管理人员及其变化；（十六）发行人的税务；（十七）发行人的环境保护和产品质量、技术等标准；（十八）发行人募集资金的运用；（十九）发行人业务发展目标；（二十）诉讼、仲裁或行政处罚；（二十一）原定向募集公司增资发行的有关问题（如有）；（二十二）发行人招股说明书法律风险的评价；（二十三）律师认为需要说明的其他问题。"

(六)资产评估机构

发行人首次公开发行股票并上市这一行为本身并不必然需要对发行人资产进行评估,资产评估机构参与 IPO 业务主要是对发行人由有限责任公司整体变更为股份有限公司(以下简称整体变更)或根据资产评估相关规定及监管要求进行评估。

实务操作中,对发行人整体变更为股份有限公司进行资产评估是最常见的情形,但实际上,现行规范并未对前述整体变更需要评估作出明确要求,中国资产评估协会发布的《资产评估行业市场开拓路线指引(2019 年)》也并未将整体变更纳入触发资产评估行业业务的具体经济行为。在已废止或修订的规范性文件中,《公司注册资本登记管理规定》(2006 年版本,2014 年已修订)要求,整体变更时有限责任公司的净资产应当由具有评估资格的资产评估机构评估作价,《股票发行审核标准备忘录第 2 号——首次公开发行股票公司资产评估资料审核指引》(已于 2006 年废止)要求,拟申请首次公开发行股票的公司在设立时需要有证券从业资格许可证的资产评估机构承担评估业务。此外,《公开发行证券的公司信息披露内容与格式准则》要求的上市申请文件包含发行人设立时的资产评估报告,因此目前上市实践中仍需要对发行人设立进行资产评估。

此外,上市过程中常见的需要资产评估的情形还包括报告期内涉及国有资产变动、复核报告期内不具有证券期货评估资质的评估机构出具的评估报告、事业单位整体或部分改制为公司等。

二、证券服务机构的勤勉尽责义务

(一)勤勉尽责的原则性规定

IPO 领域的核心规范性文件,即《首发管理办法》《创业板首发管理办法》《科创板注册管理办法(试行)》等,均对证券服务机构的勤勉尽责义务作出了原则性规定。

根据《首发管理办法》第 6 条的规定,证券服务机构应当按照本行业公认的业务标准和道德规范,严格履行法定职责,并对其所出具文件的真实性、准确性和完整性负责。

根据《创业板首发管理办法》第 7 条的规定,证券服务机构应当严格履行法定职责,遵守本行业的业务标准和执业规范,对发行人的相关业务资料进行核查验证，确保所出具的相关专业文件真实、准确、完整、及时。

根据《科创板注册管理办法(试行)》第7条的规定，证券服务机构应当严格按照依法制定的业务规则和行业自律规范，审慎履行职责，作出专业判断与认定，并对招股说明书中与其专业职责有关的内容及其所出具的文件的真实性、准确性、完整性负责。证券服务机构及其相关执业人员应当对与本专业相关的业务事项履行特别注意义务，对其他业务事项履行普通注意义务，并承担相应法律责任。

在上述规定中，《首发管理办法》的相关内容最为简单，《创业板首发管理办法》在《首发管理办法》的基础上明确了保荐人及其他证券服务机构应当遵守的业务规则和行业规范，将保荐人的核查范围扩大为发行人的申请文件、信息披露资料及其他证券服务机构的专业意见，将其他证券服务机构的核查范围扩大到发行人的业务资料。《科创板注册管理办法(试行)》又进一步明确了证券服务机构针对不同事项的差异化注意义务。

(二)保荐机构的勤勉尽责义务

保荐人的保荐是证券发行上市的必要条件，保荐机构的重要性远高于其他证券服务机构，为证券发行上市的背书人及事实上的总协调人，被形象地称为证券发行上市的"第一看门人"。与其他证券服务机构相比，保荐机构在发行上市阶段的角色并不局限为发表专业意见的专业机构，其既是受发行人所托而与发行人利益紧密相连的证券服务机构，又被《证券法》及监管部门赋予独立的监督者地位，是在发行上市过程中对发行人及证券服务机构进行监督的实质上的监管者。

基于保荐机构在发行上市阶段扮演的复杂角色，结合上文所述证券公司作为保荐机构的工作范围，概言之，为确保证券公司切实满足保荐工作的基本要求，保荐机构应履行尽职调查义务、持续督导义务、信息披露义务、不滥用信息义务和独立履职义务。

1. 尽职调查义务

尽职调查是保荐机构全面履行勤勉尽责义务的重要起点，是真实、准确、完整披露信息的基础。保荐机构推荐发行人证券发行上市，应当遵循诚实守信、勤勉尽责的原则，按照中国证监会对保荐机构尽职调查工作的要求，对发行人进行全面调查，充分了解发行人的经营状况及其面临的风险和问题，确保有充分理由确信发行人符合《证券法》等法律法规及中国证监会规定的发行条件以及确信发行人申请文件和公开发行募集文件的真实、准确、完整。具体而言，全面核查义务主要包括三项内容:全面核查信息、核查结果承诺和制作工作底稿。

(1)全面核查信息

根据保荐机构的工作范围和相关规定,保荐机构应当对发行人基本情况、业务与技术情况、同业竞争与关联交易、高管人员情况、组织结构与内部控制情况、财务与会计、业务发展目标、募集资金运用、风险因素及其他重要事项进行调查。同时,《保荐人尽职调查工作准则》还兜底性地要求保荐机构对所有涉及发行条件或对投资者作出投资决策有重大影响的信息勤勉尽责地进行核查。由此可见,保荐机构的核查范围实质扩张为包括其他证券服务机构发表专业意见的事项在内的与发行人申报上市相关的一切“重要”信息,这就必然会导致现有法律法规中对证券服务机构的职责规定和核查事项多有重叠。现实中,各证券服务机构出具的文件中交叉引用的现象亦十分普通,需要注意的是,虽然保荐机构核查信息的范围十分广泛,但并不苛求保荐机构对所有的信息都进行最为严格的核查,况且保荐机构限于专业能力,也不可能对所有事项进行相同程度的深入核查。在判断保荐机构是否违反勤勉尽责义务之时应格外关注这一点。因此,《保荐人尽职调查工作准则》(证监发行字〔2006〕15 号)第 6 条提出的区分证券服务机构是否出具专业意见的规定,限于保荐机构的专业能力,保荐机构对其他证券服务机构出具专业意见的事项应进行审慎核查,且偏重于“考察中介机构的资质和诚信状况,将其成果与自身掌握的资料比对验证,查找矛盾或有悖常理之处”,[①]核查注意义务较低;对于其他证券服务机构未出具专业意见的事项,则应综合各方证据进行独立判断,在法律法规缺乏明确标准时,可以行业同行标准作为参考,核查注意义务较高。《证券发行上市保荐业务管理办法》对保荐机构的信息核查提出了明确要求,要求其对于发行人申请文件、证券发行募集文件的内容进行是否有证券服务机构专业意见支持的区分,并进行不同程度的核查(第 22 条[②]、第 23 条[③])。

① 郭雳:《香港保荐制度改革新规述评及镜鉴》,载《证券市场导报》2014 年第 2 期。

② 《证券发行上市保荐业务管理办法》第 22 条:“对发行人申请文件、证券发行募集文件中有证券服务机构及其签字人员出具专业意见的内容,保荐机构可以合理信赖,对相关内容应当保持职业怀疑、运用职业判断进行分析,存在重大异常、前后重大矛盾,或者与保荐机构获得的信息存在重大差异的,保荐机构应当对有关事项进行调查、复核,并可聘请其他证券服务机构提供专业服务。”

③ 《证券发行上市保荐业务管理办法》第 23 条:“对发行人申请文件、证券发行募集文件中无证券服务机构及其签字人员专业意见支持的内容,保荐机构应当获得充分的尽职调查证据,在对各种证据进行综合分析的基础上对发行人提供的资料和披露的内容进行独立判断,并有充分理由确信所作的判断与发行人申请文件、证券发行募集文件的内容不存在实质性差异。”

(2)核查结果承诺

经过核查及独立判断后,保荐机构需要对若干事项作出承诺:①有充分理由确信发行人符合法律法规及中国证监会有关证券发行上市的相关规定;②有充分理由确信发行人申请文件和信息披露资料不存在虚假记载、误导性陈述或者重大遗漏;③有充分理由确信发行人及其董事在申请文件和信息披露资料中表达意见的依据充分合理;④有充分理由确信申请文件和信息披露资料与证券服务机构发表的意见不存在实质性差异;⑤保证所指定的保荐代表人及本保荐机构的相关人员已勤勉尽责,对发行人申请文件和信息披露资料进行了尽职调查、审慎核查;⑥保证保荐书、与履行保荐职责有关的其他文件不存在虚假记载、误导性陈述或者重大遗漏;⑦保证对发行人提供的专业服务和出具的专业意见符合法律、行政法规、中国证监会的规定和行业规范;⑧自愿接受中国证监会依照本办法采取的监管措施;⑨中国证监会规定的其他事项。

(3)制作工作底稿

《证券发行上市保荐业务管理办法》第四章保荐业务规程要求建立健全保荐工作的内部控制体系、尽职调查制度、辅导制度、发行上市申请文件的内部核查制度、持续督导制度等制度,其中尤为重要的是工作底稿制度。该管理办法第41条要求保荐机构为每一项目建立独立的保荐工作底稿,保荐代表人必须为其具体负责的每一项目建立尽职调查工作日志,作为保荐工作底稿的一部分存档备查;保荐机构应当定期对尽职调查工作日志进行检查。保荐工作底稿应当真实、准确、完整地反映整个保荐工作的全过程,保存期不少于20年。《保荐人尽职调查工作准则》《证券发行上市保荐业务工作底稿指引》分别对尽职调查范围及方式、保荐工作底稿的编制提出了详细的要求,此外,针对创新企业境内发行股票或存托凭证,尽职调查工作应当优先适用《保荐创新企业境内发行股票或存托凭证尽职调查工作实施规定》。

规范地编制工作底稿,才能在事后充分地证明保荐机构勤勉尽责地从事了保荐活动,才能有充分理由证明证券发行上市合法合规,因此,《证券发行上市保荐业务工作底稿指引》明确了工作底稿是评价保荐机构及其保荐代表人从事保荐业务是否诚实守信、勤勉尽责的重要依据。

2. 持续督导义务

《证券法》第10条第2款及《证券发行上市保荐业务管理办法》要求保荐人在

证券上市后持续督导发行人履行规范运作、信守承诺及信息披露等义务，期间为1～3年不等，自证券上市之日起算，每年交易所都会对上市公司信息披露情况进行评级，评级过低则可能延长持续督导期限。

根据《深圳证券交易所上市公司保荐工作指引》及《上海证券交易所上市公司持续督导工作指引》的各项规定，保荐机构需要督导发行人及董监高等相关主体遵守法律法规并切实履行发行上市过程中的各项承诺，督导发行人建立健全并有效执行上市公司各项制度，事先审阅上市公司信息披露文件，关注上市公司的关联交易、对外担保、行政处罚、纠纷及负面信息等事项并及时督导上市公司处理或向监管机构报告。

3. 信息披露义务

根据《证券发行上市保荐业务管理办法》《上海证券交易所股票上市规则》《深圳证券交易所股票上市规则》等规范性文件的规定，在发行上市过程中，保荐机构应当按照法律法规及监管机构的要求编制信息披露文件，同时需要审阅发行人的信息披露文件和向证监会和交易所提交的其他文件，保证披露的信息真实、准确、完整、及时，且不得有虚假记载、误导性陈述或者重大遗漏。由于投资者主要依靠公开的信息披露文件获取相关证券的信息，因此是否妥善履行信息披露义务也是保荐机构判断是否应对投资者承担责任的首要因素。

在证券发行上市过程中，保荐机构及其保荐代表人就保荐业务需要签字盖章确认的文件主要包括发行保荐书、上市保荐书、发行保荐工作报告、辅导报告书、保荐总结报告书、持续督导独立意见、持续督导期间保荐机构审阅表、证监会意见答复等。

在上述文件中，保荐机构需要发表独立意见、承担更高注意义务的事项各不相同，具体要求散见于《证券发行上市保荐业务管理办法》《深圳证券交易所股票上市规则》《深圳证券交易所上市公司保荐工作指引》《上海证券交易所股票上市规则》《深圳证券交易所主板上市公司规范运作指引》《上海证券交易所上市公司募集资金管理办法》等规范性文件中，如《证券发行上市保荐业务管理办法》第28条第3项即要求保荐机构就发行人关联交易发表意见。

4. 维护市场秩序的义务

保荐机构在证券发行上市过程中掌握了大量与市场主体、市场交易相关的内幕信息，因此，为防止保荐机构滥用其信息优势操纵市场定价、从事内幕交易等破坏证券市场平衡的行为,根据《证券法》第51条的规定,保荐代表人及其他保荐业务相关人员属于内幕信息的知情人员,不得利用内幕信息直接或者间接为保荐机构、本人或者他人谋取不正当利益。①

5. 独立履职义务

独立履职义务,是指保荐机构应当独立、客观地履行尽职调查和信息披露等基本职责,不受其他中介服务机构和发行人的不当影响。《证券发行上市保荐业务管理办法》第6条对保荐机构的独立履职义务进行了原则性规定,保荐代表人应当恪守独立履行职责的原则,不因迎合发行人或者满足发行人的不当要求而丧失客观、公正的立场,不得唆使、协助或者参与发行人及证券服务机构实施非法的或者具有欺诈性的行为。

具体而言,对发行人申请文件、证券发行募集文件中有证券服务机构及其签字人员出具专业意见的内容,保荐机构应当结合尽职调查过程中获得的信息对其进行审慎核查,对发行人提供的资料和披露的内容进行独立判断。对发行人申请文件、证券发行募集文件中无证券服务机构及其签字人员专业意见支持的内容,保荐机构应当获得充分的尽职调查证据,并在对各种证据进行综合分析的基础上对发行人提供的资料和披露的内容进行独立判断。

此外,证券发行前,发行人不配合保荐机构履行保荐职责的,保荐机构应当发表保留意见,并在发行保荐书中予以说明;情节严重的,应当不予保荐,已保荐的应当撤销保荐。证券发行后,保荐机构有充分理由确信发行人可能存在违法违规行为以及其他不当行为的,应当督促发行人作出说明并限期纠正;情节严重的,应当向中国证监会、证券交易所报告。

---

① 《证券法》第51条:"证券交易内幕信息的知情人包括:(一)发行人及其董事、监事、高级管理人员;(二)持有公司百分之五以上股份的股东及其董事、监事、高级管理人员,公司的实际控制人及其董事、监事、高级管理人员;(三)发行人控股或者实际控制的公司及其董事、监事、高级管理人员;(四)由于所任公司职务或者因与公司业务往来可以获取公司有关内幕信息的人员;(五)上市公司收购人或者重大资产交易方及其控股股东、实际控制人、董事、监事和高级管理人员;(六)因职务、工作可以获取内幕信息的证券交易场所、证券公司、证券登记结算机构、证券服务机构的有关人员;(七)因职责、工作可以获取内幕信息的证券监督管理机构工作人员;(八)因法定职责对证券的发行、交易或者对上市公司及其收购、重大资产交易进行管理可以获取内幕信息的有关主管部门、监管机构的工作人员;(九)国务院证券监督管理机构规定的可以获取内幕信息的其他人员。"

（三）针对承销机构的特别规定

1. 内部控制义务

《首次公开发行股票承销业务规范》要求承销机构建立健全承销业务制度和决策机制，制定严格的风险管理制度和内部控制制度，在合规管理中明确对询价、定价、配售等承销业务活动的要求，聘请律师事务所对发行及承销全程进行即时见证，并对网下投资者资质、路演推介、询价、定价、配售、资金划拨、信息披露等行为的合规有效性发表明确意见。承销机构与发行人应共同确保在首次公开发行股票过程中披露的信息真实、准确、完整、及时，无虚假记载、误导性陈述或者重大遗漏，首次公开发行股票过程中发布的公告由主承销商和发行人共同落款。主承销商对信息披露的内容应当进行严格的质量控制，确保在不同载体上披露的信息保持一致性，并对可能出现的疏漏承担责任。

《科创板首次公开发行股票承销业务规范》进一步强调，承销商应当充分发挥三道内部控制防线的作用，防范道德风险，加强定价和配售过程管理，落实承销责任，有效控制发行风险，确保合法合规开展承销业务。未经内核程序，承销商不得就承销首次公开发行股票对外披露相关文件或对外提交备案材料。开展证券承销业务时，应当在综合评估项目执行成本基础上合理确定报价，不得存在违反公平竞争、破坏市场秩序等行为。

2. 信息披露义务

基于上文关于承销机构工作范围的论述，并根据《首次公开发行股票承销业务规范》，主承销商应当和发行人公开披露以下六个方面的信息：

（1）招股意向书刊登首日在相关发行公告中披露发行定价方式、定价程序、参与网下询价投资者条件、股票配售原则、配售方式、有效报价的确定方式、中止发行安排、发行时间安排和路演推介相关安排等信息；实施老股转让的，还应当披露预计转让老股的数量上限，老股转让股东名称及各自转让老股数量，并明确新股发行与老股转让数量的调整机制。

（2）网上申购前披露每位网下投资者的详细报价情况，包括投资者名称、申购价格及对应的拟申购数量；剔除最高报价有关情况；剔除最高报价部分后网下投资者报价的中位数和加权平均数以及公募基金报价的中位数和加权平均数；有效报价和发行价格（或发行价格区间）的确定过程；发行价格（或发行价格区间）及对应的市盈率；网下网上的发行方式和发行数量；回拨机制；中止发行安排；缴款要求等。已公告老股转让方案的,还应当披露老股转让和新股发行的确定数量,老股转让股东名称及各自转让老股数量,并应当提示投资者关注,发行人将不会获得老股转让部分所得资金。按照发行价格计算的预计募集资金总额低于拟以本次募集资金投资的项目金额的,还应当披露相关投资风险。

(3)如拟定的发行价格(或发行价格区间上限)对应的市盈率高于同行业上市公司二级市场平均市盈率,主承销商和发行人应当在网上申购前三周内连续发布投资风险特别公告,每周至少发布一次。投资风险特别公告中明示该定价可能存在因估值过高给投资者带来损失的风险,提醒投资者关注,内容至少包括:①比较分析发行人与同行业上市公司的差异及该差异对估值的影响,提请投资者关注发行价格与网下投资者报价之间存在的差异;②提请投资者关注投资风险,审慎研判发行定价的合理性,理性作出投资决策。

(4)在发行结果公告中披露获配机构投资者名称、个人投资者基本信息以及每个获配投资者的报价、申购数量和获配数量等,并明确说明自主配售的结果是否符合事先公布的配售原则;对于提供有效报价但未参与申购,或实际申购数量明显少于报价时拟申购量的投资者应当列表公示并着重说明;缴款后的发行结果公告中披露网上、网下投资者获配未缴款金额以及主承销商的包销比例,列表公示获得配售但未足额缴款的网下投资者;实施老股转让的,应当披露最终确定的新发行股票及老股转让的具体数量、公开发售股份的股东名称及数量等信息;发行后还应当披露保荐费用、承销费用、其他中介费用等发行费用信息,其中,新股部分承销费率不能高于老股部分承销费率。

(5)向战略投资者配售股票的,应当于招股意向书刊登首日在相关发行公告中披露配售方案;在网下配售结果公告中披露战略投资者的名称、认购数量及持有期限等情况。采用超额配售选择权的,应当于招股意向书刊登首日在相关发行公告中披露其实施方案;在网下配售结果公告中披露超额配售选择权部分的发售情况;在上市公告中披露拟实施的后市稳定计划。

(6)根据证券交易所的规定,及时准确披露网上配售的相关信息,包括配售安排、网上中签率、摇号及中签结果等。

(四)针对会计师事务所的特别规定

在提供首次公开发行股票并上市服务时,会计师事务所除了遵循前文关于勤勉尽责的一般性要求之外,还需结合 IPO 的具体业务内容履行必要的义务。为提高IPO审计业务的质量，中国证监会在对会计师事务所的一般性要求外，特别制定了《会计监管风险提示第4号——首次公开发行股票公司审计》，就会计师事务所执行IPO审计业务的监管风险进行了提示，包括IPO审计项目质量控制、了解内部控制并进行内控测试、财务信息披露和非财务信息披露的相互印证、发行人申报期内的盈利增长和异常交易、关联方认定及其交易、收入确认和成本核算、主要客户和供应商、资产盘点和资产权属、货币资金、财务异常信息的审计等十个方面的常见问题和会计监管关注事项。

1. 查验义务

如在审计项目质量控制方面，会计师事务所在承接IPO审计业务时，应当履行以下义务：(1)对上市动机、所处行业的基本情况及其行业地位、可能存在的高风险领域、公司治理情况及申报期基本财务指标等进行调查。对于发行人存在欺诈上市嫌疑或者注册会计师无法应对重大审计风险的情况，会计师事务所应坚决拒绝接受委托。如果发行人在IPO过程中曾经更换过注册会计师，后任注册会计师应就发行人更换注册会计师的原因与前任注册会计师进行沟通，以了解可能对审计造成重大影响的事项。(2)选派项目组成员时，应检查会计师事务所、IPO审计项目组成员等是否与发行人存在关联关系或直接经济利益关系等影响独立性的行为；根据对审计风险的评估，检查项目组成员是否具有专业胜任能力。(3)在IPO审计业务执行阶段，会计师事务所应建立健全与监督、咨询和复核等有关的质量控制体系，始终将审计风险控制在可接受的范围。质量控制复核人员可尽早介入，确定可能存在舞弊和重大错报风险的领域及其对财务报告的影响程度。(4)会计师事务所总所应加强对其分所IPO审计业务执业质量的管理，定期对各分所进行执业质量培训和质量控制检查，提升分所IPO审计业务执业质量。

2. 信息披露义务

对于会计师事务所而言，除了应遵循信息披露的真实、准确、完整、及时的一般性要求之外，还应当注意信息披露的一致性。在财务信息披露和非财务信息披露的相互印证方面，会计师事务所应重视申报期内年度财务报表各项目间的钩稽关系、联动性以及财务信息与非财务信息的相互印证，包括：(1)发行人招股说明书披露的财务信息是否与已审计财务报表一致，如招股说明书中披露的申报期研发费用发生额是否与财务报表中披露的研发支出一致；(2)发行人的经营模式、产销量和营业收入、营业成本、应收账款、期间费用等是否能够相互匹配；发行人的产能、主要原材料及能源耗用是否与产量相匹配;发行人资产的形成过程是否与发行人历史沿革和经营情况相互印证;(3)招股说明书中披露的财务信息分析是否与注册会计师审计了解的发行人实际情况相符,如对应收账款变动原因的分析是否合理。

(五)针对律师事务所的特别规定

如本书第一章所述,律师事务所及其指派的律师从事证券法律业务,应当严格履行法定职责,但在切实履行勤勉尽责的一般性要求之外,还需结合首发相关事项的特征履行与之相应的法律义务。

为进一步规范和指导律师事务所及律师从事首发业务,适应科创板股票发行注册制下提升证券服务机构能力、强化证券服务机构责任的要求,明确律师事务所及律师查验事项范围和勤勉尽责标准,督促律师事务所及律师归位尽责,证监会会同司法部研究起草了《律所 IPO 业务执业细则(试行)》(征求意见稿),对律师事务所的勤勉尽责义务规定了具体要求。

根据《律所 IPO 业务执业细则(试行)》(征求意见稿)的规定,除具体事项的核查外,该征求意见稿还要求律师事务所遵守诚实、守信、独立、勤勉、尽责的原则,恪守律师职业道德和执业纪律,严格履行法定职责,合理、充分地运用《律所证券业务执业规则(试行)》要求的查验方法,充分了解发行人的经营情况、面临的风险和问题,对发行人首发的相关事项是否符合法律、行政法规和中国证监会的规定进行查验。

对于确实难以核查的事项,该征求意见稿规定,若限于客观条件,律师无法取得直接证据,且无有效替代查验方法,应当在法律意见书中说明并充分揭示影响及风险;对于境外事项,律师可以援引境外律师事务所的意见。此即满足勤勉尽责的要求。此外,律师事务所应当就该细则提及的中国证监会审核问询涉及的问题或者对发行人首发、投资者投资决策具有重要影响的其他法律事项审慎地履行查验义务,并在法律意见书中说明。

(六)资产评估机构的勤勉尽责义务

现行法律法规并未就 IPO 过程中资产评估机构的勤勉尽责义务作出特别规定,因此,在 IPO 过程中,资产评估机构应严格履行本书第一章中阐述的资产评估机构的一般性勤勉尽责义务。此外,根据 IPO 过程中的具体情况,资产评估机构应当尽到合理的注意义务,履行勤勉尽责义务,对其所制作、出具文件的真实性、准确性和完整性承担责任。

三、证券服务机构违反勤勉尽责义务的监管措施及法律责任

《首发管理办法》第 54 条规定，证券服务机构未勤勉尽责，所制作、出具的文件有虚假记载、误导性陈述或者重大遗漏的，除依照《证券法》及其他相关法律、行政法规和规章的规定处罚外，中国证监会将采取 12 个月内不接受相关机构出具的证券发行专项文件，36 个月内不接受相关签字人员出具的证券发行专项文件的监管措施。

第 55 条规定，发行人、保荐人或证券服务机构制作或者出具的文件不符合要求，擅自改动已提交的文件，或者拒绝答复中国证监会审核中提出的相关问题的，中国证监会将视情节轻重，对相关机构和责任人员采取监管谈话、责令改正等监管措施，记入诚信档案并公布；情节特别严重的，给予警告。

第 56 条规定，发行人公开发行证券上市当年即亏损的，中国证监会自确认之日起暂停保荐机构的保荐机构资格 3 个月，撤销相关人员的保荐代表人资格，尚未盈利的试点企业除外。

《创业板首次公开发行股票注册管理办法（试行）》第 66 条规定，保荐人、证券服务机构未勤勉尽责，致使发行人信息披露资料存在虚假记载、误导性陈述或者重大遗漏的，中国证监会视情节轻重，可采取暂停保荐人业务资格、不接受证券服务机构及其责任人员出具的发行证券专项文件，或者责令保荐人更换相关负责人等监管措施；情节严重的，可撤销保荐人业务资格，对相关责任人员采取证券市场禁入的措施。保荐代表人未勤勉尽责，致使发行人信息披露资料存在虚假记载、误导性陈述或者重大遗漏的，按规定认定为不适当人选。

第 67 条规定，保荐人存在下列情形之一的，中国证监会视情节轻重，采取暂停保荐人业务资格 3 个月至 3 年的监管措施；情节特别严重的，撤销其业务资格：（1）伪造或者变造签字、盖章；（2）重大事项未报告、未披露；（3）以不正当手段干扰审核注册工作；（4）不履行其他法定职责。保荐代表人存在前款规定情形的，中国证监会视情节轻重，3 个月至 3 年不受理其具体负责的推荐；情节严重的，认定为不适当人选。证券服务机构及其相关人员存在第 1 款规定情形的，中国证监会视情节轻重，采取 3 个月至 3 年不接受相关单位及其责任人员出具的发行证券专项文件的监管措施。

第68条规定，保荐人、证券服务机构存在以下情形之一的，中国证监会视情节轻重，采取责令改正、监管谈话、出具警示函、1年内不接受相关单位及其责任人员出具的与注册申请有关的文件等监管措施；情节严重的，可以同时采取3个月至1年内不接受相关单位及其责任人员出具的发行证券专项文件的监管措施：(1)制作或者出具的文件不齐备或者不符合要求；(2)擅自改动注册申请文件、信息披露资料或者其他已提交文件；(3)注册申请文件或者信息披露资料存在相互矛盾或者同一事实表述不一致且有实质性差异；(4)文件披露的内容表述不清，逻辑混乱，严重影响投资者理解；(5)未及时报告或者未及时披露重大事项。

此外，注册会计师为盈利预测出具审核报告的过程中未勤勉尽责的，中国证监会将视情节轻重，对相关机构和责任人员采取监管谈话等监管措施，记入诚信档案并公布；情节严重的，给予警告等行政处罚。

《科创板注册管理办法(试行)》第67条规定，发行人不符合发行上市条件，以欺骗手段骗取发行注册的，中国证监会将自确认之日起采取5年内不接受发行人公开发行证券相关文件的监管措施。对相关责任人员，视情节轻重，采取认定为不适当人选的监管措施，或者采取证券市场禁入的措施。

第71条规定，保荐人未勤勉尽责，致使发行人信息披露资料存在虚假记载、误导性陈述或者重大遗漏的，中国证监会将视情节轻重，自确认之日起采取暂停保荐人业务资格1年至3年，责令保荐人更换相关负责人的监管措施；情节严重的，撤销保荐人业务资格，对相关责任人员采取证券市场禁入的措施。保荐代表人未勤勉尽责，致使发行人信息披露资料存在虚假记载、误导性陈述或者重大遗漏的，按规定撤销保荐代表人资格。证券服务机构未勤勉尽责，致使发行人信息披露资料中与其职责有关的内容及其所出具的文件存在虚假记载、误导性陈述或者重大遗漏的，中国证监会可以视情节轻重，自确认之日起采取3个月至3年不接受相关单位及其责任人员出具的发行证券专项文件的监管措施；情节严重的，对证券服务机构相关责任人员采取证券市场禁入的措施。

第72条规定，保荐人存在下列情形的，中国证监会可以视情节轻重，自确认之日起采取暂停保荐人业务资格3个月至3年的监管措施；情节特别严重的，撤销其业务资格：(1)伪造或者变造签字、盖章；(2)重大事项未报告、未披露；(3)以不正当手段干扰审核注册工作；(4)不履行其他法定职责。保荐代表人存在前款规定情形的，视情节轻重，按规定暂停保荐代表人资格3个月至3年；情节严重的，按规定撤销保荐代表人资格。证券服务机构及其相关人员存在第一款规定情形的，中国证监会可以视情节轻重，自确认之日起，采取3个月至3年不接受相关单位及其责任人员出具的发行证券专项文件的监管措施。

第73条规定，发行人公开发行证券上市当年即亏损的，中国证监会自确认之日起暂停保荐人的保荐人资格3个月，撤销相关人员的保荐代表人资格，尚未盈利的企业或者已在证券发行募集文件中充分分析并揭示相关风险的除外。

第74条规定，保荐人、证券服务机构存在以下情形的，中国证监会可以视情节轻重，采取责令改正、监管谈话、出具警示函、1年内不接受相关单位及其责任人员出具的与注册申请有关的文件等监管措施；情节严重的，可以同时采取3个月至1年内不接受相关单位及其责任人员出具的发行证券专项文件的监管措施：(1)制作或者出具的文件不齐备或者不符合要求；(2)擅自改动注册申请文件、信息披露资料或者其他已提交文件；(3)注册申请文件或者信息披露资料存在相互矛盾或者同一事实表述不一致且有实质性差异；(4)文件披露的内容表述不清，逻辑混乱，严重影响投资者理解；(5)未及时报告或者未及时披露重大事项。发行人存在前款规定情形的，中国证监会可视情节轻重，采取责令改正、监管谈话、出具警示函、6个月至1年内不接受发行人公开发行证券相关文件的监管措施。

第76条规定，发行人及其控股股东和实际控制人、董事、监事、高级管理人员，保荐人、承销商、证券服务机构及其相关执业人员，在股票公开发行并上市相关的活动中存在其他违反本办法规定行为的，中国证监会可以视情节轻重，采取责令改正、监管谈话、出具警示函、责令公开说明、责令参加培训、责令定期报告、认定为不适当人选、暂不受理与行政许可有关的文件等监管措施，或者采取证券市场禁入的措施。

四、典型案例：某上市公司首次公开发行股票虚假陈述案

(一)基本案情

2011年12月至2013年6月，某上市公司为实现发行上市目的，解决应收账款余额过大问题，通过外部借款、使用自有资金或伪造银行单据等方式，虚构应收账款收回。截至2011年12月31日，累计虚减应收账款10156万元，少计提坏账准备659万元；虚增经营活动产生的现金流净额10156万元。截至2012年12月

31 日，累计虚减应收账款 12062 万元，虚减其他应收款 3384 万元，少计提坏账准备 726 万元；虚增经营活动产生的现金流净额 5290 万元。截至 2013 年 6 月 30 日，累计虚减应收账款 15840 万元，虚减其他应收款 5324 万元，少计提坏账准备 313 万元；虚增应付账款 2421 万元；虚减预付账款 500 万元；虚增货币资金 21232 万元，虚增经营活动产生的现金流净额 8638 万元。上市公司将包含上述虚假财务数据的 IPO 申请文件报送证监会，并于 2014 年 1 月取得证监会核准上市的批复。

2013 年 12 月至 2014 年 12 月，上市公司在上市后继续通过外部借款或者伪造银行单据的方式虚构应收账款的收回。其中，《2013 年年度报告》和《2014 年年度报告》中披露的相关财务数据均存在虚假记载，且《2014 年年度报告》存在重大遗漏。此外，上市公司实际控制人以员工名义从上市公司借款供其个人使用，截至 2014 年 12 月 31 日，累计占用上市公司 6388 万元，且《2014 年年度报告》中未披露该关联交易事项。

（二）证券服务机构违法违规情况

1. 保荐机构（〔2016〕91 号）

（1）保荐机构出具的保荐书等文件存在虚假记载

第一，保荐机构在对上市公司进行核查时，未按照相关规定，核查上市公司是否存在期末收到销售款项在期后不正常流出的情况；在对主要销售客户进行访谈时，部分客户未对应收账款余额进行确认，其中包括 7 家虚构应收账款收回的公司。

第二，保荐机构未按照相关规定，重点核查大额货币资金的流出和流入，核查大额银行存款账户，判断其真实性；未对银行存款账户进行独立函证，而是直接引用会计师事务所审计工作底稿，且未对审计工作底稿进行审慎核查。

因此，保荐机构出具的《发行保荐书》和《财务自查报告》中涉及上市公司应收账款、流动资产和经营活动产生的现金流量净额等项目的财务数据均存在虚假记载，《发行保荐书》中关于上市公司最近 3 年财务会计文件无虚假记载、符合 2014 年《证券法》规定的发行条件的推荐结论意见也存在虚假记载。

（2）保荐机构未审慎核查上市公司公开发行募集文件的真实性和准确性

在上市公司公开发行股票过程中，保荐机构作为主承销商，未审慎核查公开发行募集文件的真实性和准确性，未发现《招股意向书》和《招股说明书》中涉及上市公司应收账款、流动资产和经营活动产生的现金流量净额等项目的财务数据存在虚假记载。

2. 会计师事务所(〔2016〕92 号)

(1)会计师事务所对上市公司 IPO 期间财务报表审计时未勤勉尽责,出具的审计报告存在虚假记载

会计师事务所未尽勤勉尽责义务的行为如下:第一,在将收入识别为重大错报风险的情况下,未对与其相关的应收账款明细账中存在的大量大额异常红字冲销情况予以关注;第二,未对应付账款、预付账款明细账中存在的大量大额异常红字冲销情况予以关注;第三,在应收账款、预付账款询证函未回函的情况下,未实施替代程序,未获取充分适当的审计证据;第四,对上市公司货币资金进行审计时,在某商业银行函证未回函的情况下,对该账户 2013 年 1 ~6 月累计借方发生额为 -1444 万元的异常情况未予关注,且未实施进一步的审计程序,未能发现该账户 2013 年 1 月存在大量减少银行存款同时冲回应收账款的记录。

(2)会计师事务所对上市公司 2013 年财务报表审计时未勤勉尽责,出具的审计报告存在虚假记载

会计师事务所未尽勤勉尽责义务的行为如下:第一,在将收入识别为重大错报风险的情况下,未对与其相关的应收账款明细账中存在的大量大额异常红字冲销情况予以关注;第二,未对应付账款明细账中存在的大量大额异常红字冲销情况予以关注;第三,在应收账款询证函未回函的情况下,未实施替代程序,未获取充分适当的审计证据;第四,未对银行账户的异常情况予以关注,未实施进一步的审计程序,未能发现该账户 2013 年 1 月存在大量减少银行存款同时冲回应收账款的记录。

(3)会计师事务所在审计上市公司 2014 年财务报表时未勤勉尽责,出具的审计报告存在虚假记载

会计师事务所对上市公司 2014 年财务报表进行审计时,将应收账款评估为“可能存在较高重大错报风险的领域”,并在审计工作总结中将“收入确认”认定为“存在舞弊风险的因素”。2014 年,应收账款科目发生 180 笔红字冲销,累计 19521 万元,发生于 1 月至 3 月的有 70 笔,其中即包括上市公司恢复虚构收回的应收账款 5865 万元。会计师在对应收账款进行审计时,抽查了 2014 年 10 月 41 号、231 号、597 号,11 月 676 号凭证,红字冲销金额分别为 494.71 万元、655.40 万

元、1225.32 万元、1162.64 万元，均涉及虚构应收账款收回。

3. 律师事务所(〔2017〕70 号)

(1)律师事务所未审慎核查和验证相关资料

律师事务所工作底稿中留存的对主要客户的承诺函、询证函、访谈记录，大多数直接取自保荐机构。保荐机构在对主要销售客户进行访谈时，部分客户未对应收账款余额进行确认，其中就包括 7 家上市公司虚构应收账款收回的公司。律师事务所对访谈记录未履行一般的注意义务，未审慎履行核查和验证义务。

(2)律师事务所未编制查验计划，未对《法律意见书》进行讨论、复核

经查阅律师事务所工作底稿，未发现律师事务所及其指派的律师为上市公司项目编制查验计划，未发现律师事务所对《法律意见书》进行讨论、复核的记录。

(3)律师事务所的工作底稿未加盖律师事务所公章，且大部分底稿未标明目录索引。

在律师事务所的工作底稿中，大部分访谈笔录缺失经办律师签字，还存在访谈笔录中律师和访谈对象均未签字的情形。

第三节　重大资产重组

上市公司重大资产重组，是指上市公司及其控股或者控制的公司在日常经营活动之外购买、出售资产或者通过其他方式进行资产交易达到规定的比例，导致上市公司的主营业务、资产、收入发生重大变化的资产交易行为，其基本流程和主要工作内容如下(见表 2)：

表 2　上市公司资产重组主要工作

基本流程	主要工作
筹划	上市公司申请停牌，停牌期间至少每周发布进展公告，说明重大资产重组的谈判、批准、定价等事项进展情况和不确定因素，聘请独立财务顾问及其他中介服务机构并签订保密协议
董事会会议	上市公司在指定报刊及交易所网站披露董事会决议、独立董事意见、重组预案、交易对方承诺、独立财务顾问核查意见等文件

续表

基本流程	主要工作
信息披露	上市公司在交易所网站披露以下文件：重大资产重组报告书、独立财务顾问报告、法律意见书、审计报告、资产评估报告或估值报告、盈利预测报告（如有）
股东大会会议	上市公司应于次日公告股东大会决议及律师见证的法律意见，如需提交有关部门审核，应向有关部门申报材料
实施	上市公司应披露实施情况报告书及独立财务顾问和律师发表的结论性意见
持续督导	自年报披露之日起 15 日内，独立财务顾问应出具持续督导意见并公告

在上述过程中，上市公司聘请的证券服务机构在各自的专业领域及职责范围内为上市公司重大资产重组提供服务。

一、主要证券服务机构及其职责

为实施重大资产重组，上市公司应当聘请独立财务顾问、律师事务所以及具有相关证券业务资格的会计师事务所等证券服务机构就重大资产重组出具意见。资产交易定价以资产评估结果为依据的，上市公司应当聘请具有相关证券业务资格的资产评估机构出具资产评估报告。

（一）独立财务顾问

独立财务顾问是重大资产重组过程中最核心的证券服务机构，其为上市公司提供的咨询和顾问服务具体包括：

1. 方案设计及推进。分析重组相关活动所涉及的法律、财务、经营风险，提出具体对策和建议，设计并购重组方案，全面开展尽职调查、出具专业意见和报告，指导上市公司按照相关规定制作重组报告书等申报和信息披露文件，积极督促、配合上市公司及时办理停牌申请事宜。

2. 规范运作辅导。对上市公司进行证券市场规范化运作的辅导，指导上市公司健全决策程序，确保上市公司全体董事和主要高级管理人员充分了解、熟悉有关法律、行政法规和证监会的规定及其应承担的相关义务、责任，督促上市公司依法履行报告、公告和其他法定义务。

3. 沟通协调各方主体。受托向证监会、证券交易所报送有关并购重组的申报材料，配合证监会、证券交易所的审核，与审核机构进行专业沟通，并就有关审核反馈意见、问询，组织和协调上市公司及其他专业机构进行答复。

4. 实施情况核查及持续督导。对上市公司重大资产重组的实施情况进行核查并发表结论性意见，并在相应并购重组完成后的规定期限内承担持续督导责任。

业务实操中，独立财务顾问为重组预案、重组报告书、重组实施情况报告书、股份上市公告书等上市公司信息披露文件的执笔方，其同时需要独立出具独立财务顾问报告及有关的独立财务顾问核查意见，并负责全套申请文件搜集、制作、核查验证及申报工作。

根据《公开发行证券的公司信息披露内容与格式准则第 26 号——上市公司重大资产重组》（证监会公告〔2018〕36 号）的规定，独立财务顾问应当至少就以下事项发表明确的结论性意见：

1. 结合对重组报告书的内容进行核查的实际情况，逐项说明本次重组是否符合《上市公司重大资产重组管理办法》第 11 条的规定；拟发行股份购买资产的，还应当结合核查的实际情况，逐项说明是否符合《上市公司重大资产重组管理办法》第 43 条的规定。

2. 本次交易是否构成重组上市，如构成，上市公司购买的资产对应的经营实体是否为股份有限公司或者有限责任公司，是否符合《首发管理办法》规定的其他发行条件，上市公司及其最近 3 年内的控股股东、实际控制人是否存在因涉嫌犯罪正被司法机关立案侦查或涉嫌违法违规被中国证监会立案调查的情形，如存在，涉嫌犯罪或违法违规的行为终止是否已满 3 年，交易方案是否能够消除该行为可能造成的不良后果，是否影响对相关行为人追究责任。上市公司及其控股股东、实际控制人最近 12 个月内是否受到证券交易所公开谴责，是否存在其他重大失信行为。本次重大资产重组是否存在中国证监会认定的可能损害投资者合法权益，或者违背公开、公平、公正原则的其他情形。

3. 对本次交易所涉及的资产定价和股份定价（如涉及）进行全面分析，说明定价是否合理。

4. 本次交易根据资产评估结果定价，应当对所选取的评估方法的适当性、评估假设前提的合理性、重要评估参数取值的合理性发表明确意见；本次交易不以资产评估结果作为定价依据的，应当对相关资产的估值方法、参数选择的合理性及其他影响估值结果的指标和因素发表明确意见。

5. 结合上市公司管理层讨论与分析以及盈利预测（如有），分析说明本次交易完成后上市公司的盈利能力和财务状况及本次交易是否有利于上市公司的持续发展、是否存在损害股东合法权益的问题。

6. 对交易完成后上市公司的市场地位、经营业绩、持续发展能力、公司治理机制进行全面分析。

7. 对交易合同约定的资产交付安排是否可能导致上市公司交付现金或其他资产后不能及时获得对价的风险、相关的违约责任是否切实有效，发表明确意见。

8. 对本次重组是否构成关联交易进行核查，并依据核查确认的相关事实发表明确意见。涉及关联交易的，还应当充分分析本次交易的必要性及本次交易是否损害上市公司及非关联股东的利益。

9. 交易对方与上市公司根据《上市公司重大资产重组管理办法》第 35 条的规定，就相关资产实际盈利数不足利润预测数的情况签订补偿协议或提出填补每股收益具体措施的，独立财务顾问应当对补偿安排或具体措施的可行性、合理性发表意见（如有）。

根据《深圳证券交易所上市公司信息披露指引第 3 号——重大资产重组》（深证上〔2019〕273 号）的规定，深交所进一步要求，就上市公司进行需向中国证监会申请行政许可的重大资产重组，独立财务顾问还应就以下事项发表明确意见：

1. 本次重大资产重组所涉及的行业或企业是否属于汽车、钢铁、水泥、船舶、电解铝、稀土、电子信息、医药、农业产业化龙头企业等重点支持推进兼并重组的行业或企业，或者高档数控机床和机器人、航空航天装备、海洋工程装备及高技术船舶、先进轨道交通装备、电力装备、新一代信息技术、新材料、环保、新能源、生物产业以及党中央、国务院要求的其他亟须加快整合、转型升级的产业。

2. 本次重大资产重组所涉及的交易类型是否属于同行业或上下游并购，是否构成重组上市。

3. 本次重大资产重组是否涉及发行股份购买资产。

4. 上市公司及其现任董事、高管是否被中国证监会立案稽查尚未结案。

（二）律师事务所

律师事务所为上市公司实施重大资产重组的法律顾问，主要负责提供法律顾问服务，开展法律尽职调查，发现、分析重组活动中的法律风险并提出相应规范建议，出具法律意见书。业务实操中，律师事务所就重大资产重组出具法律意见书、若干补充法律意见书，并协助上市公司制作所需决策的会议文件等。

根据《公开发行证券的公司信息披露内容与格式准则第26号——上市公司重大资产重组》（证监会公告〔2018〕36号）的规定，律师事务所应当至少就上市公司本次重组涉及的以下法律问题和事项发表明确的结论性意见：

1. 上市公司和交易对方是否具备相应的主体资格、是否依法有效存续。

2. 本次交易是否构成重组上市，如构成，上市公司购买的资产对应的经营实体是否为股份有限公司或者有限责任公司，是否符合《首发管理办法》规定的其他发行条件；上市公司及其最近3年内的控股股东、实际控制人是否存在因涉嫌犯罪正被司法机关立案侦查或涉嫌违法违规被中国证监会立案调查的情形，如存在，涉嫌犯罪或违法违规的行为终止是否已满3年，交易方案是否能够消除该行为可能造成的不良后果，是否影响对相关行为人追究责任；上市公司及其控股股东、实际控制人最近12个月内是否受到证券交易所公开谴责，是否存在其他重大失信行为；本次重大资产重组是否存在中国证监会认定的可能损害投资者合法权益，或者违背公开、公平、公正原则的其他情形。

3. 本次交易是否已履行必要的批准或授权程序，相关的批准和授权是否合法有效；本次交易是否构成关联交易，构成关联交易的，是否已依法履行必要的信息披露义务和审议批准程序；本次交易涉及的须呈报有关主管部门批准的事项是否已获得有效批准；本次交易的相关合同和协议是否合法有效。

4. 交易标的（包括标的股权所涉及企业的主要资产）的权属状况是否清晰，权属证书是否完备有效；尚未取得完备权属证书的，应说明取得权属证书是否存在法律障碍；交易标的是否存在产权纠纷或潜在纠纷，如有，应说明对本次交易的影响；交易标的是否存在抵押、担保或其他权利受到限制的情况，如有，应说明对本次交易的影响。

5. 本次交易所涉及的债权债务的处理及其他相关权利、义务的处理是否合法有效，其实施或履行是否存在法律障碍和风险。

6. 上市公司、交易对方和其他相关各方是否已履行法定的披露和报告义务，是否存在应当披露而未披露的合同、协议、安排或其他事项。

7. 本次交易是否符合《上市公司重大资产重组管理办法》和相关规范性文件规定的原则和实质性条件。

8. 参与上市公司本次交易活动的证券服务机构是否具备必要的资格。

9. 本次交易是否符合相关法律、法规、规章和规范性文件的规定，是否存在法律障碍，是否存在其他可能对本次交易构成影响的法律问题和风险。

重大资产重组实施完毕后，律师事务所还应当对重大资产重组的实施过程、资产过户事宜和相关后续事项的合规性及风险进行核查，并发表明确的结论性意见。

（三）会计师事务所

会计师事务所为上市公司实施重大资产重组提供财务审计服务，负责对重大资产重组所涉及的相关资产的财务报告进行审计，并出具审计报告。上市公司拟进行重组上市的，会计师事务所还应当出具依据重组完成后的资产架构编制的上市公司最近一年及一期的财务报告之审计报告；其他重大资产重组的，会计师事务所应当出具最近一年及一期的备考财务报告之审阅报告。

上市公司披露盈利预测报告的，该报告应当经具有相关证券业务资格的会计师事务所审核并由其出具审核报告，并对基于未来收益预期方法评估或估值的购入资产在实施完毕后 3 年内的实际盈利数与利润预测数的差异情况出具专项审核意见。

（四）资产评估机构/估值机构

若上市公司在实施重大资产重组时资产交易定价以资产评估结果为依据，资产评估机构应当出具资产评估报告。相关资产不以资产评估结果作为定价依据的，应当聘请相应估值机构。评估机构、估值机构原则上应当采取两种以上的评估或估值方法。

上市公司重大资产重组以资产评估结果为交易标的定价依据的，应当披露相关资产的资产评估报告；上市公司重大资产重组不以资产评估结果作为定价依据的，应当披露相关资产的估值报告。估值报告的内容包括但不限于：估值目的、估值对象、估值范围、价值类型、估值基准日、估值假设、估值依据、估值方法、估值参数及其他影响估值结果的指标和因素、估值结论、特别事项说明、估值报告日等；估值人员需在估值报告上签字并由所属机构加盖公章。

二、证券服务机构的勤勉尽责义务

（一）勤勉尽责义务的一般性规定

《上市公司重大资产重组管理办法》和《公开发行证券的公司信息披露内容与格式准则第 26 号——上市公司重大资产重组》等法律法规和规范性文件明确了

各证券服务机构在重大资产重组中需要遵循的一般规则。

1. 信息披露

作为规范上市公司重大资产重组行为的核心文件,《上市公司重大资产重组管理办法》明确规定了证券服务机构信息披露的整体要求,包括:

(1)有关各方必须及时、公平地披露或者提供信息,保证所披露或者提供信息的真实、准确、完整,不得有虚假记载、误导性陈述或者重大遗漏;

(2)为重大资产重组提供服务的证券服务机构和人员,应当遵守法律、行政法规、中国证监会的有关规定以及证券交易所的相关规定,遵循本行业公认的业务标准和道德规范,严格履行职责,对其所制作、出具文件的真实性、准确性和完整性承担责任;

(3)上述证券服务机构和人员,不得教唆、协助或者伙同委托人编制或者披露存在虚假记载、误导性陈述或者重大遗漏的报告、公告文件。

《公开发行证券的公司信息披露内容与格式准则第 26 号——上市公司重大资产重组》及《深圳证券交易所上市公司信息披露指引第 3 号——重大资产重组》中也有类似要求。其中,《公开发行证券的公司信息披露内容与格式准则第 26 号——上市公司重大资产重组》第 4 条在上述规定的基础上进一步明确要求重大资产重组有关各方及时、公平地披露或提供信息,所描述的事实应当有充分、客观、公正的依据,所引用的数据应当注明资料来源。

此外,《上海证券交易所科创板上市公司重大资产重组审核规则》对证券服务机构的注意义务进行了区分,即独立财务顾问、证券服务机构及其相关人员应当对与其专业职责有关的业务事项履行特别注意义务,并承担相应法律责任;对科创公司、交易对方及有关各方的信息披露,独立财务顾问、证券服务机构应当依法进行核查把关。

2. 交叉引用信息的审慎核查义务

根据《上市公司重大资产重组管理办法》第 17 条第 4 款的规定,证券服务机构在其出具的意见中采用其他证券服务机构或者人员的专业意见的,仍然应当进行尽职调查,审慎核查其采用的专业意见的内容,并对利用其他证券服务机构或者人员的专业意见所形成的结论负责。

(二)针对独立财务顾问的特别规定

证监会制定实施的《上市公司并购重组财务顾问业务管理办法》与上交所发

布的《上市公司重大资产重组信息披露工作备忘录第二号——上市公司重大资产重组财务顾问业务指引(试行)》对独立财务顾问在为上市公司重大资产重组中的勤勉尽责义务作出了具体规定。

1. 接受并购重组当事人的委托,对上市公司并购重组活动进行尽职调查,全面评估相关活动所涉及的风险。

2. 在对上市公司并购重组活动及申报文件的真实性、准确性、完整性进行充分核查和验证的基础上,依据中国证监会的规定和监管要求,客观、公正地发表专业意见。

3. 应当建立尽职调查制度和具体工作规程,对上市公司并购重组活动进行充分、广泛、合理的调查,核查委托人提供的为出具专业意见所需的资料,对委托人披露的内容进行独立判断,并有充分理由确信所作的判断与委托人披露的内容不存在实质性差异。

4. 已对上市公司和交易对方披露的文件进行充分核查,确信披露文件的内容与格式符合要求。

5. 有充分理由确信上市公司委托财务顾问出具意见的重大资产重组方案符合法律、法规和中国证监会及证券交易所的相关规定,所披露的信息真实、准确、完整,不存在虚假记载、误导性陈述或者重大遗漏。

6. 利用其他证券服务机构专业意见的,应当进行必要的审慎核查,对委托人提供的资料和披露的信息进行独立判断;对同一事项所作的判断与其他证券服务机构的专业意见存在重大差异的,应当进一步调查、复核,并可自行聘请相关专业机构提供专业服务。

7. 财务顾问应当设立由专业人员组成的内部核查机构,内部核查机构应当恪尽职守,保持独立判断,对相关业务活动进行充分论证与复核,并就所出具的财务顾问专业意见提出内部核查意见。

8. 应当建立健全内部报告制度,财务顾问主办人应当就中国证监会在反馈意见中提出的问题按照内部程序向部门负责人、内部核查机构负责人等相关负责人报告,并对中国证监会提出的问题进行充分的研究、论证,审慎回复。

9. 承担持续督导责任,建立健全内部检查制度。

10. 应当建立并购重组工作档案和工作底稿制度,为每一项目建立独立的工作档案。工作档案和工作底稿应当真实、准确、完整,保存期不少于10年。

此外，根据《上海证券交易所科创板上市公司重大资产重组审核规则》第17条的规定，独立财务顾问为科创板上市公司重大资产重组提供服务中，应当诚实守信、勤勉尽责，保证重大资产重组报告书及其出具的独立财务顾问报告等文件的真实、准确、完整，切实履行尽职调查、报告和披露以及持续督导等职责。独立财务顾问应当严格遵守相关法律法规、行业自律规范的要求，严格执行内部控制制度，对申请文件进行全面核查验证，对本次交易是否符合法定条件和信息披露要求作出专业判断，审慎出具相关文件。

（三）针对资产评估机构的特别规定

根据《上市公司重大资产重组管理办法》第20条的规定，重大资产重组中相关资产以资产评估结果作为定价依据的，资产评估机构应当按照资产评估相关准则和规范开展执业活动。

中国证监会为进一步提高上市公司股权交易财务信息披露质量，促进资产评估机构在执业过程中勤勉尽责，增强资产评估监管工作的针对性，还发布了《会计监管风险提示第5号——上市公司股权交易资产评估》，就上市公司股权交易资产评估监管风险进行了提示。

其中，针对股权评估报告的披露，注册资产评估师在评估报告披露方面通常存在以下问题：第一，评估报告披露的信息过于简单，或者没有突出评估项目的特点，不利于报告阅读者了解评估过程和理解评估结论；第二，对重大事件作出违背事实真相的虚假记载、误导性陈述，或者存在重大事实遗漏或不恰当披露；第三，对应由注册资产评估师进行必要分析和判断的事项，没有履行必要的调查分析或核实程序，而直接提出免责条款。

监管工作应当关注并督促资产评估机构在以下方面加强业务执业质量控制：第一，评估报告应当结合评估项目的特点，充分披露必要信息，使评估报告使用者能够合理理解评估结论。第二，评估报告应当披露下列事项对评估结论的影响及影响程度：(1)产权瑕疵事项，包括但不限于产权证明文件中记载的事项（名称、规格、用途、他项权利等）与实际情况不符、未取得产权证明文件或相关律师意见等；(2)被评估股权和对应资产的抵押、质押事项（数量、期限）与涉及的未决诉讼、未执行判决事项；(3)评估基准日后、报告日前已获知的可能影响评估结论的重大事项；(4)与其他证券服务机构或所引用的土地估价报告、房地产估价报告、矿业权评估报告等判断或处理原则不同的事项。第三，评估报告应当披露评估范围与已经审计财务报表之间的对应关系,以及相关审计报告类型。第四,评估报告应当对履行现场调查的情况予以说明,如果未实施必要的现场调查,应说明具体原因及其对评估结论可能产生的影响。第五,评估报告应当披露被评估企业近3年是否有涉及本次评估对象的交易或评估行为,并在适当及切实可行的情况下披露其主要信息。第六,评估报告应当充分披露对评估结论有重大影响的评估假设,特别是针对行业特点的特殊假设或非持续经营前提等,并说明上述假设不成立时对评估结论的影响。第七,评估报告应当披露评估结论是否考虑了流动性和控制权对股权价值的影响。第八,对于重要的敏感性较强的评估参数,在评估报告中应当将分析结果予以披露。第九,采取收益法对上市公司重大资产重组中拟购买股权进行评估并以此作为定价参考依据的,评估报告应当披露预测年度的利润表或所预测收益与利润表之间的对应关系。第十,正确使用免责声明,对于应当由注册资产评估师进行必要分析和判断的事项,不能简单地作免责声明处理,应履行必要的调查、分析和核实等评估程序,并对评估结论的合理性承担责任。

(四)律师及会计师的勤勉尽责义务

现行法律法规并未就重大资产重组中律师及会计师的勤勉尽责义务作出特别规定,因此律师事务所与会计师事务所应按照本书第一章阐述的各自的一般性合规义务,并结合各自在重大资产重组中的基本职责,履行勤勉尽责义务,对其所制作、出具文件的真实性、准确性和完整性承担责任。

三、证券服务机构违反勤勉尽责义务的监管措施及法律责任

对于存在虚假记载、误导性陈述或者重大遗漏的情形,或证券服务机构及其从业人员未履行诚实守信、勤勉尽责义务,或所制作、出具的文件存在虚假记载、误导性陈述或者重大遗漏的情形,《上市公司重大资产重组管理办法》第54条、第55条、第58条规定了以下罚则:

1. 信息披露义务人未按照本办法规定报送重大资产重组有关报告或者履行信息披露义务的,由中国证监会责令改正,根据《证券法》(2019年修订)第197条的规定处罚;情节严重的,可以责令暂停或者终止重组活动,并可以对有关责任人员采取市场禁入的措施;涉嫌犯罪的,依法移送司法机关追究刑事责任。

2. 为重大资产重组出具财务顾问报告、审计报告、法律意见、资产评估报告、估值报告及其他专业文件的证券服务机构及其从业人员未履行诚实守信、勤勉尽

责义务，违反中国证监会的有关规定、行业规范、业务规则，或者未依法履行报告和公告义务、持续督导义务的，由证监会责令改正，并可以采取监管谈话、出具警示函、责令公开说明、责令定期报告、认定为不适当人选等监管措施；情节严重的，依法追究法律责任。前述机构和人员所制作、出具的文件存在虚假记载、误导性陈述或者重大遗漏的，由中国证监会责令改正，依照《证券法》第213条予以处罚；情节严重的，可以采取市场禁入的措施；涉嫌犯罪的，依法移送司法机关追究刑事责任。

《上市公司并购重组财务顾问业务管理办法》还对独立财务顾问的法律责任作了专门规定，对独立财务顾问及其主办人出现未按照该办法规定发表专业意见，在受托报送申报材料过程中，未切实履行组织、协调义务、申报文件制作质量低下，未依法履行持续督导义务等情形，证监会可以采取监管谈话、出具警示函、责令改正等监管措施。

需要注意的是，上市公司就并购重组事项出具盈利预测报告的，在相关并购重组活动完成后，凡不属于上市公司管理层事前无法获知且事后无法控制的原因，上市公司或者购买资产实现的利润未达到盈利预测报告或者资产评估报告预测金额80%的，证监会将责令财务顾问及其财务顾问主办人说明未实现盈利预测的原因并向股东和社会公众投资者道歉；利润实现数未达到盈利预测50%的，中国证监会可以同时对财务顾问及其财务顾问主办人采取监管谈话、出具警示函、责令定期报告等监管措施。

《上海证券交易所科创板上市公司重大资产重组审核规则》也规定了相应的监管措施或纪律处分：

1. 根据第70条的规定，科创公司、交易对方及有关各方存在未依法依规报送重大资产重组有关报告或者申请文件；申请文件、报送的报告或者披露的信息存在虚假记载、误导性陈述或者重大遗漏等情形的，交易所可以要求限期改正，并可以对其单独或者合并采取《上市规则》规定的监管措施或者纪律处分。

2. 根据第72条的规定，为发行股份购买资产或者重组上市提供服务的独立财务顾问、证券服务机构及其相关人员未履行诚实守信、勤勉尽责义务，违反行业规范、业务规则，或者未依法履行尽职调查、报告和披露以及持续督导职责的，交易所可以视情节轻重对其单独或者合并采取下列监管措施或者纪律处分：口头警告；书面警示；监管谈话；通报批评；公开谴责；3个月至3年内不接受独立财务顾问、证券服务机构提交的申请文件或者信息披露文件；1年至3年内不接受独立财务顾问、证券服务机构相关人员签字的申请文件或者信息披露文件。

四、典型案例:A 上市公司与 B 公司重大资产重组虚假陈述案

(一)基本案情

2015 年 11 月 14 日,A 上市公司发布了《重组预案》公告,以截至评估基准日合法拥有的除 2.29 亿元货币资金之外的全部资产和负债(置出资产)与 B 公司全体股东持有的 B 公司 100% 股权(置入资产,2015 年 12 月 31 日作价 37.1 亿元)中的等值部分进行置换。上述重大资产置换差额部分由 A 上市公司发行股份购买。同时,A 上市公司采用锁价方式向 9 名特定对象非公开发行了股票募集配套资金。

2013 ~2015 年,B 公司通过各种手段虚增服务费收入 264897668.7 元,虚增 2015 年贸易收入 574786.32 元。虚构银行存款 3 亿元、未披露 3 亿元借款以银行存款质押。以上财务信息均被载入 B 公司向 A 上市公司提供的《审计报告(2013 ~2015 年)》及 A 上市公司公告的《重大资产重组报告书》中披露了重组对象 B 公司最近 3 年的主要财务数据,包括资产负债表主要数据、利润表主要数据、现金流量表主要数据。B 公司的上述财务造假行为导致 B 公司、A 上市公司所披露的《审计报告(2013 年至 2015 年)》《重大资产重组报告书》信息含有虚假记载、存在重大遗漏。

(二)证券服务机构违法违规情况

1. 独立财务顾问(〔2017〕54 号)

(1)独立财务顾问未对 A 上市公司重大资产重组申报文件的真实性、准确性、完整性进行充分核查和验证,独立财务顾问出具的独立财务顾问报告存在虚假记载、重大遗漏。①

(2)独立财务顾问在对重组标的 B 公司的尽调过程中未勤勉尽责:②

独立财务顾问未审慎核查 B 公司存款情况,在未取得银行询证函回函且当地

① 《证券法》第 163 条:"证券服务机构为证券发行、上市、交易等证券业务活动制作、出具审计报告及其他鉴证报告、资产评估报告、财务顾问报告、资信评级报告或者法律意见书等文件,应当勤勉尽责,对所依据的文件资料内容的真实性、准确性、完整性进行核查和验证。"

② 《上市公司并购重组财务顾问业务管理办法》第 21 条第 1 款:"财务顾问应当建立尽职调查制度和具体工作规程,对上市公司并购重组活动进行充分、广泛、合理的调查,核查委托人提供的为出具专业意见所需的资料,对委托人披露的内容进行独立判断,并有充分理由确信所作的判断与委托人披露的内容不存在实质性差异。"

证监局已提示3亿元定期存单问题的情况下，仅通过核对企业信用报告、查看回款记录、访谈B公司高管、取得B公司书面确认等方式核查3亿元银行存款的真实性，并未采取现场走访等进一步核查措施，未能取得足够证据证明核查结论。

独立财务顾问未审慎核查B公司的营业收入情况，业务收入核查资料均由B公司提供，存在合同要素不完整、逻辑错误、用印和签字不一致、部分收入确认单缺失等诸多瑕疵，但独立财务顾问在资料存在明显异常的情况下未进行充分风险评估，没有针对性地制订后续核查计划；在实地走访供应商和客户的程序中，未核查B公司撮合的基础交易业务资料，未实地走访基础交易重要对手方。

独立财务顾问在尽职调查过程中未保持职业谨慎，如未按照业务规则对函证实施过程进行控制，发函工作始终有B公司员工参与，且有发函与回函快递单单号连号等异常情形；对平台供应商和客户的实地走访完全受制于B公司安排，存在访谈前部分供应商已由供应商确定访谈内容，走访人员完全按照统一的访谈提纲访问和记录等不当情形；未充分关注B公司某关联公司的工商登记资料中B公司副总裁吴某曾担任法定代表人的事实，未如实披露B公司某关联公司与B公司2014存在关联关系，核查过程重在重大疏忽。

2. 会计师事务所(〔2017〕85号)

会计师事务所在对B公司2013～2015年度财务报表进行审计时，未勤勉尽责，出具的审计报告存在虚假记载：

会计师事务所对银行存款审计程序不到位，在对B公司在银行3亿元定期存款的审计中，在发出函证后截至审计报告出具日仍未收到回函。① 经当地证监局提示关注3亿元定期存单的情况下，会计师事务所未执行有效审计程序，审计结论仍为“未见异常情况”，未能发现虚增3亿元银行存款及3亿元定期存单质押的事实。后续收到回函及对银行的访谈时间已晚于审计报告出具日。

此外，会计师事务所的函证审计程序不到位，未按照拟定的选样标准发函，如

---

① 《中国注册会计师审计准则第1312号——函证》第12条：“注册会计师应当对银行存款(包括零余额账户和在本期内注销的账户)、借款及与金融机构往来的其他重要信息实施函证程序，除非有充分证据表明某一银行存款、借款及与金融机构往来的其他重要信息对财务报表不重要且与之相关的重大错报风险很低。”第19条：“在未回函的情况下，注册会计师应当实施替代程序以获取相关、可靠的审计证据。”第20条：“如果注册会计师认为取得积极式函证回函是获取充分、适当的审计证据的必要程序，则替代程序不能提供注册会计师所需要的审计证据。在这种情况下，如果未获取回函，注册会计师应当按照《中国注册会计师审计准则第1502号——在审计报告中发表非无保留意见》的规定，确定其对审计工作和审计意见的影响。”

计划向集团总部228家供应商发函,实际发函仅54家;[1]未保持对函证的有效控制,如发函工作自始至终均有B公司人员参与,存在B公司工作人员直接回函等情况;[2]未充分关注函证回函的疑点,如询证函回函供应商确认盖章不符、数家供应商回函均留有同样的邮寄信息、不同供应商回函由同一快递员收件、询证函发函与回函地址不是同一个城市等。

会计师事务所对收入的审计程序不到位,对B公司提供的与营业收入相关的合同、用印及收入证据不足等疑点未予充分关注。[3] 会计师事务所对供应商和客户的现场走访工作中存在瑕疵和矛盾,工作底稿中错误、矛盾和疑点众多,如针对部分供应商存在两份不同的访谈记录。

3. 律师事务所(〔2017〕56号)

律师事务所未按规定对B公司银行存款进行查验,在为A上市公司与B公司提供法律服务的过程中,既未对B公司上述3亿元定期存单原件进行查验,也未向开户银行进行书面查询、函证,导致未能发现该3亿元定期存款处于质押状态。[4]

律师事务所在对B公司业务关联单位等11家公司进行走访时未按规定制作

---

① 《中国注册会计师审计准则第1301号——审计证据》第10条:"注册会计师应当根据具体情况设计和实施恰当的审计程序,以获取充分、适当的审计证据。"

② 《中国注册会计师审计准则第1301号——审计证据》第14条:"当实施函证程序时,注册会计师应当对询证函保持控制,包括:(一)确定需要确认或填列的信息;(二)选择适当的被询证者;(三)设计询证函,包括正确填列被询证者的姓名和地址,以及被询证者直接向注册会计师回函的地址等信息;(四)发出询证函并予以跟进,必要时再次向被询证者寄发询证函。"第17条:"如果存在对询证函回函的可靠性产生疑虑的因素,注册会计师应当进一步获取审计证据以消除这些疑虑。"第18条:"如果认为询证函回函不可靠,注册会计师应当评价其对评估的相关重大错报风险(包括舞弊风险),以及其他审计程序的性质、时间安排和范围的影响。"第11条:"在设计和实施审计程序时,注册会计师应当考虑用作审计证据的信息的相关性和可靠性。"

③ 《中国注册会计师审计准则第1501号——对财务报表形成审计意见和出具审计报告》(已废止)第14条:"注册会计师应当依据适用的财务报告编制基础特别评价下列内容:(一)财务报表是否充分披露了所选择和运用的重要会计政策;(二)所选择和运用的会计政策是否符合适用的财务报告编制基础,并适合被审计单位的具体情况;(三)管理层作出的会计估计是否合理;(四)财务报表列报的信息是否具有相关性、可靠性、可比性和可理解性;(五)财务报表是否作出充分披露,使预期使用者能够理解重大交易和事项对财务报表所传递信息的影响;(六)财务报表使用的术语(包括每一财务报表的标题)是否适当。"

④ 《律师事务所证券法律业务执业规则(试行)》第24条:"对银行存款的查验,律师应当查验银行出具的存款证明原件;不能提供委托查验期银行存款证明的,应当会同委托人(存款人)向委托人的开户银行进行书面查询、函证。"

笔录。①

律师事务所未按规定对查验计划的落实情况进行评估和总结，查验计划未完全落实或不能实现查验目的，也未说明原因或者采取其他查验措施和方法，②如对既是供应商又是客户的公司仅作为供应商或客户进行现场调查，又如未发现部分供应商业务联系人存在重合的异常现象。

律师事务所出具的法律意见书存在虚假记载及重大遗漏，其法律意见书的结论性意见是"本次交易符合《上市公司重大资产重组管理办法》、《首次公开发行股票并上市管理办法》和相关规范性文件规定的原则及实质性条件"，与 B 公司财务造假及虚假信息披露行为的事实不符；未披露 3 亿元存款质押及 B 公司某关联公司与 B 公司关联关系，存在重大遗漏。

4. 资产评估机构(〔2017〕79 号)

资产评估机构对 B 公司全部股权项目进行资产评估时未勤勉尽责，资产评估机构子公司在项目前期已发现评估项目存在收入真实性问题、企业业务流程规范性问题、关联款项真实准确性问题、未来年度收益证据问题、企业募集资金理由与盈利预测冲突问题五方面重大评估风险，但资产评估机构未将反映该项目存在上述重大评估风险的项目备忘录存档，也未在底稿中反映项目组针对上述重大风险制定有效评估措施，项目组在编制项目风险初步评价程序时说明项目不存在重大风险，③出具的资产评估报告存在虚假记载。

---

① 《律师事务所证券法律业务执业规则(试行)》第 15 条："律师采用实地调查方式进行查验的，应当将实地调查情况作成笔录，由调查律师、被调查事项相关的自然人或者单位负责人签名。该自然人或者单位负责人拒绝签名的，应当在笔录中注明。"

② 《律师事务所证券法律业务执业规则(试行)》第 9 条："律师事务所及其指派的律师应当按照《律所证券业务管理办法》编制查验计划。查验计划应当列明需要查验的具体事项、查验工作程序、查验方法等。查验工作结束后，律师事务所及其指派的律师应当对查验计划的落实情况进行评估和总结；查验计划未完全落实的，应当说明原因或者采取的其他查验措施。"

③ 《资产评估准则——工作底稿》(已废止)第 8 条："电子或者其它介质形式的重要工作底稿，如评估业务执行过程中的重大问题处理记录，对评估结论有重大影响的现场勘查记录、询价记录和评定估算过程记录等，应当同时形成纸质文档。"

资产评估机构形成未来收益预测的评估假设明显不合理。[①] 在已发现被评估企业存在重大财务舞弊风险的情况下,项目组未对B公司历史业绩的真实性予以适当关注并实施有效的评估程序,导致形成未来收益预测的评估假设明显不合理,如假设B公司2016年营业收入较2015年经审计的营业收入增长31.30%,进而导致高估未来收益。

资产评估机构对B公司银行存款实施的评估程序不到位,主要是参考其他证券服务机构的意见,其自身并未采取有效的评估措施,导致未能发现B公司在银行3亿元定期存款的质押事实,出具的资产评估报告存在重大遗漏。[②]

在与该案件相关的证券虚假陈述责任诉讼中,部分投资者将独立财务顾问作为共同被告向杭州市中级人民法院起诉,但案件被裁定为移送沈阳市中级人民法院审理,截至本书成稿之日尚未检索到以独立财务顾问为被告的生效判决。

第四节 上市公司收购

上市公司收购,是指收购人通过要约收购、协议转让等其他合法方式,取得上市公司一定比例的发行在外的股份,以实现对该上市公司控股或者实现合并的行为。上市公司收购的核心监管部门为证监会、上交所、深交所及证券登记结算机构。其中,证监会负责针对上市公司收购及相关股份权益变动活动进行全面的监督管理;上交所、深交所通过制定相关业务规则,为上市公司收购及股份权益变动

---

① 《资产评估准则——企业价值》第23条:"资产评估专业人员应当对委托人和其他相关当事人提供的企业未来收益资料进行必要的分析、判断和调整,结合被评估单位的人力资源、技术水平、资本结构、经营状况、历史业绩、发展趋势,考虑宏观经济因素、所在行业现状与发展前景,合理确定评估假设,形成未来收益预测。当委托人和其他相关当事人未提供收益预测,资产评估专业人员应当收集和利用形成未来收益预测的相关资料,并履行核查验证程序,在具备预测条件的情况下编制收益预测表。资产评估专业人员应当关注未来收益预测中经营管理、业务架构、主营业务收入、毛利率、营运资金、资本性支出、资本结构等主要参数与评估假设、价值类型的一致性。当预测趋势与历史业绩和现实经营状况存在重大差异时,资产评估专业人员应当在资产评估报告中予以披露,并对产生差异的原因及其合理性进行说明。"

② 《资产评估执业准则——资产评估程序》第12条:"执行资产评估业务,应当对评估对象进行现场调查,获取评估业务需要的资料,了解评估对象现状,关注评估对象法律权属。现场调查手段通常包括询问、访谈、核对、监盘、勘查等。资产评估专业人员可以根据重要性原则采用逐项或者抽样的方式进行现场调查。"

活动组织交易和提供服务、对相关证券交易活动实施监控、监督上市公司的收购及相关股份权益变动的信息披露义务人切实履行信息披露义务；证券登记结算机构则主要负责为上市公司的收购及相关股份权益变动活动所涉及的证券登记、存管、结算等事宜提供服务。

上市公司收购的基本流程和主要工作内容如下（见表3）：

表3　上市公司收购的基本流程和主要工作

基本流程	主要工作
保密协议	收购方与被收购方签署保密相关协议，如单向保密协议、双向保密协议或承诺函等
委托中介	委托财务顾问、律师事务所、会计师事务所等中介服务机构
尽职调查	证券服务机构应对上市公司股权结构是否清晰、出让股份是否存在权利瑕疵、交易是否存在实施障碍、税务申报是否已完成等问题进行核查，针对上市公司的控制权收购，证券服务机构还需要对交易对方、收购方自身进行核查
交易文件	根据收购方式准备股份转让协议、表决权委托协议、股份认购协议等主要交易文件，其他附属文件根据项目具体情况包括特殊事项的承诺函、备忘录等
股份交割	交易所会在股份交割前对交易进行合法性审查，收购方与被收购方应完成相关价款、股权转让手续
信息披露	收购过程中，收购方及其一致行动人拥有权益的股份达到首次持股达5%、增减持幅度达5%、持股达20%、持股达30%等重要节点时，应编制相应的权益变动报告书、要约收购报告书，向证监会、交易所履行报告、公告义务

在上述过程中，各个证券服务机构在其各自的专业领域及职责范围内为上市公司收购提供相关服务。

一、主要证券服务机构及其职责

目前为上市公司收购提供服务的主要证券服务机构包括独立财务顾问、会计师事务所、律师事务所和资产评估机构/估值机构。

（一）独立财务顾问

独立财务顾问是上市公司收购过程中的核心证券服务机构。《上市公司收购管理办法》明确规定，收购人与上市公司均可聘请财务顾问，但二者不得为同一家机构或存在关联关系。收购人未按照本办法规定聘请财务顾问的，不得收购上市公司。财务顾问主要致力于为收购方和上市公司提供指导意见和决策建议，提供运作辅导、人员督导、交易风险提示、交易方案设计、出具财务顾问报告等专业化服务，其职能贯穿于收购前期的材料准备直至收购完成后对上市公司经营状况和收购人行为持续监管的整个流程之中，主要包括尽职调查、出具专业意见、规范运作辅导、提供履约担保、核查与材料报送、持续督导与监管等。

1. 尽职调查

根据委托对收购人支付收购价款的能力和资金来源进行充分的尽职调查，并详细披露核查的过程和依据，说明收购人是否具备要约收购的能力。

2. 出具专业意见

在进行尽职调查后，财务顾问应针对相关收购的公正性、合法性等发表专业性意见。收购人聘请的财务顾问应全面评估被收购公司的财务和经营状况，帮助收购人分析收购所涉及的法律、财务、经营风险，就收购方案所涉及的收购价格、收购方式、支付安排等事项提出对策建议，并出具财务顾问报告。根据《上市公司收购管理办法》的规定，收购人聘用的财务顾问就收购出具的报告应当对以下事项进行说明和分析，并逐项发表明确意见：

（1）收购人编制的上市公司收购报告书或者要约收购报告书所披露的内容是否真实、准确、完整；

（2）本次收购的目的；

（3）收购人是否提供所有必备证明文件，根据对收购人及其控股股东、实际控制人的实力、从事的主要业务、持续经营状况、财务状况和诚信情况的核查，说明收购人是否具备主体资格，是否具备收购的经济实力，是否具备规范运作上市公司的管理能力，是否需要承担其他附加义务及是否具备履行相关义务的能力，是否存在不良诚信记录；

（4）对收购人进行证券市场规范化运作辅导的情况，其董事、监事和高级管理人员是否已经熟悉有关法律、行政法规和中国证监会的规定，是否已充分了解应承担的义务和责任，督促其依法履行报告、公告和其他法定义务的情况；

(5)收购人的股权控制结构及其控股股东、实际控制人支配收购人的方式；

(6)收购人的收购资金来源及其合法性，是否存在利用本次收购的股份向银行等金融机构质押取得融资的情形；

(7)涉及收购人以证券支付收购价款的，应当说明有关该证券发行人的信息披露是否真实、准确、完整以及该证券交易的便捷性等情况；

(8)收购人是否已经履行了必要的授权和批准程序；

(9)是否已对收购过渡期间保持上市公司稳定经营作出安排，该安排是否符合有关规定；

(10)对收购人提出的后续计划进行分析，收购人所从事的业务与上市公司从事的业务存在同业竞争、关联交易的，对收购人解决与上市公司同业竞争等利益冲突及保持上市公司经营独立性的方案进行分析，说明本次收购对上市公司经营独立性和持续发展可能产生的影响；

(11)在收购标的上是否设定其他权利，是否在收购价款之外还作出其他补偿安排；

(12)收购人及其关联方与被收购公司之间是否存在业务往来，收购人与被收购公司的董事、监事、高级管理人员是否就其未来任职安排达成某种协议或者默契；

(13)上市公司原控股股东、实际控制人及其关联方是否存在未清偿对公司的负债、未解除公司为其负债提供的担保或者损害公司利益的其他情形；存在该等情形的，是否已提出切实可行的解决方案；

(14)涉及收购人拟提出豁免申请的，应当说明本次收购是否属于可以得到豁免的情形，收购人是否作出承诺及是否具备履行相关承诺的实力。

上市公司聘请的财务顾问则应重点对本次收购的公正性和合法性发表专业意见，根据《上市公司收购管理办法》的规定，其应当对以下问题进行说明和分析，发表明确意见：

(1)收购人是否具备主体资格；

(2)收购人的实力及本次收购对被收购公司经营独立性和持续发展可能产生的影响分析；

(3)收购人是否存在利用被收购公司的资产或者由被收购公司为本次收购提供财务资助的情形；

(4)涉及要约收购的,应分析被收购公司的财务状况,说明收购价格是否充分反映收购公司价值,收购要约是否公平、合理,对被收购公司社会公众股股东接受要约提出的建议;

(5)涉及收购人以证券支付收购价款的,还应当根据该证券发行人的资产、业务和盈利预测,对相关证券进行估值分析,就收购条件对被收购公司的社会公众股股东是否公平合理、是否接受收购人提出的收购条件提出专业意见;

(6)涉及管理层收购的,应当对上市公司进行估值分析,就本次收购的定价依据、支付方式、收购资金来源、融资安排、还款计划及其可行性、上市公司内部控制制度的执行情况及其有效性、上述人员及其直系亲属在最近24个月内与上市公司业务往来情况以及收购报告书披露的其他内容等进行全面核查,发表明确意见。

3. 规范运作辅导

财务顾问应指导收购人按照规定的内容与格式制作申报文件,对收购人进行证券市场规范化运作的辅导,使收购人的董事、监事和高级管理人员熟悉有关法律、行政法规和中国证监会的规定,充分了解其应当承担的义务和责任,督促其依法履行报告、公告和其他法定义务。

4. 提供履约担保

根据《公开发行证券的公司信息披露内容与格式准则第17号——要约收购报告书》的规定,在要约收购的情况下,收购人可以要求财务顾问出具承担连带保证责任书面承诺以保证其具备履约能力,并在要约收购报告书中作出如下声明:

"收购人承诺具备履约能力。要约收购期限届满,收购人将按照××证券公司根据××证券登记结算机构临时保管的预受要约的股份数量确认收购结果,并按照要约条件履行收购要约。××公司(财务顾问名称)已经对本次要约收购所需××价款出具承担连带保证责任的书面承诺。"

出具承担连带保证责任书面承诺的财务顾问应当在要约收购报告书中作出如下声明:

"如收购要约期限届满,收购人不按照约定支付收购价款或者购买预受股份的,本财务顾问将在接到××证券登记结算机构书面通知后3日内,无条件代为履行付款义务。"

5. 核查与材料报送

对收购人是否符合本办法的规定及申报文件内容的真实性、准确性、完整性进行充分核查和验证，就收购事项客观、公正地发表专业意见，并接受收购人委托，向中国证监会报送申报材料，根据中国证监会的审核意见，组织、协调收购人及其他专业机构予以答复。

6. 持续督导与监管

财务顾问应与收购人签订持续督导协议，在收购完成后 12 个月内，通过日常沟通、定期回访等方式履行督导义务，持续督导收购人遵守法律、行政法规、中国证监会的规定、证券交易所规则、上市公司章程，依法行使股东权利，切实履行承诺或者相关约定并进行定期核查工作，具体包括：

（1）督促收购人及时办理股权过户手续，并依法履行报告和公告义务；

（2）督促和检查收购人及被收购公司依法规范运作；

（3）督促和检查收购人履行公开承诺的情况；

（4）结合被收购公司定期报告，核查收购人落实后续计划的情况是否达到预期目标，实施效果是否与此前的披露内容存在较大差异，是否实现相关盈利预测或者管理层预计达到的目标；

（5）涉及管理层收购的，核查被收购公司定期报告中披露的相关还款计划的落实情况与事实是否一致；

（6）督促和检查履行收购中约定的其他义务的情况。

根据督导情况，财务顾问应出具定期或临时报告：

定期报告主要包括：一是在上市公司收购行为完成后 12 个月内，收购人聘请的财务顾问应当在每季度前 3 日内就上一季度对上市公司影响较大的投资、购买或者出售资产、关联交易、主营业务调整以及董事、监事、高级管理人员的更换、职工安置、收购人履行承诺等情况向派出机构报告；二是财务顾问应结合上市公司披露的季度报告、半年度报告和年度报告出具督导意见，并于相关内容披露后的 15 日内向派出机构报告。

临时报告则主要针对被收购公司存在为收购人及其关联方提供担保或者借款等损害上市公司利益的情形或者其他违法或者不当行为，财务顾问向中国证监会、派出机构和证券交易所进行的报告。

（二）会计师事务所

虽同属财务领域的证券服务机构，但与财务顾问提供的综合性服务不同，会计师事务所的职责相对集中和专一。他们主要负责为上市公司收购提供审计服务，为收购人（法人或其他组织）或上市公司准备收购所需的审计报告等财务资料，协助履行相关信息披露义务。根据《公开发行证券的公司信息披露内容与格式准则第16号——上市公司收购报告书》《公开发行证券的公司信息披露内容与格式准则第17号——要约收购报告书》《上市公司收购管理办法》的规定，会计师事务所负责出具的相关材料具体包括：

1. 收购人最近三年的财务会计报表以及最近一个会计年度的财务会计报告，其中应注明审计意见的主要内容、采用的会计制度、主要的会计政策、主要科目的注释等。

2. 会计师应当说明公司前两年所采用的会计制度及主要会计政策与最近一年是否一致，如不一致，则应作出相应的调整。

3. 如截至收购报告书摘要公告之日，收购人的财务状况较最近一个会计年度的财务会计报告有重大变动，会计师应协助收购人披露最近一期财务会计报告。

4. 若法人或其他组织成立不足1年或者是专为本次收购而设立，相关会计师还应披露其实际控制人或者控股公司的财务会计报告等财务资料。

5. 收购人可以采用现金、证券、现金与证券相结合等合法方式支付收购上市公司的价款，如收购人以证券支付收购价款，相关会计师应当出具该证券的发行人最近3年经审计的财务会计报告。

6. 被收购公司如在相关收购发生前未就前次募集资金使用情况作出说明，被收购公司亦应披露前次募集资金的使用情况及会计师所出具的专项核查报告。

（三）律师事务所

律师事务所主要负责对收购方或上市公司在收购过程中所涉及的法律事宜提供法律咨询，核查和验证收购报告书，出具法律意见书并作为备查文件一并由收购人报送至证监会。律师事务所应在法律意见书中对收购报告书内容的真实性、准确性、完整性发表结论性意见。

（四）资产评估机构/估值机构

资产评估机构/估值机构主要负责为收购人和上市公司的资产价值提供评估服务，并出具资产评估或估值报告。

在管理层收购中，如上市公司董事、监事、高级管理人员及员工或者其所控制或委托的法人或其他组织收购本公司股份并取得控制权，或者通过投资关系、协议或其他安排导致其拥有权益的股份超过本公司已发行股份30%的，资产评估机构应当协助公司披露收购的定价依据、资产评估方法和评估结果。

此外,收购人以证券支付收购价款的,收购人应当按照《公开发行证券的公司信息披露内容与格式准则第 11 号——上市公司公开发行证券募集说明书》第 2 ~ 8 节的要求披露证券发行人及本次证券发行的有关信息,并提供相关证券的估值分析。与此同时,相关评估机构应出具该证券的证券估值报告。

二、证券服务机构的勤勉尽责义务

(一)勤勉尽责义务的一般性规定

在上市公司收购中,各证券服务机构必须严格履行勤勉尽责义务,依规定进行信息披露。为规范上市公司的收购及相关股份权益变动活动中的信息披露行为,证监会发布了《公开发行证券的公司信息披露内容与格式准则第 15 号——权益变动报告书(2020 年修订)》《公开发行证券的公司信息披露内容与格式准则第 16 号——上市公司收购报告书(2020 年修订)》《公开发行证券的公司信息披露内容与格式准则第 17 号——要约收购报告书(2020 年修订)》等信息披露格式指引,明确信息披露义务人如在权益变动报告书中援引财务顾问、律师等专业机构出具的专业报告或意见的内容的,应当说明相关专业机构已书面同意上述援引。相关证券服务机构应协助信息披露义务人提交相关报告书的备查文件,如收购人的财务资料,包括但不限于收购人最近三年财务会计报告及最近一个会计年度经审计的财务会计报告(包括审计意见、财务报表和附注)、财务顾问报告以及法律意见书等。

(二)针对独立财务顾问的特别规定

独立财务顾问除应当遵守行业规范和职业道德,保持独立性,保证其所制作、出具文件的真实性、准确性和完整性,不得教唆、协助或者伙同委托人编制或披露存在虚假记载、误导性陈述或者重大遗漏的报告、公告文件,不得从事不正当竞争,不得利用上市公司的收购谋取不正当利益等一般性勤勉尽责义务之外,根据《上市公司收购管理办法》第 9 条、第 65 条及第 68 条等相关规定,独立财务顾问在履行其职责过程中还应尽到以下义务:

1. 审慎判断相关收购是否存在收购人利用上市公司的收购损害被收购公司及其股东合法权益的情况,如有,则其应当拒绝为收购人提供财务顾问服务。

2. 确保按照规定履行尽职调查义务,应有充分理由确信所发表的专业意见与收购人公告文件的内容不存在实质性差异。

3. 保证已对收购人公告文件进行核查，有充分理由确信公告文件的内容与格式符合规定，对收购人是否符合本办法的规定及申报文件内容的真实性、准确性、完整性进行充分核查和验证，对收购事项客观、公正地发表专业意见。根据《公开发行证券的公司信息披露内容与格式准则第 15 号——权益变动报告书》《公开发行证券的公司信息披露内容与格式准则第 16 号——上市公司收购报告书》《公开发行证券的公司信息披露内容与格式准则第 17 号——要约收购报告书》的规定，财务顾问机构及其法定代表人或授权代表人、财务顾问主办人应当在信息披露义务人披露的详式权益变动报告书、上市公司收购报告书或要约收购报告书中签字、盖章、签注日期，声明其已履行勤勉尽责义务，并对信息披露义务人的权益变动报告书的内容已进行核查和验证，未发现虚假记载、误导性陈述或者重大遗漏，并对此承担相应的责任。

4. 应有充分理由确信本次收购符合法律、行政法规和中国证监会的规定，有充分理由确信收购人披露的信息真实、准确、完整，不存在虚假记载、误导性陈述和重大遗漏。

5. 确保就本次收购所出具的专业意见已提交其内核机构审查，并获得通过。

6. 在担任财务顾问期间，应采取严格的保密措施，并严格执行内部防火墙制度。

7. 在履行督导职责之前，应确保与收购人订立持续督导协议，并保证持续督导。

8. 财务顾问为履行职责，可以聘请其他专业机构协助其对收购人进行核查，但应当对收购人提供的资料和披露的信息进行独立判断。

（三）针对律师事务所的特别规定

根据《公开发行证券的公司信息披露内容与格式准则第 16 号——上市公司收购报告书》《公开发行证券的公司信息披露内容与格式准则第 17 号——要约收购报告书》的规定，收购人聘请的律师及其所就职的律师事务所应当在其出具法律意见的上市公司收购报告书或要约收购报告书上签字、盖章、签注日期，并声明其已按照执业规则规定的工作程序履行勤勉尽责义务，对收购报告书或要约收购报告书的内容进行核查和验证，未发现虚假记载、误导性陈述或者重大遗漏，并对此承担相应的责任。

（四）其他证券服务机构的勤勉尽责义务

现行上市公司收购相关法律法规并未就针对其他证券服务机构的勤勉尽责义务作出特别规定，因此，会计师事务所及资产评估机构/估值机构所应按照本书第一章阐述的各自的一般性合规义务，履行勤勉尽责义务，严格遵守行业准则与规范，基于充分的证据对其所制作、出具文件的真实性、准确性和完整性承担责任。

三、证券服务机构违反勤勉尽责义务的监管措施及法律责任

在上市公司的收购及相关股份权益变动活动中，为上市公司收购出具资产评估报告、审计报告、法律意见书和财务顾问报告的证券服务机构或者证券公司及其专业人员未依法履行职责的，根据《上市公司收购管理办法》第 81 条的规定，中国证监会将责令改正，采取监管谈话、出具警示函、责令公开说明、责令定期报告等监管措施。在改正前，相关证券服务机构不得接受新的上市公司并购重组业务。同时，中国证监会将把上市公司的收购及相关股份权益变动活动中的当事人的违法行为和整改情况记入诚信档案。

另外，《上市公司收购管理办法》针对财务顾问的法律责任作出了进一步规定，在收购人未依照《上市公司收购管理办法》的规定履行相关义务或者相应程序擅自实施要约收购或发出收购要约的收购人在收购要约期限届满，不按照约定支付收购价款或者购买预受股份的情形下，收购人涉嫌虚假披露、操纵证券市场等违规行为，收购人聘请的财务顾问如没有充分证据表明其勤勉尽责的，自收购人违规事实发生之日起 1 年内，中国证监会将不受理该财务顾问提交的上市公司并购重组申报文件，情节严重的，依法追究法律责任。

四、典型案例：某上市公司收购虚假陈述案

（一）基本案情

2015 年 10 月 8 日，上市公司发布公告称，控股股东 C 公司拟通过公开竞价方式，转让所持的 25.08% 上市公司股权。10 月 29 日，上市公司公告宣布大股东已选定 D 公司为股权受让方。股权转让完成后，D 公司将成为公司的第一大股东。11 月 11 日，上市公司公告宣布 C 公司和 D 公司已正式签署附生效条件的股份转让协议。11 月 13 日，本次交易的股权受让方 D 公司发布详式权益变动报告书，

其聘请的独立财务顾问同日出具《财务顾问声明》随《详式权益变动报告书》一并公告，确认“已履行勤勉尽责义务，对本报告书的内容进行了核查和验证，未发现虚假记载、误导性陈述或者重大遗漏，并对此承担相应的责任”。

2016年2月5日，上市公司发布公告，声称由于C公司还未就本次股权转让事项完成国务院国有资产监督管理委员的相应审批/备案程序，根据双方先前签订的《股份转让协议》的规定，“本协议签署之日起3个月内，依照协议所列的生效条件（即完成相关主管部门的审批/备案程序）不能全部获得满足的，则本协议自动解除，双方互不承担违约责任”，因此，若上述条件在2月8日以前仍未满足，则该协议将在2016年2月8日自动解除。2月17日，上市公司公告宣布相关方已正式确认前述股权转让协议自动解除，非公开发行方案也一并终止。此前上市公司的历次公告及交易双方的权益变动报告书均未披露或补充披露前述3个月自动解除条款。

（二）证券服务机构违法违规情况

经证监会调查，2015年11月9日，D公司在协议草稿中增加了包括前述3个月自动解除条款在内的两项条款，独立财务顾问在出具《详式权益报告书》和核查报告时，并未取得C公司和D公司正式签字盖章的《股份转让协议》，而是按照之前协议草案的内容披露，未能通过核查发现该最终版协议文本中的新增条款，导致《详式权益报告书》遗漏了前述3个月自动解除条款。独立财务顾问未发现D公司披露的《详式权益变动报告书》信息披露存在重大遗漏，其出具的财务顾问核查意见存在重大遗漏。

第五节　定 期 报 告

上市公司定期报告包括年度报告、中期报告和季度报告。在披露定期报告的过程中，会计师事务所对上市公司的定期报告进行审计，还可能根据具体情况进行盈利实现情况审核、内部控制鉴证等，并将鉴证结果作为信息披露文件。若处于持续督导阶段，担任保荐人或财务顾问的证券公司也需要对定期报告进行审阅，确保披露信息的真实、准确、完整，关于持续督导期间证券公司对信息披露文件的审查义务，本书在第一章第一节证券公司的相关内容中已作介绍。

会计师事务所在对上市公司定期报告进行审计或提供其他鉴证服务时的核心依据为注册会计师的各项执业准则。虽然证监会及证券交易所也有针对定期报告披露过程中会计师事务执业规范的规定，但实质要求与注册会计师执业准则基本一致。因此，下文仅就会计师事务所在定期报告披露过程中的业务范围及部分特殊规定进行介绍。

中国证监会就上市公司定期报告编制的内容与格式颁布了《公开发行证券的公司信息披露内容与格式准则第 2 号——年度报告的内容与格式》《公开发行证券的公司信息披露内容与格式准则第 3 号——半年度报告的内容与格式》《公开发行证券的公司信息披露编报规则第 13 号——季度报告的内容与格式》，明确公司年度报告中的财务报告应当经具有证券期货相关业务资格的会计师事务所审计，且公司发生控股股东及其关联方非经营性占用资金情况的，应当由会计师事务所出具对资金占用的专项审核意见。公司半年度报告、季度报告中的财务报告可不经审计，但中国证监会和证券交易所另有规定的除外。

证券交易所发布的股票上市规则也对定期报告中的勤勉尽责义务作出了规定。[①] 具体而言，为定期报告出具审计意见的会计师事务所应当在严格遵循注册会计师执业准则、执业道德规范、会计师事务所质量控制准则及相关规定的基础之上，及时、恰当发表审计意见，不得无故拖延审计工作而影响定期报告的及时披露。

股票上市规则中对半年度及季度报告进行审计的情形主要如下：《上海证券交易所股票上市规则》《深圳证券交易所股票上市规则》要求，半年度/中期报告应当审计的情形包括拟在下半年进行利润分配、以公积金转增股本、弥补亏损。《上海证券交易所科创板股票上市规则》要求，上市公司拟实施送股或者以资本公积转增股本的，所依据的半年度报告或者季度报告的财务会计报告应当审计；仅实施现金分红的，可免于审计。《深圳证券交易所创业板股票上市规则》要求，半年度报告应当审计的情形包括拟在下半年进行利润分配（仅进行现金分红的除外）、公积金转增股本或者弥补亏损的；其还规定，上市公司当年存在募集资金使用的，公司应当在进行年度审计的同时，聘请会计师事务所对实际投资项目、实际投资金额、实际投入时间和完工程度等募集资金使用情况进行专项审核，出具专项审

① 包括《上海证券交易所股票上市规则》《上海证券交易所科创板股票上市规则》《深圳证券交易所股票上市规则》《深圳证券交易所创业板股票上市规则》。

核报告,并在年度报告中披露专项审核的情况。

此外,深交所分别对主板、中小板与创业板制定了关于定期报告披露相关事宜的备忘录。[①] 其中,主板、中小板上市公司年度报告中应当报送的与会计师事务所、保荐机构等证券服务相关的文件为:(1)会计师事务所出具的相关年度审计报告;(2)会计师事务所对公司控股股东及其关联方占用资金情况的专项说明;(3)会计师事务所对非标准审计意见涉及事项出具的专项说明(如适用);(4)会计师事务所出具的年度募集资金存放与使用情况鉴证报告(如适用);(5)会计师事务所出具的内部控制审计或鉴证报告(如适用);(6)会计师事务所对公司或相关资产业绩承诺实现情况的专项审核意见(如适用);(7)保荐机构对公司或相关资产业绩承诺实现情况的审核意见(如适用);(8)保荐机构对公司年度募集资金存放与使用情况的专项核查报告(如适用);(9)财务顾问对公司或相关资产业绩承诺实现情况的审核意见(如适用)。除前述文件外,创业板上市公司年底报告中还可能包括保荐机构对公司内部控制自我评价报告的核查意见(如适用),以及保荐机构对公司证券投资情况的核查意见(如适用)。

上交所亦颁布了《上市公司定期报告工作备忘录第一号——年度内部控制信息的编制、审议和披露》《科创板上市公司信息披露工作备忘录第七号——年度报告相关事项》,规定上市公司应当在披露年度报告的同时披露注册会计师出具的财务报告内部控制审计报告,并规定了一定的例外情形。《科创板上市公司信息披露工作备忘录第七号——年度报告相关事项》还明确了为上市公司定期报告出具审计意见的注册会计师需要根据《关于规范上市公司与关联方资金往来及上市公司对外担保若干问题的通知》(证监发〔2003〕56 号)的规定,对上市公司存在控股股东及其他关联人占用资金的情况出具专项说明。

在披露定期报告过程中,会计师事务所可能承担的法律责任与会计师从事其他鉴证业务时的法律责任基本一致,主要依据为《证券法》第 213 条第 3 款及《最高人民法院关于审理涉及会计师事务所在审计业务活动中民事侵权赔偿案件的若干规定》,具体可参见本书第一章第二节会计师事务所相关内容。

---

① 《主板信息披露业务备忘录第 1 号——定期报告披露相关事宜》《创业板信息披露业务备忘录第 10 号——定期报告披露相关事项》《中小企业板信息披露业务备忘录第 2 号——定期报告披露相关事项》。

典型案例:某上市公司虚假陈述责任纠纷案

(一)基本案情

2014 年 2 月 26 日,某上市公司第二届董事会审议通过了 2013 年年度报告。2014 年 2 月 28 日,上市公司披露的 2013 年年度报告显示,上市公司当年实现营业收入 894262281.52 元,利润总额 42921174.52 元。经查,上市公司通过承诺"可全额退款"的销售方式提前确认收入,以"打新股"等为名进行营销、延后确认年终奖少计当期成本费用等方式,2013 年度共计虚增利润 120666086.37 元,占当年对外披露的合并利润总额的 281%。

(二)证券服务机构违法违规情况

1. 会计师事务所未对销售与收款业务中已关注到的异常事项执行必要的审计程序

2013 年 12 月,上市公司将不满足收入确认条件的软件产品销售确认为当期销售收入,导致 2013 年提前确认收入 87446901.48 元。

会计师在审计工作底稿中记录,上市公司 2013 年 12 月确认收入占全年的比重达 37.74%(审计调整前,以母公司口径计算),并对在 2014 年 1 月 1 日至 2 月 26 日财务报表批准报出日间发生销售退回的 22422913.77 元收入进行了审计调整,调减了 2013 年收入。

针对临近资产负债表日的软件产品销售收入大增、期后退货显著增加的情况,会计师事务所在审计过程中未对退货原因进行详细了解。会计师仅执行了查验公司合同,抽样检查并获取了软件开通权限单、销售收款单、退款协议、原始销售凭证等常规审计程序,没有根据公司销售相关的财务风险状况,采取更有针对性的审计程序,以获取充分的审计证据以支持审计结论;在面对客户数量较多,无法函证的情况下,也没有采取更有效的替代程序以获取充分适当的审计证据。

2. 会计师事务所未对临近资产负债表日非标准价格销售情况执行有效的审计程序

2013 年 12 月,上市公司对部分客户以非标准价格销售软件产品。经查,该售价主要是以"打新股"和"理财"为名进行营销,虚增 2013 年销售收入 2872486.68 元。

对此,会计师称其关注到了非标准价格销售的情况,并获取了销售部门的审批单,但相关过程并没有在审计工作底稿中予以记录。同时,审计工作底稿程序表中“获取产品价格目录,抽查售价是否符合价格政策”的程序未见执行记录。

3. 会计师事务所未对抽样获取的异常电子银行回单实施进一步审计程序

2013 年 12 月,上市公司电话营销人员对客户称可以参与打新股、理财、投资等以弥补前期亏损。部分客户应邀向上市公司汇款,其中有客户在汇款时注明“打新股”等。上市公司收到款项后计入 2013 年产品销售收入。经查,上市公司虚增 12 名客户 2013 年收入 2872486.68 元,后续已应客户的要求全部退款。

会计师事务所审计工作底稿中复印留存了部分软件产品销售收款的电子银行回单,其中摘要栏中的“打新股资金”和“理财投资资金”等备注存在明显异常。对此,会计师没有保持合理的职业怀疑态度,以发现的错报金额低于重要性水平为由,未进一步扩大审计样本量,以确认抽样总体不存在重大错报,审计底稿中也没有任何记录表明会计师事务所已对该异常事项执行了任何风险识别和应对的程序。经查,如果会计师事务所扩大银行回单的抽样范围,2013 年 12 月存在异常摘要的银行进账单笔数将为 48 笔,合计金额 873 万元,明显高于底稿中抽样所涉及回单数量及对应金额。

4. 对于上市公司 2014 年跨期计发 2013 年年终奖的情况,会计师事务所未根据重要性按照权责发生制的原则予以调整

上市公司将应归属于 2013 年的年终奖跨期计入 2014 年的成本费用,导致 2013 年少计成本费用 24954316.65 元。

审计工作底稿未描述或记录针对审计报告报出日前已发放的 2013 年年终奖执行的审计程序及其未被计入 2013 年成本费用的合理性解释。审计工作底稿“应付职工薪酬”程序表中第 8 项应执行的审计程序记录:检查应付职工薪酬的期后付款情况,并关注在资产负债表日至财务报表批准报出日之间是否有确凿证据表明需要调整资产负债表日原确认的应付职工薪酬,但对应的审计工作底稿明细表中未记录此程序的执行情况。

5. 会计师事务所未对上市公司全资子公司 E 公司股权收购购买日的确定执行充分适当的审计程序

E 公司为上市公司全资子公司,其提前一个月将 F 公司财务报表纳入上市公司信息科技的合并范围,导致上市公司 2013 年合并财务报表虚增利润 8250098.88 元,虚增商誉 4331301.91 元。

审计工作底稿"长期股权投资——成本法××子公司审核表(初始计量)"明细表编制不完整,确认合并(购买)日的审计表格未填列,无法确定其具体执行了何种审计程序以确定购买日。在审计工作底稿后附的审计证据中,未见会计师所称据以认定购买日的支持性文件。

第六节 债券发行上市

债券发行,是指发行人按照法律规定的程序向投资人发行在一定时间内还本付息的有价证券的行为。受历史原因及监管竞争等因素的影响,我国目前存在分割的债券发行监管主体及相应的交易市场的现象。[①] 因此,在债券发行阶段,我国各行政部门、组织基于其部门性质、层级、监管领域的差异,已针对不同类型的债券制定了相应的法规、部门规章、规范性文件或行业自律规则并确立了各自的监管体系,具体情况如下(见表4):

表4 债券监管机构

监管机构	主要债券类型
财政部	国债、地方政府债券、熊猫债
国家发展和改革委员会	企业债券、绿色企业债券、铁道债、熊猫债
中国证券监督管理委员会	证券公司短期融资债券、公司债、可转债、企业资产支持证券、熊猫债、绿色公司债券
人民银行	中央银行票据、金融债券、非金融企业债务融资工具、信贷资产支持证券、熊猫债
国家外汇管理局	熊猫债
中国银行保险监督管理委员会	银行业机构发行的金融债、信贷资产支持证券、保险机构发行的金融债

在债券交易阶段,目前我国债券交易体系主要由三大市场构成:交易所市场、银行间债券市场以及商业银行柜台市场。其中,交易所市场由上交所与深交所共

① 吴卓:《公司债券信息披露制度法律体系及其思考》,载《创新与发展:中国证券业》2016年第8期。

同构成，性质上属于债券交易的场内市场，参与交易的投资者包括机构和个人，整体上受到证监会监管。根据交易所网站列示，目前在交易所市场流通的主要债券类型包括：公司债券、可转换债、分离交易的可转换公司债券、可交换债、非公开发行公司债券、中小企业私募债券、企业资产支持证券、企业债券、国债、地方政府债券、次级债券等。

银行间债券市场与商业银行柜台市场则同属于债券场外市场，所流通的债券类型主要包括金融债券、记账式国债、企业债券、非金融企业债券、地方政府一般债券、专项债券等。前者旨在为金融机构进行债券买卖和回购，其市场参与者为机构投资者；后者则作为银行间市场的延伸，为个人投资者服务。

综上，我国债券发行与交易并非处于一体化监管之下，而是根据债券的具体种类处于多重监管状态之下。

本章节主要围绕着财政部、发改委、证监会三大主要债券监管部门以及交易所市场和银行间市场两大主要的债券交易市场展开论述，对各部门所管理的主要债券类型及颁布的相关法律、法规、部门规章、规范性文件或行业自律规则进行梳理，旨在厘清承销机构、会计师事务所、律师事务所、资信评级机构、资产评估机构、担保机构和受托管理人的责任与义务，从而在本书第一章证券服务机构一般性义务的基础之上对债券发行部分的相关责任与义务予以进一步细化和明确，为各证券服务机构提供更具针对性的指引。

一、财政部监管下的债券发行

鉴于国债、地方政府债均以中央政府信用作为担保，几乎无违约风险，实践中尚未出现证券服务机构承担民事责任的情况，故不作为本部分讨论的对象。

二、国家发展和改革委员会监管下的债券发行

（一）债券类型及规则体系

发改委监管下的债券类型包括企业债券、绿色企业债券、铁道债、熊猫债等。其中，企业债券为发改委监管的核心。

企业债券，[①]是指具有法人资格的企业按照法定程序发行，约定在一定期限内

① 依据《公司法》设立的股份有限公司和有限责任公司发行的债券被称为“公司债券”。上市公司债券属于公司债券范畴。

还本付息的有价证券。目前,发改委对企业债券的主要监管规则体系如下:

1.《企业债券管理条例》(2011 年修订,中华人民共和国国务院令第 588 号);

2.《国家发展改革委办公厅、财政部办公厅关于进一步增强企业债券服务实体经济能力严格防范地方债务风险的通知》(发改办财金〔2018〕194 号);

3.《国家发展改革委办公厅关于建立部分地区企业申请企业债券“直通车”机制的通知》(发改办财金〔2016〕628 号);

4.《国家发展改革委办公厅关于充分发挥企业债券融资功能支持重点项目建设促进经济平稳较快发展的通知》(发改办财金〔2015〕1327 号);

5.《对发改办财金〔2015〕1327 号文件的补充说明》(发改电〔2015〕353 号);

6.《关于简化企业债券审报程序加强风险防范和改革监管方式的意见》(发改办财金〔2015〕3127 号,附件 1《企业债券发行信息披露指引》、附件 2《小微企业增信集合债券发行管理规定》、附件 3《企业债券中介机构信用评价办法》);

7.《项目收益债券管理暂行办法》(发改办财金〔2015〕2010 号);

8.《企业债券簿记建档发行业务指引》和《企业债券招标发行业务指引》;

9.《国家发展改革委办公厅关于印发〈绿色债券发行指引〉的通知》(发改办财金〔2015〕3504 号);

10.《国家发展改革委办公厅关于进一步改进企业债券发行审核工作的通知》(发改办财金〔2013〕957 号);

11.《国家发展改革委办公厅关于加强企业发债过程中信用建设的通知》(发改办财金〔2012〕2804 号);

12.《国家发展改革委办公厅关于进一步强化企业债券风险防范管理有关问题的通知》(发改办财金〔2012〕3451 号);

13.《国家发展改革委办公厅关于利用债券融资支持保障性住房建设有关问题的通知》(发改办财金〔2011〕1388 号);

14.《国家发展改革委办公厅关于进一步加强企业债券存续期监管工作有关问题的通知》(发改办财金〔2011〕1765 号);

15.《国家发展改革委办公厅关于进一步规范地方政府投融资平台公司发行债券行为有关问题的通知》(发改办财金〔2010〕2881 号);

16.《国家发展改革委关于下达 2007 年第一批企业债券发行规模及发行核准有关问题的通知》(发改财金〔2007〕602 号);

17.《国家发展改革委关于进一步改进和加强企业债券管理工作的通知》(发改财金〔2004〕1134号)。

(二)证券服务机构勤勉尽责义务

1. 企业债券相关证券服务机构信用体系建设

为提高企业债券中证券服务机构的服务质量,推进企业债券市场健康,发改委已于2012年、2015年陆续颁布了《国家发展改革委办公厅关于加强企业发债过程中信用建设的通知》《国家发展改革委办公厅关于简化企业债券审报程序加强风险防范和改革监管方式的意见》《企业债券中介机构信用评价办法》,旨在建设中介机构信用体系,规范中介机构行为,其具体措施主要包括:

(1)出具综合信用承诺书

在企业申请发债前,发行人、主承销商、会计师事务所、律师事务所、评级机构等应签署提交综合信用承诺书,与债券发行申请文件一并报送至发改委。

主承销商须承诺:内设机构健全,专业人员齐备,对发行人进行了尽职调查,对发债文件材料进行了准确核查和验证,出具的文件真实准确,协调其他证券服务机构认真完成了发行申报材料的编制,严格按照核准的方案发行债券,不误导投资者,不操纵市场,不以不正当手段发行债券,建立债券档案并做好后续服务和管理,及时督促发行人划拨资金兑付本息,并逐项提出违约后自愿接受的惩罚措施。

会计师事务所须承诺:出具的文件真实准确没有重大遗漏,严格执行了质量控制制度和程序,核查了发行文件材料与本所出具的文件一致,不存在以不正当竞争手段招揽业务的行为,并自愿接受违约惩罚措施。

律师事务所须承诺:对出具文件所依据的文件资料确认真实、准确、完整,本所签字律师不存在影响律师独立性情形,没有涉嫌违法违规,经核查发债申请文件材料与本所出具的文件一致,不存在以不正当竞争手段招揽业务,并提出违约自愿接受的惩罚措施。

评级机构须承诺:出具的文件真实、准确、完整,评级结果客观公正且充分揭示了债券风险,不存在协商评级或以价定级行为,经核查发债申请文件材料与本机构出具的文件一致,不存在以不正当竞争手段招揽业务,并提出违约自愿接受的惩罚措施。

(2)建设中介机构信用档案

根据《企业债券中介机构信用评价办法》的规定,发改委将委托第三方机构建立中介机构信用档案，开展中介机构信用评价，记录中介机构正面与负面行为。而负面行为作为信用档案的核心内容，根据中介机构的行为性质可分为重大失信失职行为、一般失信失职行为和不专业行为：

中介机构的重大失信失职行为包括：

①中介机构未履行诚信尽职义务，导致发行申报材料或存续期信息披露材料存在虚假记载、误导性陈述或者重大遗漏，并造成严重后果的；

②中介机构未按规定开展企业债券发行承销、信用评级、审计、法律顾问、资产评估等中介服务工作，存在利益输送行为的；

③中介机构未及时履行信息披露、尽职调查、督促、报告、跟踪评级等义务，且相关企业债券发生偿付违约的；

④中介机构不配合各级发展改革部门、自律机构等进行应急处理或业务调查等市场管理和存续期监管业务的；

⑤中介机构未恪守保密义务，利用内幕信息获取不正当利益的；

⑥中介机构采用商业贿赂、利益输送或违反业务规范、职业道德等不正当竞争的手段承揽业务的；

⑦审计部门、发改委稽查部门等有关方面在检查中发现中介机构存在重大失职行为的；

⑧其他造成严重后果或重大负面影响的失信失职行为。

中介机构的一般失信失职行为包括：

①中介机构未履行诚信尽职义务，导致发行申报材料或存续期信息披露材料存在不真实、不准确或不完善的情况，但未造成严重后果的；

②中介机构未及时履行信息披露、尽职调查、督促、报告、跟踪评级等义务，且所提供服务的其他债务融资工具（包括但不限于公司债券、中期票据、短期融资券、中小企业私募债等）发生偿付违约的；

③中介机构未及时履行信息披露、尽职调查、督促、报告、跟踪评级等义务，但企业债券未发生偿付违约的；

④审计部门、发改委稽查部门等有关方面在检查中发现中介机构存在一般失职行为的；

⑤其他未造成严重后果或重大负面影响的失信失职行为。

中介机构的不专业行为包括：

①中介机构制作的发行申报材料或存续期信息披露材料不符合形式要求，存在表述不一致、数据未更新、用印不规范等情形的；

②中介机构制作的补充材料不符合反馈意见要求，被多次出具反馈意见的；

③其他影响发行审核、存续期管理工作效率的不专业行为要求申请发债前，发行人、各中介机构等利益相关方分别签署信用承诺书，承诺遵守法律法规、规范性要求和发债约定，规范与债权人利益有关的各项行为，承诺如有违规或违约将自愿接受惩戒。

2. 企业债券相关证券服务机构服务的延续性

在《国家发展和改革委员会办公厅关于利用债券融资支持保障性住房建设有关问题的通知》中，发改委除了要求中介机构发挥独立、公正、客观、诚信的市场服务功能，勤勉尽责，对债券发行人所提供的文件资料内容进行严格核查和验证，保证出具文件的真实性、准确性和完整性之外，还强调中介机构的服务和管理应保持延续性，即应加强债券发行后对发行人和投资者的后续服务与管理。

3. 针对承销机构的特别规定

(1)信息披露义务

发改委要求，主承销商应于债券发行人发行企业财务报表的同时发布该企业履约情况及偿债能力年度分析报告。主承销商必须诚实守信、勤勉尽责，对发行人进行尽职调查，充分了解发行人的经营情况和偿债风险，对发行人的申请文件和信息披露资料进行全面审慎核查，对申请文件的合规性承担责任，对发行人的偿债能力作出专业判断，并有充分理由确信发行人披露的信息真实、准确、完整、及时，持续督导发行人规范运作。

《项目收益债券管理暂行办法》则从信息披露的方式、时间及质量等方面进一步明确承销机构在项目收益债券发行过程中的信息披露义务：承销机构应在发行后3个月在中国债券信息网等相关媒体上公告或向机构投资者通报项目实施进展情况及募集资金使用专户、项目收入归集专户和偿债资金专户收支情况，此后每半年公告或通报上述情况。在债券存续期内，项目建设、运营情况发生重大变化或发行人发生对债券持有人有重大影响的事项，应按照规定或约定履行程序，并及时公告或通报。此外，主承销商应保证披露信息的及时性、齐备性、一致性和可理解性。

针对投融资平台发行企业债券的行为，发改委强调，债券承销机构应加强对所承销债券的后端管理，提醒并督促债券发行人按照有关规定和要求，及时披露企业经营等方面的相关信息。

(2)尽职调查与申报材料

发改委要求主承销商组建有企业债券承销业务经验的项目团队，按照行业公认的业务标准、职业道德规范对发行人的基本情况、经营情况、治理情况、财务情况、信用情况、募集资金使用情况、增信情况等进行全方位的实地尽职调查，针对每家发行人情况制订工作时间计划，采取问卷调查、文件审查、现场取证、询问当事人等形式收集相关材料，充分了解发行人的经营状况及其面临的风险和问题，协助发行人真实、准确地制作相关申报材料，并妥善保管尽职调查报告。

(3)持续性服务义务

债券存续期内，主承销商应保持持续服务，建立承销债券的档案系统，在债券存续期间勤勉尽责，协助发行人做好存续期债券管理工作，督促发行人做好还本付息工作安排。凡因机构变动、人员流动等因素致使债券工作出现缺失的，将追究相关主承销商等证券服务机构的责任。

(4)簿记管理人

若主承销商受债券发行人委托担任簿记管理人负责簿记建档的，还应根据《企业债券簿记建档发行业务指引》的相关规定，切实履行簿记管理人的职责，采取有效的措施监控和管理企业债券发行过程中的潜在风险，如针对簿记建档发行建立集体决策制度，对企业债券发行定价和调整配售结果等重要环节进行决策，并对决策结果进行记录和说明。承销团其他成员应尽职配合主承销商的询价工作，及时将其他投资人的需求真实、准确地反馈给主承销商。

4. 针对资信评级机构的特殊规定

《国家发展改革委办公厅关于简化企业债券审报程序加强风险防范和改革监管方式的意见》要求规范评级机构服务，规定信用评级机构应充分了解发行人相关信息，揭示债券风险，确保评级机构结果独立、客观、公正，严禁承诺评级级别、虚增级别、“以价定级”和恶意价格竞争等不正当行为。在债券存续期间，信用评级机构应切实履行跟踪评级义务，发生影响债券信用评级的重大事件时，应及时调整债券信用级别并予以公开披露。此外，针对投融资平台公司发行债券，信用评级机构在对投融资平台公司进行信用评级时，应参考公司所在地政府债务余额和综合财力等指标进行综合评价，并给出合理的评级结果。

《企业债券发行信息披露指引》则对信用评级报告的具体披露内容作出了明确要求，即信用评级的主要情况应至少包含评级结论及标志所代表的含义、评级报告中关于发行人及本期债券的主要风险概要以及跟踪评级安排。同时，在对发行人展开评级时还应考虑以下因素：(1)发行人信用评级情况，包括近三年历史主体评级情况、评级机构、主体评级调整的情况及原因。发行人债项评级高于评级的，应披露具体原因。发行人最近三年在境内发行其他债券、债券融资工具委托进行资信评级且主体评级结果与本次评级结果有差异的，应在募集说明书中充分披露原因。(2)发行人银行授信情况，包括近一期主要贷款银行授信额度、已使用额度及未使用额度。(3)发行人信用记录，包括近三年是否存在违约的情况，以及债务违约的金额、时间、原因及处置进度。

5. 针对担保机构的特殊规定

根据《国家发展改革委办公厅关于简化企业债券审报程序加强风险防范和改革监管方式的意见》的规定，承担债券担保的融资性担保机构应建立符合审慎经营原则的担保评估制度、决策程序、事后追偿和处置制度、风险预警机制和突发事件应急机制，制定严格规范的业务操作规程，加强对提供担保债券的风险评估和管理，做好债券风险分解。此外，担保人应按照《国家发展改革委关于进一步改进和加强企业债券管理工作的通知》附件七“担保函内容与格式”的规定出具担保函。

6. 针对律师事务所及会计师事务所的特别规定

根据《国家发展改革委办公厅关于进一步规范地方政府投融资平台公司发行债券行为有关问题的通知》的规定，在投融资平台公司发行企业债券，会计师事务所、律师事务所应按照有关要求对投融资平台公司资产构成、收入构成、偿债资金来源构成等出具专业意见，债券承销机构应协调其他证券服务机构，做好投融资平台公司发债申报材料编制工作，确保申报材料完整合规。

此外，对于法律意见的披露，《企业债券发行信息披露指引》指出，法律意见主要包括法律事务所对本期债券的合法合规性及信息披露文件的真实性、完整性等出具的法律意见的概要。律师应对监管协议、持有人会议规则等所有的法律文件发表意见。

（三）证券服务机构违反勤勉尽责义务的监管措施及法律责任

根据《企业债券中介机构信用评价办法》的相关规定，针对中介机构的重大失信失职行为,[①]发改委将按照有关法律法规,对当事机构和责任人给予警告、罚款等行政处罚措施,有关情况在发展改革系统内部通报,并以适当形式公开;针对中介机构的一般失信失职行为,[②]发改委将与当事机构和责任人进行诫勉谈话,并责令限期改正,有关情况在发改委系统内部通报;针对中介机构的不专业行为,[③]发改委将责令当事机构和责任人限期改正。多次发生不专业行为的,发改委将与当事机构和责任人进行诫勉谈话,并将有关情况在发展改革系统内部通报。

除上述系统性的信用评价规则之外,为加强企业债券市场的约束机制,强化证券服务机构责任,发改委针对证券服务机构违反勤勉尽责义务的各项具体行为亦制定了相应的处罚规则,散见于其发布的部门规章及文件之中,具体内容如下:(1)对于严重违法违规和存在失信行为的证券服务机构,发改委在《项目收益债券管理暂行办法》中表明将按照有关规定向社会公开,并与投资管理部门、各行业管理部门的信息共享,对在债券申报、发行、还本付息、存续期监管等环节中存在失信行为的主体及责任人进行联合惩戒;(2)对于应承担相关义务但不作为的证券服务机构,根据《国家发展改革委办公厅关于进一步加强企业债券存续期监管工作有关问题的通知》的规定,发改委将取消其从事企业债券市场服务的相关资格;(3)针对涉及违规信息披露、欺诈发行的相关证券服务机构及其责任人,根据《国家发展改革委办公厅关于简化企业债券审报程序加强风险防范和改革监管方式的意见》的规定,发改委将依法追究等违法违规行为的责任,对发行人和相关中介机构及其责任人依法依规进行严厉处罚并记入信用记录,构成犯罪的,由有关部门依法追究刑事责任;(4)因证券服务机构主办人责任,导致在债券申报材料和存续期管理中出现重大失误或遗漏,风险揭示严重缺失,存在市场违约案例或不尽职尽责行为的证券服务机构主办人员,发改委在《国家发展改革委办公厅关于简化企业债券审报程序加强风险防范和改革监管方式的意见》中明确将按照《证券法》有关规定,给予相关机构警告、罚款等惩罚措施,构成犯罪的,依法追究刑事责任;(5)对经有关部门认定为因涉地方政府违法违规融资和担保活动的申报企业、承销机构、会计师事务所、律师事务所、信用评级机构等主体及其主要负责人,根据《国家发展改革委办公厅、财政部办公厅关于进一步增强企业债券服务实体经

① 《企业债券中介机构信用评价办法》第 9 条。
② 《企业债券中介机构信用评价办法》第 10 条。
③ 《企业债券中介机构信用评价办法》第 11 条。

济能力严格防范地方债务风险的通知》的规定,发改委将对相关责任主体进行惩处问责,并将其纳入相关领域黑名单和全国信用信息共享平台归集共享,实施跨部门联合惩戒,及时公开通报,并限制其新申报或推荐申报企业债券。

三、证监会监管下的债券类型及规则体系

(一)债券类型

目前,我国证监会监管下的主要债券类型包括:

1. 公司债券

作为证监会监管的核心债券类型,公司债券,是指公司依照法定程序发行且约定在一定期限还本付息的有价证券。根据发行对象,公司债券可进一步划分为:面向公众投资者的公开发行的公司债券,公众投资者和合格投资者可参与认购及交易;面向合格投资者的公开发行的公司债券;非公开发行债,指向特定的投资者发行的债券,其发行和转让均有一定的局限性,私募债券的发行手续简单,一般不能在证券市场上交易。

2. 可转换公司债券

其是指证监会监管下上市公司依法发行且在一定期间内依据约定的条件可以转换成股份的公司债券。在此基础之上,《上市公司证券发行管理办法》将“分离交易的可转换公司债券”列为上市公司再融资品种,允许上市公司通过同时公开发行认股权和债券的方式发行分离交易的可转换公司债券。

3. 可交换公司债券

其是指上市公司的股东依法发行且在一定期限内依据约定的条件可以交换成该股东所持有的上市公司股份的公司债券。

4. 绿色公司债券

发行人根据《证券法》《公司法》《公司债券发行与交易管理办法》及相关法律法规规定,遵循证券交易所相关业务规则的要求,募集资金用于支持绿色产业项目的公司债券又称为“绿色公司债券”。证监会于 2017 年 3 月 2 日发布的《关于支持绿色债券发展的指导意见》中明确了绿色公司债券的发行主体要求、审核程序以及发行后管理等内容,要求证交所研究发布绿色公司债券指数,建立和完善绿色公司债券板块。

（二）规则体系

为对上述债券展开监管，证监会一方面颁布了以《上市公司证券发行管理办法》《公司债券发行与交易管理办法》为基础的规则体系，旨在重点对债券发行阶段主体的发行行为展开全面的规范与监督；另一方面则通过交易所发布的相关实施细则与工作指引等规定进一步规范上述债券的交易、上市行为。目前，证监会颁布的债券监管规则主要包括：

1.《上市公司证券发行管理办法》(2006 年 4 月 26 日中国证券监督管理委员会第 178 次主席办公会审议通过，2008 年 10 月、2020 年 2 月修订)；

2.《公司债券发行与交易管理办法》（中国证券监督管理委员会令第 113 号）；

3.《公开发行证券的公司信息披露内容与格式准则第 23 号——公开发行公司债券募集说明书》（证监会公告〔2015〕2 号）；

4.《公开发行证券的公司信息披露内容与格式准则第 24 号——公开发行公司债券申请文件》（证监会公告〔2015〕3 号）；

5.《证券市场资信评级业务管理暂行办法》（中国证券监督管理委员会令第 50 号）；

6.《中国证监会关于开展创新创业公司债券试点的指导意见》（中国证券监督管理委员会公告〔2017〕10 号）；

7.《上市公司股东发行可交换公司债券试行规定》（中国证券监督管理委员会公告〔2008〕41 号）；

8.《关于支持绿色债券发展的指导意见》（中国证券监督管理委员会公告〔2017〕6 号）。

在上述规则的基础之上，为规范公司债券发行中的承销机构业务行为，中国证券业协会还另行制定了《公司债券承销业务规范》《公司债券承销业务尽职调查指引（修订稿）》《公司债券业务工作底稿内容与目录指引》《非公开发行公司债券备案管理办法》《公司债券受托管理人执业行为准则》，以强化公司债券发行中的证券服务机构的责任。

四、证券服务机构的勤勉尽责义务

（一）信息披露的原则性规定

根据《公司债券发行与交易管理办法》的规定，在公司债券发行、上市过程中，发行人及其他信息披露义务人应当根据法律、行政法规、部门规章、规范性文件、相关规则，及时、公平地履行信息披露义务，保证所披露的信息或提交文件的内容真实、准确、完整，不存在虚假记载、误导性陈述或者重大遗漏，并确保提交的电子件、传真件、复印件等与原件一致。

针对信息披露的格式，证监会发布了《公开发行证券的公司信息披露内容与格式准则第 23 号——公开发行公司债券募集说明书》《公开发行证券的公司信息披露内容与格式准则第 24 号——公开发行公司债券申请文件》，对申请文件、债券募集说明书、年度报告和临时报告应披露的具体内容进一步予以明确。

（二）针对债券承销机构的特别规定

在公司债券发行中，承销机构的勤勉尽责义务主要受到《公司债券发行与交易管理办法》《公司债券承销业务规范》《公司债券承销业务尽职调查指引（修订稿）》等规定的规范。

1. 审慎核查义务

承销机构应当严格遵守执业规范和监管规则要求，对债券发行上市相关情况进行全面核查，出具核查意见，并对其应承担的责任作出安排和承诺。债券发行人发生重大事项的，发行人及承销机构应当及时报告，承销机构应当按规定进行核查并出具核查意见。

《公司债券承销业务规范》第 2 条与《公司债券承销业务尽职调查指引（修订稿）》对于公司债券发行过程中承销机构自身出具文件、发行人申请文件和债券发行募集文件对承销机构勤勉尽责的程度存在如下具体区分：

首先，承销机构应当对自身出具文件的真实性、准确性、完整性负责，并承担相应的法律责任。

其次，对发行人申请文件、债券发行募集文件中有证券服务机构及其签字人员出具专业意见的内容，承销机构应当结合尽职调查过程中获得的信息对其进行审慎核查，对发行人提供的资料和披露的内容进行独立判断。对专业意见存有异议的，应当主动与证券服务机构进行协商，并可以要求其作出解释或出具依据；承销机构所作的判断与证券服务机构的专业意见存在重大差异的，应当对有关事项进行调查、复核，并可聘请其他证券服务机构提供专业服务。

最后，对发行人申请文件、债券发行募集文件中无证券服务机构及其签字人员专业意见支持的内容，承销机构应当获得合理的尽职调查证据，在对各种证据进行综合分析的基础上对发行人提供的资料和披露的内容进行独立判断，并应有合理理由确信所作的判断与发行人申请文件、债券发行募集文件的内容不存在实质性差异。

2. 信息披露督导义务

承销机构在公司债券承销期间应当督促发行人按照相关规定及时、公平地履行信息披露义务，并对披露信息的真实性、准确性、完整性进行核查，以确保信息披露的文件处于有效期内，保证在不同媒体上披露的信息的一致性。

此外，公开发行公司债券的，承销机构应当督促发行人按照规定披露募集说明书。非公开发行公司债券的，发行申请核准后，发行结束前，承销机构应当督促发行人按照约定履行信息披露义务。

3. 尽职调查义务

《公司债券承销业务尽职调查指引（修订稿）》针对承销机构尽职调查的具体要求作出了详细的规定，具体如下：

（1）尽职调查范围

公开发行公司债券的，尽职调查范围包括：发行人基本情况、财务会计信息、发行人及本期债券的资信状况、募集资金运用、增信机制、偿债计划及其他保障措施、重大利害关系、发行人履行规定的内部决策程序情况、发行文件中与发行条件相关的内容、发行人存在的主要风险、在承销业务中涉及的可能影响发行人偿债能力的其他重大事项。

此外，承销机构应当核查发行人与本次发行有关的证券服务机构及其负责人、高级管理人员及经办人员之间存在的直接或间接的股权关系或其他重大利害关系情况，核查公司债券发行是否履行了相关法律法规及公司章程规定的内部决策程序，募集文件中与发行条件相关的内容以及债券持有人会议规则及债券受托管理协议内容是否符合《公司债券发行与交易管理办法》及中国证监会、相关自律组织业务规则的规定等。

根据尽职调查内容及过程，承销机构还应当对发行人存在的主要风险及应对措施进行核查。

（2）尽职调查方法

尽职调查过程中，承销机构可以采用查阅、访谈、列席会议、实地调查、信息分析、印证和讨论等方法。尽职调查工作完成后，承销机构应当撰写尽职调查报告。

尽职调查报告应当说明尽职调查涵盖的期间、调查内容、调查程序和方法、调查结论等;应当对发行条件相关的内容是否符合相关法律法规及部门规章规定、是否建议承销该项目等发表明确结论。对于非公开发行公司债券,承销机构应当对承接项目是否属于负面清单发表明确意见。尽职调查人员应当在尽职调查报告上签字,加盖公章并注明报告日期。

(3)尽职调查底稿

尽职调查工作底稿应当内容完整、格式规范、记录清晰、结论明确。工作底稿应当有调查人员及与调查相关人员的签字,且在相互引用时应当交叉注明索引编号。

在公司债券发行过程中,对承销机构底稿留存的要求为:承销机构应当保留承销过程中的相关资料并存档备查,如实、全面反映承销全过程,相关资料保管时间不得少于债券到期之日或本息全部清偿后5年。承销过程中的相关资料包括但不限于项目承接、尽职调查、内部控制、发行申请、推介、定价和配售、信息披露等各个环节中的相关文件和资料。

(三)针对债券受托管理人的特别规定

根据《公司债券发行与交易管理办法》《公司债券受托管理人执业行为准则》等相关规定,受托管理人应当勤勉尽责,公正履行受托管理职责,不得损害债券持有人的利益,作为公司债券发行过程中的信息披露义务人,其披露的信息包括但不限于定期受托管理事务报告、临时受托管理事务报告、中国证监会及自律组织要求披露的其他文件。

1. 定期报告与临时报告义务

受托管理人应建立对发行人的定期跟踪机制,对发行人的募集说明书所约定义务的执行情况、发行人的偿债能力和增信措施的有效性进行全面调查和持续关注,并在每年6月30日前向市场公告上一年度的受托管理事务报告,报告中应至少包括:

(1)受托管理人履行职责情况;

(2)发行人的经营与财务状况;

(3)发行人募集资金使用及专项账户运作情况;

(4)内外部增信机制、偿债保障措施发生重大变化的,说明基本情况及处理结果;

(5)发行人偿债保障措施的执行情况以及公司债券的本息偿付情况;

(6)发行人在公司债券募集说明书中约定的其他义务的执行情况(如有);

(7)债券持有人会议召开的情况;

(8)发生《公司债券受托管理人执业行为准则》第11条[①]相关事宜的,说明基本情况及处理结果。

此外,当发现发行人出现受托管理人在履行受托管理职责时发生利益冲突、发行人募集资金使用情况和公司债券募集说明书不一致、内外部增信机制、偿债保障措施发生重大变化或其他法定事由,[②]受托管理人应在知道或应当知道该等情形之日起五个工作日内向市场公告临时受托管理事务报告。

2. 信息披露督导义务

债券存续期内,受托管理人应通过指定专人辅导、督促和检查等方式持续督导债券发行人履行信息披露义务。

3. 债权人保护义务

公司债券出现违约情形或风险,或者发行人信息披露文件存在虚假记载、误导性陈述或者重大遗漏,致使债券持有人遭受损失的,受托管理人应当及时通过召开债券持有人会议等方式征集债券持有人的意见,积极落实并督促发行人或其他相关方落实债券持有人会议决议,按规定和约定及时披露决议落实的进展情况及后续安排,勤勉尽责、及时有效地采取相关措施,包括但不限于与发行人、增信机构、承销机构及其他相关方进行谈判,要求发行人追加担保,接受全部或者部分债券持有人的委托依法申请法定机关采取财产保全措施、提起民事诉讼、申请仲裁、参与重组或者破产的法律程序等。

---

① 《公司债券受托管理人执业行为准则》第11条:"在公司债券存续期内,受托管理人应当持续关注发行人的资信状况,监测发行人是否出现以下重大事项:(一)发行人经营方针、经营范围或生产经营外部条件等发生重大变化;(二)债券信用评级发生变化;(三)发行人主要资产被查封、扣押、冻结;(四)发行人发生未能清偿到期债务的违约情况;(五)发行人当年累计新增借款或对外提供担保超过上年末净资产的百分之二十;(六)发行人放弃债权或财产,超过上年末净资产的百分之十;(七)发行人发生超过上年末净资产百分之十的重大损失;(八)发行人作出减资、合并、分立、解散、申请破产的决定;(九)发行人涉及重大诉讼、仲裁事项或者受到重大行政处罚;(十)发行人情况发生重大变化导致可能不符合公司债券上市条件;(十一)发行人涉嫌犯罪被司法机关立案调查,发行人董事、监事、高级管理人员涉嫌犯罪被司法机关采取强制措施;(十二)其他对债券持有人权益有重大影响的事项。出现以上情形时,受托管理人应当按照规定和约定履行受托管理职责。"

② 同上。

（四）针对资信评级机构的特别规定

在债券存续期间，资信评级机构应对公司进行跟踪评级，每年至少向市场公布一次定期跟踪评级报告。在跟踪评级过程中，评级机构应关注可能影响评级对象信用等级的所有重大因素，及时向市场公布信用等级调整及其他与评级相关的信息变动情况，并向证券交易所或其他证券交易场所报告。

发行人披露的信息中涉及信用评级等事项的，评级机构应进行审查验证，并出具书面意见。

（五）其他证券服务机构

在公司债券发行过程中，其他证券服务机构，包括会计师、律师、资产评估师及担保机构，应按照本书第一章阐述的各自的一般性合规义务，履行勤勉尽责义务，对其所制作、出具文件的真实性、准确性和完整性承担责任。同时应积极履行配合义务，配合发行人等信息披露义务人履行信息披露义务，及时告知发行人等信息披露义务人已经发生或者拟发生的重大事项，并严格履行所作出的承诺。

五、证券服务机构违反勤勉尽责义务的监管措施及法律责任

为证券发行出具审计报告、法律意见、资产评估报告、资信评级报告及其他专项文件的证券服务机构和人员，在其出具的专项文件中存在虚假记载、误导性陈述或重大遗漏的，根据《上市公司证券发行管理办法》（2020 年修订）第 69 条的规定，除相关机构应承担《证券法》规定的法律责任外，中国证监会在 12 个月内不接受相关机构出具的证券发行专项文件，36 个月内不接受相关人员出具的证券发行专项文件。

根据《公司债券发行与交易管理办法》第 58 条的规定，对违反法律法规及本办法规定的机构和人员，中国证监会可采取责令改正、监管谈话、出具警示函、责令公开说明、责令参加培训、责令定期报告、认定为不适当人选、暂不受理与行政许可有关的文件等相关监管措施；依法应予行政处罚的，依照《证券法》《行政处罚法》等法律法规和中国证监会的有关规定进行处罚；涉嫌犯罪的，依法移送司法机关，追究其刑事责任。同时，针对非公开发行公司债券中发行人及其他信息披露义务人未按规定披露信息，或者所披露的信息存在虚假记载、误导性陈述或者重大遗漏的，根据《公司债券发行与交易管理办法》第 65 条的规定，将依照《证券法》和中国证监会有关规定处理，对发行人、其他信息披露义务人及其直接负责的主

管人员和其他直接责任人员可以采取本办法第58条规定的相关监管措施;情节严重的,处以警告、罚款。

此外,针对承销机构,根据《公司债券发行与交易管理办法》第63条的规定,承销机构在承销公司债券过程中,有下列行为之一的,中国证监会可以对承销机构及其直接负责的主管人员和其他直接责任人员采取本办法第58条规定的相关监管措施;情节严重的,可以对承销机构采取3~12个月暂不受理其证券承销业务有关文件的监管措施:(1)以不正当竞争手段招揽承销业务;(2)从事本办法第38条规定禁止的行为;(3)从事本办法第40条规定禁止的行为;(4)未按本办法及相关规定要求披露有关文件;(5)未按照事先披露的原则和方式配售公司债券,或其他未依照披露文件实施的行为;(6)未按照本办法及相关规定要求保留推介、定价、配售等承销过程中相关资料;(7)其他违反承销业务规定的行为。

若承销机构及其相关业务人员违反《公司债券承销业务规范》的规定,中国证券业协会将视情节轻重采取自律惩戒措施,记入协会诚信信息管理系统,并与为发行公司债券提供交易、转让服务的场所共享有关自律惩戒措施信息。承销机构违反《公司债券承销业务尽职调查指引(修订稿)》的,中国证券业协会将根据《公司债券承销业务规范》等相关规定采取自律惩戒措施。

六、典型案例:G公司欺诈发行公司债券、信息披露违法案

(一)基本案情

G公司在自身最近三年平均可分配利润明显不足以支付所发行公司债券一年的利息,且不具备公司债券公开发行条件的情况下,违反会计准则,通过将所承建工程项目应收账款和应付账款"对抵"的方式,同时虚减企业应收账款和应付款项,导致少计提坏账准备,于2015年7月以虚假申报材料骗取证监会的公司债券公开发行审核许可,并最终于2015年8月和9月分两期向合格投资者公开发行公司债券8亿元和5.6亿元,合计13.6亿元。

(二)证券服务机构违法违规情况

会计师事务所就G公司用于公开发行公司债券的2012~2014年年度财务报表出具了审计报告。G公司应收账款与应付账款"对抵"的处理对其财务报表相关科目的影响金额远远超出了会计师事务所2013年及2014年财务报表整体层面实际执行的重要性水平,而会计师事务所在未获取充分、适当的审计证据加以验

证的前提下,即认可了G公司关于应收账款和应付账款"对抵"的账务处理。

此外,会计师事务所在得知审计报告用于G公司发债目的时,未按照其制定的《审计业务项目分类管理暂行办法》(2013年)的规定将该项目风险级别从C类调整为风险程度更高的B类并追加相应的审计程序。

会计师事务所在审计时未获取充分、适当的审计证据,为G公司出具了标准无保留意见的审计报告,且存在虚假记载,且该审计报告作为G公司发行公司债的申报材料被其募集说明书引用。

2019年5月14日下午,杭州中院开庭审理了16件债券持有人起诉G公司等被告证券虚假陈述责任纠纷案件。原告诉称,G公司发行的两只公司债券因无法按期兑付回售部分的本息,构成违约。根据证监会的行政处罚决定书,G公司系在不符合债券发行条件的情况下通过制作虚假财务报表欺诈发行,故请求G公司偿付债券本息,并要求法定代表人、主承销商和审计机构、律师事务所、信用评估机构承担连带责任。截至目前,杭州中院共受理该系列案件104件,此为公司债券欺诈发行民事赔偿全国第一案,本次庭审涉及首批16名原告,涉案金额超过2200万元。

七、人民银行监管下的债券发行

(一)债券类型及规则体系

人民银行监管下的债券类型主要包括金融债券、非金融企业债务融资工具、熊猫债等。

1. 金融债券

金融债券,是指依法在中国境内设立的金融机构法人在全国银行间债券市场发行的,按约定还本付息的有价证券。金融机构法人,包括政策性银行、商业银行、企业集团财务公司及其他金融机构。①

截至目前,由央行发布的涉及金融债券核准发行的主要规则包括:《中国人民银行法》、《金融债券发行办法》、《金融债券操作规程》、《金融租赁公司、汽车金融公司和消费金融公司发行金融债券有关事宜》(中国人民银行、中国银行业监督管理委员会公告〔2014〕8号)和《关于完善开发性银行和政策性银行金融债券发行

① 《全国银行间债券市场金融债券发行管理办法》第2条。

有关事宜的通知》(银发〔2016〕254 号)等。

2. 非金融企业债务融资工具

非金融企业债务融资工具,是指具有法人资格的非金融企业在银行间债券市场发行的,约定在一定期限内还本付息的有价证券。

截至目前,由央行发布的涉及非金融企业债务融资工具核准发行的主要规则包括:《银行间债券市场非金融企业债务融资工具管理办法》(中国人民银行令〔2008〕1 号)、《非金融企业债务融资工具承销业务规范》(银发〔2014〕351 号)等。

3. 熊猫债

"熊猫债券"是外国债券的一种,是指境外机构在中国大陆发行的,约定在一定期限内还本付息的,以人民币计价的债券。按照发行人的不同,熊猫债券可分为外国政府类机构、国际开发机构、境外金融机构、境外非金融企业法人发行的熊猫债券;按照交易市场的不同,熊猫债券分为银行间市场交易的熊猫债券和交易所市场交易的熊猫债券。

2018 年 9 月 8 日,央行和财政部正式发布《全国银行间债券市场境外机构债券发行管理暂行办法》(中国人民银行、财政部公告〔2018〕16 号),该规定是针对境外机构在中国银行间债券市场发行熊猫债券的系统性规定。

(二)证券服务机构的勤勉尽责义务

根据《金融债券发行办法》第 3 条、《银行间债券市场非金融企业债务融资工具管理办法》第 13 条、《全国银行间债券市场境外机构债券发行管理暂行办法》第 4 条的规定,金融债券的发行需经央行核准,非金融企业债务融资工具的发行与交易则交由交易商协会自律管理。因此,本部分将以金融债券发行为例,阐述人民银行监管背景下对参与金融债券发行的证券服务机构勤勉尽责义务的具体要求。①

① 《金融债券发行办法》第 3 条:"中国人民银行依法对金融债券的发行进行监督管理,未经中国人民银行核准,任何金融机构不得擅自发行金融债券。"《银行间债券市场非金融企业债务融资工具管理办法》第 13 条:"交易商协会依据本办法及中国人民银行相关规定对债务融资工具的发行与交易实施自律管理。交易商协会应根据本办法制定相关自律管理规则,并报中国人民银行备案。"《全国银行间债券市场境外机构债券发行管理暂行办法》第 4 条:"境外金融机构法人在全国银行间债券市场发行债券应经中国人民银行核准。外国政府类机构、国际开发机构等在全国银行间债券市场发行相关债券以及境外非金融企业法人在全国银行间债券市场发行非金融企业债务融资工具应向交易商协会申请注册。"

1. 针对承销机构的特别规定

由于发行人与投资者之间信息不对称的存在,法律在规定发行人严格的信息披露义务之外,还构建了承销机构这一角色,由其承担信息核查义务,对募集文件的真实性、准确性和完整性进行核查,以防止和避免发行文件存在虚假记载、误导陈述和重大遗漏。① 具体包括:

(1)组建承销团发行金融债券。根据《金融债券发行办法》第16条的规定,发行金融债券时,发行人应组建承销团,承销人可在发行期内向其他投资者分销其所承销的金融债券。开发性银行、政策性银行发行金融债券可按规定组建承销团,也可面向投资人直接发行。

(2)尽职调查。承销商应当以行业公认的业务标准和道德规范对发行人进行全面尽职调查,充分了解发行人的经营情况及其面临的风险和问题;会同其他证券服务机构核查发行人申请材料的真实性、准确性和完整性。

(3)为发行人提供必要的专业服务。确保发行人充分了解有关法律制度和市场管理政策,以及其所应承担的相关责任;督促发行人按照有关要求进行信息披露。

(4)出具专业报告或意见。承销机构应当按照本行业公认的业务标准和道德规范,对提供服务所涉及的文件进行认真审阅,确认其不存在虚假记载、误导性陈述或重大遗漏,并出具有关专业报告或意见,同时应出具承诺函,确认已履行上述义务。

(5)持续督导责任。主承销商应建立对金融债券募集资金使用和信息披露进行督导的工作制度,督促发行人在募集资金使用中严格遵守国家宏观调控政策和央行信贷政策有关规定。② 主承销商应当在规定时间内将前一年度对募集资金使用和信息披露的督导情况报送至央行。③

2. 针对会计师事务所的特别规定

会计师事务所为债券发行提供财务审计服务,依据相关规定对企业进行审计,并出具审计报告。根据《金融债券发行办法》《金融债券操作规程》的规定,会计师事务所的特殊业务要求包括:

---

① 范健、王建文:《商法学》,法律出版社2007年版,第276页。

② 《关于金融债券专项用于小微企业贷款后续监督管理有关事宜的通知》(银发〔2013〕318号)。

③ 《金融债券操作规程》第13条、第15条。

（1）审计并签署发行人近三年的财务报告，并审慎发表专业意见。会计师事务所应当按照本行业公认的业务标准和道德规范，对提供服务所涉及的文件进行认真审阅，确认其不存在虚假记载、误导性陈述或重大遗漏，并出具有关专业报告或意见，同时应出具承诺函，确认已履行上述义务。

（2）核查发行人申请材料及信息披露文件的真实性、准确性和完整性。

3. 针对律师事务所的特别规定

律师事务所主要为发行人发行债券所涉法律事宜提供法律咨询，由执业律师出具法律意见书并作为备查文件一并由发行人报送至央行。律师事务所需要在法律意见书中对发行人申请材料及信息披露文件的真实性、准确性和完整性发表核查意见，相关报告文件不得含有虚假记载、误导性陈述或重大遗漏。根据央行对债券发行报送申请材料格式的要求，律师事务所应按要求在所提供的有关文件上发表声明或签字，对申请文件的真实性、准确性和完整性作出承诺。

4. 针对信用评级机构的特别规定

信用评级机构是在债券发行过程中对发行人作出信用评级的证券服务机构，其作用在于就发行人在未来一段时间内的发展前景及可信任程度给予判断，并以一定的符号（如 AAA、AA、BBB）表示其可靠性，同时向市场公开，达到为受评者和社会公众服务的目的。信用评级机构在债券发行过程的特殊业务要求包括：

（1）恪守职业操守，独立出具信用评级报告。信用评级机构应当对债券发行独立出具信用评级报告及有关持续跟踪评级安排的说明，一并由发行人报送至央行；①金融债券定向发行的，经认购人同意，可免于信用评级。② 根据《金融债券操作规程》第 16 条及《信用评级机构在银行间债券市场开展信用评级业务有关事宜公告》（中国人民银行公告〔2017〕第 7 号）第 6 ~ 10 条的规定，在信用评级过程中，信用评级机构应恪守执业操守，保证评级结果的客观公正，充分揭示金融债券的投资风险。在信用评级过程中，信用评级机构不得与发行人、主承销商或其他当事人协商信用级别，或以价定级。根据央行对债券发行报送申请材料格式的要求，信用评级机构应按要求在所提供的有关文件上发表声明或签字，对申请文件的真实性、准确性和完整性作出承诺。

（2）在债券发行后每年都应对该债券进行跟踪信用评级，如发生影响该金融

---

① 《金融债券发行办法》第 10 条第 9 项。

② 《金融债券发行办法》第 23 条。

债券信用评级的重大事项，信用评级机构应及时调整，并向投资者公布。①

（三）法律责任

针对承销机构和其他证券服务机构未依法履行职责的情形，《金融债券发行办法》规定了如下法律责任：

第39条规定："承销人有下列行为之一的，由中国人民银行按照《中华人民共和国中国人民银行法》第四十六条的规定予以处罚。（一）以不正当竞争手段招揽承销业务；（二）发布虚假信息或泄露非公开信息；（三）其他违反本办法的行为。"

第41条规定："注册会计师、律师、信用评级机构等相关机构和人员所出具的文件含有虚假记载、误导性陈述或重大遗漏的，由中国人民银行按照《中华人民共和国中国人民银行法》第四十六条的规定予以处罚。其行为给他人造成损失的，应当就其负有责任的部分依法承担民事责任。"

八、中国银行保险监督管理委员会监管下的债券发行

（一）规则体系

银保监会监管下的债券类型主要包括银行业机构和保险机构发行的金融债、信贷资产支持证券等，从广义上来说都属于金融债券。

截至目前，由银保监会发布的涉及前述债券品种核准发行的主要规则包括《中国银监会关于企业集团财务公司发行金融债券有关问题的通知》（银监发〔2007〕58号）和《商业银行次级债券发行管理办法》等。

在银行间债券市场发行的信贷资产支持证券（以下简称信贷ABS）的设计依照的是信托原理，相关规则是央行、原银监会于2005年4月20日发布施行的《信贷资产证券化试点管理办法》，以及于2005年11月7日发布、2005年12月1日起施行的《金融机构信贷资产证券化试点监督管理办法》等。

（二）证券服务机构的勤勉尽责义务和法律责任

根据《中国银监会关于企业集团财务公司发行金融债券有关问题的通知》第11条的规定，"银监会直接监管的财务公司发行金融债券，向银监会提交申请，由银监会受理、审查并决定。银监局监管的财务公司发行金融债券，向所在地银监局提交申请，银监局受理、初审后，报银监会审查并决定"。同时，根据《金融债券

① 《金融债券发行办法》第15条。

发行办法》的规定，央行对金融债券在银行间债券市场的发行和交易进行监督管理，未经央行批准，金融机构不得在全国银行间市场发行金融债券。因此，金融机构发行金融债券，应先经银保监会的审查，获得批复后仍需人民银行批准。

因此，在法律法规方面，银保监会并未针对承销商、会计师事务所、律师事务所、信用评级机构等在债券发行中的勤勉尽责义务和法律责任作出特别规定，前述证券服务机构应按照本节“七、人民银行监管下的债券发行（二）证券服务机构的勤勉尽责义务”部分的论述，遵循本行业公认的业务标准和道德规范，出具有关专业报告或意见，并同时出具承诺函，确认其不存在虚假记载、误导性陈述或重大遗漏。

九、交易所市场监管下的债券交易

（一）债券类型及规则体系

交易所市场作为我国最重要的债券交易场所之一，长期为各监管部门下各类债券类型提供交易、上市等有关服务，并对市场行为进行有效监督。根据上交所、深交所网站列示，我国目前在交易所市场流通的主要债券类型包括：财政部监管之下的国债、地方政府债券，证监会监管之下的公司债券、可转换公司债券、分离交易的可转换公司债券、可交换公司债券、非公开发行公司债券、中小企业私募债券、企业资产支持证券，发改委监管之下的企业债券以及人民银行、银保监会监管之下的次级债券等。在各上述监管部门出台的一系列规则基础之上，交易所制定了相关实施细则、管理办法及工作指引，旨在从实践层面对发行人及相关证券服务机构展开相关指导，进一步厘清债券市场各主体之责任。目前，交易所制定的规则主要围绕证监会监管下的公司债券、可交换债、可转换债等类型展开，相关规定主要包括：

1.《上海证券交易所公司债券上市规则》；

2.《深圳证券交易所公司债券上市规则》；

3.《非上市公司非公开发行可转换公司债券业务实施办法》（上证发〔2019〕89号）；

4.《非上市公司非公开发行可转换公司债券业务实施办法》（深证上〔2019〕524号）；

5.《上海证券交易所公司债券发行上市业务操作指南》；

6.《上海证券交易所公司债券上市预审核工作流程》；

7.《深圳证券交易所公司债券上市预审核工作流程》；

8.《上海证券交易所上市公司可转换公司债券发行上市业务办理指南》(上证函〔2018〕1493号)；

9.《上海证券交易所上市公司可转换公司债券发行实施细则》(上证发〔2018〕115号)；

10.《深圳证券交易所上市公司可转换公司债券发行上市业务办理指南》(深证上〔2018〕655号)；

11.《深圳证券交易所可转换公司债券业务实施细则》(深证上〔2018〕655号)；

12.《创新创业公司非公开发行可转换公司债券业务实施细则(试行)》(上证发〔2017〕58号)；

13.《创新创业公司非公开发行可转换公司债券业务实施细则(试行)》(深证会〔2017〕306号)；

14.《上海证券交易所可交换公司债券业务实施细则》(上证发〔2014〕41号)；

15.《深圳证券交易所可交换公司债券业务实施细则》(深证上〔2014〕282号)；

16.《深圳证券交易所关于持续规范和完善可交换公司债券发行业务事项的通知》(深证上〔2018〕654号)；

17.《上海证券交易所公司债券存续期信用风险管理指引(试行)》；

18.《深圳证券交易所公司债券存续期信用风险管理指引(试行)》；

19.《公司债券临时报告信息披露格式指引》(上证发〔2016〕79号)；

20.《公司债券临时报告信息披露格式指引》(深证上〔2016〕941号)；

21.《上海证券交易所关于开展绿色公司债券试点的通知》(上证发〔2016〕13号)；

22.《深圳证券交易所关于开展绿色公司债券业务试点的通知》(深证上〔2016〕206号)；

23.《关于公司债券回售业务有关事项的通知》(上证发〔2019〕70号)；

24.《关于商业银行发行公司债券补充资本的指导意见》；

25.《关于优化公司债券上市流程的通知》。

（二）证券服务机构勤勉尽责义务

根据《上海证券交易所公司债券上市规则》和《深圳证券交易所公司债券上市规则》的要求，在公司债券发行、上市过程中，发行人及其他信息披露义务人应当根据法律、行政法规、部门规章、规范性文件、相关规则，及时、公平地履行信息披露义务，保证所披露的信息或提交文件内容的真实、准确、完整，不存在虚假记载、误导性陈述或者重大遗漏，并确保提交的电子件、传真件、复印件等与原件一致。

公司债券发行人和相关信息披露义务人应按照交易所《公司债券临时报告信息披露指引》规定的报告格式指引编制临时报告。临时报告事项不在上述指引规定的报告格式指引范围的，应按照相关法律、法规、规章及自律规则等规定的要求编制，必要时可参考相关报告格式指引的要求。

信息披露应具有持续性，《上海证券交易所公司债券发行上市业务操作指南》将信息披露义务人的披露划分为：通过交易所网上发行的发行前信息披露以及通过交易所网下发行的相关信息披露。格式上可参考交易所出台的《公司债券临时报告信息披露格式指引》的规定。在指引中，信息披露义务人应保证本报告内容不存在任何虚假记载、误导性陈述或者重大遗漏，并对其内容的真实性、准确性和完整性承担相应法律责任。如相关人员对临时报告内容的真实性、准确性和完整性无法保证或存在异议，公司债券发行人应当在报告中作特别提示。

（三）证券服务机构违反勤勉尽责义务的监管措施及法律责任

在交易所层面，根据上交所出台的相应规则的规定，“专业机构制作、出具的文件有虚假记载、误导性陈述或者重大遗漏，致使投资者遭受损失的，应当与发行人承担连带赔偿责任，但是能够证明自己没有过错的除外”。监管对象违反相关规则、上市协议、募集说明书的约定、承诺或者上交所其他规定的，上交所可以按照相关业务规则或者上市协议等，对监管对象及其直接负责的主管人员和其他直接责任人员实施监管措施①或者纪律处分②。与此同时，监管对象未按规定和约定履行还本付息或者代偿等义务的、不履行作出的重要承诺的、被上交所实施纪律处分等情形的，上交所将记入诚信档案。

---

① （1）口头警示；（2）书面警示；（3）监管谈话；（4）要求限期改正；（5）要求公开致歉；（6）建议更换相关任职人员；（7）暂不受理其出具的相关文件；（8）暂不受理或者办理相关业务；（9）向相关主管部门出具监管建议函；（10）要求发行人追偿损失；（11）本所规定的其他监管措施。

② （1）通报批评；（2）公开谴责；（3）收取惩罚性违约金；（4）本所规定的其他纪律处分。

根据深交所出台的相关规则的规定，“信息披露文件存在虚假记载、误导性陈述或者重大遗漏，致使投资者遭受损失的，发行人应当按照《证券法》等相关法律法规的规定，依法承担赔偿责任；发行人的董事、监事、高级管理人员或者履行同等职责的人员和其他直接责任人员以及承销机构或者相关专业机构，应当与发行人承担连带赔偿责任，但是能够证明自己没有过错的除外”。监管对象违反法律、行政法规、部门规章、规范性文件、相关规则规定、募集说明书的约定、上市协议或者其所作出的承诺的，深交所视情节轻重，可对其采取相应监管措施。① 监管对象违反法律、行政法规、部门规章、规范性文件、相关规则规定、募集说明书的约定、上市协议或者其所作出的承诺的，深交所视情节轻重，可对其采取相应纪律处分。② 深交所将把对监管对象实施纪律处分等情况记入诚信档案。

十、中国银行间市场交易商协会监管下的债券发行

（一）债券类型及规则体系

交易商协会监管下的债券类型主要为非金融企业债务融资工具。

非金融企业债务融资工具是银行间债券市场最重要的债券产品之一，具体包括：短期融资券、超短期融资券、中期票据、中小企业集合票据、定向工具、资产支持票据、项目收益票据等。除“七（一）2：非金融企业债务融资工具”中列举的由中国人民银行发布的规则以外，交易商协会还针对具体债券品种作出了具体化规定。（见表5）

---

① （1）口头警示；（2）书面警示；（3）约见谈话；（4）要求中介机构或者要求聘请中介机构核查并发表意见；（5）要求限期改正；（6）要求公开致歉；（7）要求限期召开债券持有人说明会；（8）要求限期参加培训或者考试；（9）建议更换相关任职人员；（10）暂停受理或者办理相关业务；（11）向相关主管部门出具监管建议函；（12）上报中国证监会；（13）本所规定的其他监管措施。

② （1）通报批评；（2）公开谴责；（3）暂不受理专业机构或者其相关人员出具的文件；（4）收取惩罚性违约金；（5）本所规定的其他纪律处分。

表5 债券类型及规则体系表

债券类型	规则
总括性规定	《银行间债券市场非金融企业债务融资工具注册规则》 《银行间债券市场非金融企业债务融资工具信息披露规则》 《银行间债券市场非金融企业债务融资工具募集说明书指引》 《银行间债券市场非金融企业债务融资工具尽职调查指引》(交易商协会公告〔2008〕第2号) 《银行间债券市场非金融企业债务融资工具中介服务规则(2020年版)》(交易商协会公告〔2020〕13号) 《银行间市场非金融企业债务融资工具发行规范指引》(交易商协会公告〔2020〕14号) 《非金融企业债务融资工具注册文件表格体系》(交易商协会公告〔2012〕12号) 《非金融企业债务融资工具存续期信息披露表格体系》(交易商协会公告〔2020〕10号)
短期融资券	《银行间债券市场非金融企业短期融资券业务指引》(交易商协会公告〔2020〕第15号)
超短期融资券	《银行间债券市场非金融企业超短期融资券业务规程(试行)》(交易商协会公告〔2010〕22号)
中期票据	《银行间债券市场非金融企业中期票据业务指引》(交易商协会公告〔2020〕第15号)
中小企业集合票据	《银行间债券市场中小非金融企业集合票据业务指引》(交易商协会公告〔2009〕第15号)
非公开定向债务融资工具	《银行间债券市场非金融企业债务融资工具非公开定向发行规则》(交易商协会公告〔2011〕6号) 《非金融企业债务融资工具定向发行注册工作规程》(交易商协会公告〔2020〕16号) 《非公开定向发行债务融资工具注册文件表格体系》(交易商协会公告〔2011〕6号)
资产支持票据	《银行间债券市场非金融企业资产支持票据指引》 《非金融企业资产支持票据公开发行注册文件表格体系》(2017年修订)
项目收益票据	《银行间债券市场非金融企业项目收益票据业务指引》(交易商协会公告〔2014〕10号)

(二)证券服务机构的勤勉尽责义务

银行间市场为企业发行债券提供中介服务的机构主要包括承销机构、信用评级机构、会计师事务所、律师事务所、信用增进机构等。本部分主要以交易商协会监管下的非金融企业债务融资工具为例，阐述其发行过程中主要证券服务机构的职责要求。

1. 针对承销机构的特别规定

债券产品的主承销商在该产品的设计、募集及交易过程中起到的作用至关重要。在规则方面，交易商协会关于证券服务机构提供债券服务要求的规则统一规定于《银行间债券市场中介服务规则》中。根据第二章"业务规范"的规定，主承销商在非金融企业债务融资工具发行过程中的主要职责如下：

(1)建立、健全相关内控制度，包括营销管理制度、尽职调查制度、发行管理制度、后续服务管理制度、突发事件应对制度、追偿制度及培训制度；

(2)建立企业质量评价和遴选体系，明确推荐标准，确保企业充分了解相关法律、法规、自律规范性文件及其所应承担的风险和责任，为企业提供切实可行的专业意见及良好的顾问服务；

(3)协助企业披露发行文件，为投资者提供有关信息查询服务，严格按照相关协议组织债务融资工具的承销和发行；

(4)若承担本期债务融资工具存续期管理职责的，根据交易商协会相关规则履行监测、督导、风险和违约处置等义务，为持有人会议召集人的及时召集持有人会议；

(5)作为受托管理人的，公正履行受托管理职责，发行人未能按期兑付债务融资工具本息的，受托管理人可以接受全部或者部分持有人的委托，以自己名义代表持有人提起、参加民事诉讼或者破产程序。

2. 针对律师事务所的特别规定

结合《银行间债券市场中介服务规则》第15条的规定及业务实操经验，发行人律师在银行间市场债券发行、交易中，主要承担以下职责：

(1)开展法律尽职调查，揭示企业的法律风险；

(2)发现法律问题，参与论证和解决；

(3)参与发行方案的设计和论证，与交易商协会及其他主管部门进行沟通；

(4)出具法律意见书和律师工作报告，法律意见书应至少包括对发行主体、发行程序、发行文件的合法性以及重大法律事项和潜在法律风险的意见；

(5)协助完成发行材料准备和注册工作。

除前述规定以外,《非金融企业债务融资工具注册文件表格体系》F 表是目前非金融企业债务融资工具法律尽职调查条目编写的主要依据,根据该表的规定,法律意见书主要包括发行主体资格、发行程序、发行文件及发行有关机构、重大法律事项及潜在风险、结论五个部分,总体而言规定得较为简单。

3. 针对会计师事务所的特别规定

根据《银行间债券市场中介服务规则》第 14 条的规定,会计师事务所为银行间市场债券发行提供财务审计服务,依据相关规定对企业进行审计,并出具审计报告。会计师事务所出具非标准无保留意见的,应对其作出说明。

4. 针对信用评级机构的特别规定

根据《银行间债券市场中介服务规则》第 13 条的规定,信用评级机构应在充分尽职调查的基础上,独立确定企业和债务融资工具的信用级别,出具评级报告,并对其进行跟踪评级。信用评级机构应接受投资者关于信用评级的质询。

特别地,针对信用评级机构的信息披露行为,2019 年 8 月 1 日,交易商协会发布并实施了《信用评级业务信息披露规则》(交易商协会公告〔2019〕7 号)。其中规定,信用评级机构应当通过交易商协会认可的渠道进行信息披露,本规则及《银行间债券市场非金融企业债务融资工具信用评级业务信息披露表格体系》的规定是信息披露的最低要求。

5. 针对信用增进机构的特别规定

根据《银行间债券市场中介服务规则》第 16 条的规定,信用增进机构应在充分尽职调查的基础上,出具信用增进有效文件,并按照有关规定披露相关信息。

(三)法律责任

针对证券服务机构未依法履行职责的情形,相关法律规范规定了以下法律责任:

《银行间债券市场非金融企业债务融资工具管理办法》第 10 条规定:"为债务融资工具提供服务的承销机构、信用评级机构、注册会计师、律师等专业机构和人员应勤勉尽责,严格遵守执业规范和职业道德,按规定和约定履行义务。上述专业机构和人员所出具的文件含有虚假记载、误导性陈述和重大遗漏的,应当就其负有责任的部分承担相应的法律责任。"

《银行间债券市场非金融企业债务融资工具管理办法》第 19 条规定:"对违反本办法规定的机构和人员,中国人民银行可依照《中华人民共和国中国人民银行法》第四十六条规定进行处罚，构成犯罪的，依法追究刑事责任。”

《信用评级业务信息披露规则》第28条第1款规定：“信用评级机构违反本规则相关规定，未按要求真实、准确、完整、及时地披露信息的，根据情节严重程度可给予诫勉谈话、通报批评、警告，并处责令改正；对负有直接责任的董事、监事、高级管理人员和其他直接责任人员，给予诫勉谈话、通报批评、警告，并处责令改正。”

《信用评级业务信息披露规则》第28条第2款规定：“信用评级机构披露的信息有虚假记载、误导性陈述或者重大遗漏的，根据情节严重程度可给予严重警告或公开谴责处分，可并处责令改正、责令致歉、暂停相关业务、暂停会员权利或取消会员资格处分，交易商协会经向中国人民银行报备后，将限制、暂停其开展信用评级业务或注销其相应业务注册。对负有直接责任的董事、监事、高级管理人员和其他直接责任人员，可给予严重警告或公开谴责处分，可并处责令改正、责令致歉或认定不适当人选。”

《银行间债券市场中介服务规则》第32条规定：“未按本规则第三章规定提供中介服务的，根据情节严重程度给予诫勉谈话、通报批评、警告或严重警告处分，可并处责令改正。”

《银行间债券市场中介服务规则》第36条规定：“承销团成员、受托管理人、信用评级机构、会计师事务所、律师事务所、信用增进机构未按业务规范要求提供中介服务的，根据情节严重程度给予诫勉谈话、通报批评、警告、严重警告或公开谴责处分，可并处责令改正、责令致歉、暂停相关业务、暂停会员权利或取消会员资格。对负有直接责任的董事、高级管理人员和其他直接责任人员给予诫勉谈话、通报批评、警告、严重警告或公开谴责处分，可并处责令改正、责令致歉或认定不适当人选。”

第三章

虚假陈述民事责任

依据《证券法》等相关法律法规的规定，我国证券市场民事责任由虚假陈述、内幕交易、操纵市场、未经核准擅自发行证券、非法开设证券交易场所等行为所引发。其中，与证券服务机构有关的民事责任包括虚假陈述、内幕交易等。本书第一部分从证券服务机构种类以及其在不同交易类型中的角色两个维度出发，详细论述了证券服务机构在证券市场中的义务和可能承担的责任。在第二部分，我们从与证券服务机构有关的证券民事责任类型中，选取了虚假陈述民事责任为研究对象，从责任构成、案件程序、证券服务机构的应对等方面展开论述。其主要原因在于：一方面，就证券民事责任而言，虚假陈述民事责任一直以来都是主要的责任类型，由其引发的虚假陈述民事赔偿诉讼的案件数量远远超过由其他民事责任类型引发的案件数量，这一结论可以通过在任何权威数据库键入关键词得出，较多的案例为我们的研究提供了较为充足的基础材料；另一方面，近年来，证监会在多个场合表态，将重拳出击打击证券市场虚假陈述违法行为，尤其是要加重证券服务机构的责任。由此可以预见，虚假陈述赔偿诉讼在未来一段时间仍将是证券民事赔偿诉讼的主要构成部分，而证券服务机构被诉的案件，尽管目前数量并不多，但在证监会多次表态将重拳出击的情况下，未来极有可能呈喷井式爆发态势。有鉴于此，笔者试图通过结合现行的规范性文件以及司法实践，从实体与程序两个方面介绍证券虚假陈述民事诉讼及其应对，以便读者对此有较为深入的了解。

美国是目前世界上证券立法最为发达、完善的国家之一，其证券欺诈民事责任和民事诉讼制度已十分完备，实践经验丰富，特别是依据美国《1933 年证券法》第 17(a)条与《1934 年证券交易法》第 10(b)条制定的《规则 10b－5》，凭借其全面性和扩张性成为美国证券法下最具综合性的强有力的反欺诈武器。“他山之石，可以攻玉”。本章在探讨中国法下的虚假陈述民事责任时，将适当介绍《规则 10b－5》下的证券欺诈民事责任制度和经典案例，以期为读者提供理论与实务借鉴。

第一节 概 述

一、《虚假陈述若干规定》的适用范围

（一）以信息披露义务的存在为前提

证券服务机构的虚假陈述民事责任确立于《证券法》《虚假陈述若干规定》等法律法规与司法解释。根据《虚假陈述若干规定》第1条的规定，证券市场因虚假陈述引发的民事赔偿案件，是指证券市场投资人以信息披露义务人违反法律规定，进行虚假陈述并致使其遭受损失为由，向人民法院提起诉讼的民事赔偿案件。由此可见，虚假陈述的前提就是“信息披露”义务的存在，即以信息公开义务的存在为前提。

（二）其他类型债券的适用

《虚假陈述若干规定》将司法解释的适用范围限制在“证券市场”。根据该司法解释第2条的规定，证券市场即为发行人向社会公开募集股份的发行市场、通过证券交易所报价系统进行证券交易的市场、证券公司代办股份转让市场以及国家批准设立的其他证券市场。第3条排除了两种情形对于司法解释的适用，即在国家批准设立的证券市场以外进行的交易，以及在证券市场上通过协议转让方式进行的交易。鉴于我国目前证券市场证券种类繁多，因此需要明确《虚假陈述若干规定》可适用于何种类型的证券。

由《证券法》第2条规定可知，证券的定义囊括了股票、公司债券、存托凭证和国务院依法认定的其他证券。对于公司债券而言，如果在证券交易所上市竞价交易，则适用《虚假陈述若干规定》中的相关规定，这一观点毋庸置疑。最高人民法院与各地高院也对这一观点予以确认。例如，江苏高院在（2018）苏民终272号案件中即认定公司债券适用《虚假陈述若干规定》，理由在于：第一，公司债券包括在《证券法》第2条规定的证券法规制范围内；第二，案涉债券在证券交易所上市竞价交易不属于《虚假陈述若干规定》明示排除的对象。

除了《证券法》明确规定的公司债券以外，实践中仍然存在短融债、可转债、企业资产支持证券、熊猫债、绿色公司债券、企业债、铁道债、银行间市场非金融企业债务融资工具等多种类型的债券，这些债券与公司债券在适用法律法规、监管机

构、交易方式等方面都存在差异，且这些债券是否属于《证券法》《虚假陈述若干规定》所规制的对象仍然存在争议。

就不同债券的监管机构而言，债券市场存在多个监管机构各自为政、分而治之的情况。债券的监管机构主要有证监会、央行、发改委等，这几个监管机构在行政划分上不存在隶属关系，产生的最直接问题是相关的监管法规是否能够共通适用，也即相关虚假陈述规范是否能够共通适用。

以银行间市场非金融企业债务融资工具（以下简称银行间债券）为例，银行间债权是一个总称，它包含几种不同的债券：中期票据、短期融资券、中小企业集合票据、资产支持票据、项目收益票据以及非公开定向债务融资工具等。① 这些债券的不同主要在于发行技术，如是否公开发行、存续时间长短、还款来源等，其实质都是具有法人资格的非金融企业在交易商协会通过发行注册后，取得发行资格，面向银行间债券市场发行，在银行间债券市场交易，在上海清算所托管的有价证券。② 调整银行间债券的规范性文件主要由央行及其主管的交易商协会制定，主要的纲领性规范文件《银行间债券管理办法》的效力等级为部门规章，此外，银行间债券还要受到《银行间债券市场非金融企业债务融资工具中介服务规则》《银行间债券市场非金融企业债务融资工具信息披露规则》等特殊规范性文件的规制。《银行间债券管理办法》明确指出，该办法是由央行根据《中国人民银行法》及相关法律、行政法规制定的，但该办法并未将《证券法》《公司法》列为明确的制定

---

① 各债务融资工具在规范性文件中的定义如下。根据《银行间债券市场非金融企业中期票据业务指引》第 2 条的规定，“本指引所称中期票据，是指具有法人资格的非金融企业（以下简称企业）在银行间债券市场按照计划分期发行的，约定在一定期限还本付息的债务融资工具”。根据《非金融企业短期融资券业务指引》（2020）第 2 条的规定，“本指引所称短期融资券，是指具有法人资格的非金融企业（以下简称企业）在银行间债券市场发行的，约定在 1 年内还本付息的债务融资工具”。根据《银行间债券市场非金融企业超短期融资券业务规程（试行）》第 3 条的规定，“本规程所称超短期融资券，是指具有法人资格、信用评级较高的非金融企业（以下简称企业）在银行间债券市场发行的，期限在 270 天以内的短期融资券”。根据《银行间债券市场中小非金融企业集合票据业务指引》第 2 条的规定：“本指引所称中小非金融企业（简称企业），是指国家相关法律法规及政策界定为中小企业的非金融企业”。根据第 3 条的规定，“本指引所称集合票据，是指 2 个（含）以上、10 个（含）以下具有法人资格的企业，在银行间债券市场以统一产品设计、统一券种冠名、统一信用增进、统一发行注册方式共同发行的，约定在一定期限还本付息的债务融资工具”。《非金融企业资产支持票据指引（修订稿）》第 2 条规定：“本指引所称资产支持票据，是指非金融企业（以下称发起机构）为实现融资目的，采用结构化方式，通过发行载体发行的，由基础资产所产生的现金流作为收益支持的，按约定以还本付息等方式支付收益的证券化融资工具。”

② 参见《中国债券市场概览 2015》，第 4 页，载中国债券信息网：http://www.chinabond.com.cn/cb/cn/yjfx/zzfx/nb/20160726/24111935.shtml，最后访问日期：2019 年 8 月 10 日。

依据。

中国债券市场监管机构各自为政导致的最直接后果即是各监管机构出台的法律法规彼此之间能否适用的不明确。例如，针对银行间债券，现有的调整它的规范性文件并没有对违规履行披露义务等的责任予以具体明确。《银行间债券管理办法》第10条规定："为债务融资工具提供服务的承销机构、信用评级机构、注册会计师、律师等专业机构和人员应勤勉尽责，严格遵守执业规范和职业道德，按规定和约定履行义务。上述专业机构和人员所出具的文件含有虚假记载、误导性陈述和重大遗漏的，应当就其负有责任的部分承担相应的法律责任。"虽然上述规定明确了证券服务机构需要就虚假陈述承担"相应的法律责任"，但何为相应的法律责任，更具体来说虚假陈述责任人是需要承担民事责任、行政责任还是刑事责任，应适用何种归责原则等问题，都是不明确的。显然，过于宽泛的规定带来了适用上的困难。而《证券法》《虚假陈述若干规定》是否能够直接适用于由央行监管的银行间债券，在实务中存在争议。

以上述银行间债券为例，自2014年以来，中国债券市场违约频现，非金融企业债务融资工具是主要的违约债券的类型。但截至目前，笔者并没有检索到关于公司债券之外的其他类型债券违反信息披露义务的虚假陈述民事判决。笔者认为，这并不意味着此种债券的信息披露义务人更好地履行了信息披露义务，原因或只是在于行政责任、民事责任并不明确，法院尚未对银行间债券等其他类型的债券是否适用《证券法》以及《虚假陈述若干规定》作出判断，但是学者与实务界人士对此已经进行广泛讨论。

有不少学者与实务界人士认为银行间债券不应当适用《虚假陈述若干规定》，主张央行监管的银行间债券是独立于《证券法》而自成体系的债券。① 实务界所提出的理由在于：第一，银行间债券未经国务院"依法认定"，而是由人民银行所设立并监管；第二，《全国银行间债券市场交易管理办法》并未明确其上位法为《证券法》，《证券法》第三章证券交易的相关规定也表明其主要针对的是公司债券等在交易所市场发行的债券品种；第三，银行间债券交易市场并未明确设置债券发行条件，且对于发行人的盈利情况和募集资金投向也未设任何限制，其并不适用《证

① 参见洪艳荣：《〈证券法〉债券规则的批判与重构》，载《中国政法大学学报》2015年第3期；徐聪：《论转轨背景下证券法治逻辑与制度的现代化——兼评〈证券法（修订草案）〉"一读稿"》，载《法学评论》2016年第2期。

券法》所设债券发行条件、发行程序以及交易方式等限制，亦可再次证明银行间债券市场不受《证券法》的规范。因此，银行间债券市场并不属于严格意义上的《证券法》语境下的“证券市场”，一般被称为“场外市场”。银行间债券“应订立书面形式的合同”，这也区别于交易所市场债券上市的竞价方式，属于《虚假陈述若干规定》排除的对象，不属于该司法解释调整的范围。①

实际上，央行、证监会、发改委联合颁布的银发〔2018〕296号《中国人民银行、证监会、发改委关于进一步加强证券市场执法工作的意见》已经规定由证监会依法对银行间债市、交易所债市违法行为开展统一执法工作。从行政处罚上来说，对于涉及公司债券、企业债券、非金融企业债务融资工具、金融债券等各类债券品种的信息披露违法违规、内幕交易、操纵证券市场以及其他违反证券法的行为，应当依据2014年《证券法》第193条、第202条、第203条、第223条、第226条②等有关规定进行认定和行政处罚。虽然这一意见仅仅涉及证券监管部门的行政处罚以及《证券法》中涉及行政处罚的相关条款，但是也从侧面体现了央行与发改委等主管机关并不反对由《证券法》规制银行间债券等其他债券类型，银行间债券市场、交易所债券市场由证监会统一监管的规定也释放了这一信号。如果以银行间债券为代表的其他债券类型也受到《证券法》的调整，那么这些债券也应当适用《证券法》中关于虚假陈述的规定。

实务界也有相关从业者提出了类似观点，其理由在于，银行间债券中的虚假陈述侵权责任条款是为了保护投资者正当投资利益而设的保护性规范。考虑到银行间债券侵权责任中发行人与证券服务机构依照一般侵权责任法所需要承担的责任与一般公司证券发行类似，《证券法》《虚假陈述若干规定》中关于虚假陈述的规定也可以为银行间债券所参照适用。③ 银行间债券虚假陈述民事责任参照适用《证券法》与《虚假陈述若干规定》的相关规定，也不会有违公平合理的原则。

---

① 闵敏：《“违”与“维”丨银行间市场债券违约下投资者的维权之道（下）》，载中伦律师事务所官网：http://www.zhonglun.com/Content/2018/11-21/1508128441.html，最后访问日期：2019年8月12日。

② 原文引用的是2014年《证券法》。

③ 徐韬峰、魏国俊、段自勉：《银行间债券市场发行虚假陈述中承销商民事法律责任研究》，载中伦律师事务所官网：http://www.zhonglun.com/Content/2018/08-07/2318134250.html，最后访问日期：2019年8月12日。

相比之下，美国证券法《规则 10b－5》中“证券”的适用范围相当宽泛，适用于与任何证券有关的购买和销售。“任何证券”可从以下两个方面把握：第一，根据《1933 年证券法》第 3 章的规定，一些类型的证券可享受注册豁免，如美国联邦政府和州政府发行的债券、银行证券、向特定投资者发行的证券、只在一州之内发行的证券等，但是无论某证券是否享受注册豁免，都在《规则 10b－5》的适用范围内；第二，在《1934 年证券交易法》下，仅资产超过 1000 万元、股东人数在 500 人以上的公司以及根据《1933 年证券法》注册证券的公司有义务向美国证监会提交年度和其他定期报告。《1934 年证券交易法》的绝大多数规定也仅适用于具有报告义务的公司的证券，但是《规则 10b－5》无此要求，因此某公司即使无须履行报告义务，其证券也要受《规则 10b－5》的监管。

二、证券服务机构虚假陈述责任规定概述

（一）虚假陈述民事责任规定

证券服务机构的民事责任主要集中规定在《证券法》和《虚假陈述若干规定》中。同时，对于不同的证券服务机构以及不同的证券类型，各监管机构亦可能存在不同（见表 6）：

表 6 证券服务机构民事责任条文汇总

法规名称	制定机关	适用范围	条 文
《证券法》	全国人大常委会	股票、公司债券、存托凭证和国务院依法认定的其他证券的发行和交易；政府债券、证券投资基金份额的上市交易	第 24 条第 1 款：国务院证券监督管理机构或者国务院授权的部门对已作出的证券发行注册的决定，发现不符合法定条件或者法定程序，尚未发行证券的，应当予以撤销，停止发行。已经发行尚未上市的，撤销发行注册决定，发行人应当按照发行价并加算银行同期存款利息返还证券持有人；发行人的控股股东、实际控制人以及保荐人，应当与发行人承担连带责任，但是能够证明自己没有过错的除外。 第 78 条：发行人及法律、行政法规和国务院证券监督管理机构规定的其他信息披露义务人，应当及时依法履行信息披露义务。信息披露义务人披露的信息，应当真实、准确、完整，简明清晰，通俗易懂，不得有虚假记载、误导性陈述或者重大遗漏。证券同时在境内境外公开发行、交易的，其信息披露义务人在境外披露的信息，应当在境内同时披露。

续表

法规名称	制定机关	适用范围	条　文
			第85条:信息披露义务人未按照规定披露信息,或者公告的证券发行文件、定期报告、临时报告及其他信息披露资料存在虚假记载、误导性陈述或者重大遗漏,致使投资者在证券交易中遭受损失的,信息披露义务人应当承担赔偿责任;发行人的控股股东、实际控制人、董事、监事、高级管理人员和其他直接责任人员以及保荐人、承销的证券公司及其直接责任人员,应当与发行人承担连带赔偿责任,但是能够证明自己没有过错的除外。 第163条:证券服务机构为证券的发行、上市、交易等证券业务活动制作、出具审计报告及其他鉴证报告、资产评估报告、财务顾问报告、资信评级报告或者法律意见书等文件,应当勤勉尽责,对所依据的文件资料内容的真实性、准确性、完整性进行核查和验证。其制作、出具的文件有虚假记载、误导性陈述或者重大遗漏,给他人造成损失的,应当与委托人承担连带赔偿责任,但是能够证明自己没有过错的除外。
《虚假陈述若干规定》	最高人民法院	发行人向社会公开募集股份的发行市场,通过证券交易所报价系统进行证券交易的市场,证券公司代办股份转让市场以及国家批准设立的其他证券市场	第23条:证券承销商、证券上市推荐人对虚假陈述给投资人造成的损失承担赔偿责任。但有证据证明无过错的,应予免责。负有责任的董事、监事和经理等高级管理人员对证券承销商、证券上市推荐人承担的赔偿责任负连带责任。其免责事由同前款规定。 第24条:专业中介服务机构及其直接责任人违反证券法第一百六十一条和第二百零二条的规定虚假陈述,给投资人造成损失的,就其负有责任的部分承担赔偿责任。但有证据证明无过错的,应予免责。 第27条:证券承销商、证券上市推荐人或者专业中介服务机构,知道或者应当知道发行人或者上市公司虚假陈述,而不予纠正或者不出具保留意见的,构成共同侵权,对投资人的损失承担连带责任。 第28条:发行人、上市公司、证券承销商、证券上市推荐人负有责任的董事、监事和经理等高级管理人员有下列情形之一的,应当认定为共同虚假陈述,分别与发行人、上市公司、证券承销商、证券上市推荐人对投资人的损失承

续表

法规名称	制定机关	适用范围	条　　文
			担连带责任:(一)参与虚假陈述的;(二)知道或者应当知道虚假陈述而未明确表示反对的;(三)其他应当负有责任的情形。
《关于审理涉及会计师事务所在审计业务活动中民事侵权赔偿案件的若干规定》(以下简称《会计师事务所民事侵权赔偿规定》)	最高人民法院	会计师进行审计业务	第5条:注册会计师在审计业务活动中存在下列情形之一,出具不实报告并给利害关系人造成损失的,应当认定会计师事务所与被审计单位承担连带赔偿责任:(一)与被审计单位恶意串通;(二)明知被审计单位对重要事项的财务会计处理与国家有关规定相抵触,而不予指明;(三)明知被审计单位的财务会计处理会直接损害利害关系人的利益,而予以隐瞒或者作不实报告;(四)明知被审计单位的财务会计处理会导致利害关系人产生重大误解,而不予指明;(五)明知被审计单位的会计报表的重要事项有不实的内容,而不予指明;(六)被审计单位示意其作不实报告,而不予拒绝。对被审计单位有前款第(二)至(五)项所列行为,注册会计师按照执业准则、规则应当知道的,人民法院应认定其明知。 第6条:会计师事务所在审计业务活动中因过失出具不实报告,并给利害关系人造成损失的,人民法院应当根据其过失大小确定其赔偿责任。注册会计师在审计过程中未保持必要的职业谨慎,存在下列情形之一,并导致报告不实的,人民法院应当认定会计师事务所存在过失:(一)违反注册会计师法第二十条第(二)、(三)项的规定;(二)负责审计的注册会计师以低于行业一般成员应具备的专业水准执业;(三)制定的审计计划存在明显疏漏;(四)未依据执业准则、规则执行必要的审计程序;(五)在发现可能存在错误和舞弊的迹象时,未能追加必要的审计程序予以证实或者排除;(六)未能合理地运用执业准则和规则所要求的重要性原则;(七)未根据审计的要求采用必要的调查方法获取充分的审计证据;(八)明知对总体结论有重大影响的特定审计对象缺少判断能力,未能寻求专家意见而直接形成审计结论;(九)错误判断和评价审计证据;(十)其他违反执业准则、规则确定的工作程序的行为。 第7条:会计师事务所能够证明存在以下情形之一的,不承担民事赔偿责任:(一)已经遵

续表

法规名称	制定机关	适用范围	条　　文
			守执业准则、规则确定的工作程序并保持必要的职业谨慎,但仍未能发现被审计的会计资料错误;(二)审计业务所必须依赖的金融机构等单位提供虚假或者不实的证明文件,会计师事务所在保持必要的职业谨慎下仍未能发现其虚假或者不实;(三)已对被审计单位的舞弊迹象提出警告并在审计业务报告中予以指明;(四)已经遵照验资程序进行审核并出具报告,但被验资单位在注册登记后抽逃资金;(五)为登记时未出资或者未足额出资的出资人出具不实报告,但出资人在登记后已补足出资。 第 8 条:利害关系人明知会计师事务所出具的报告为不实报告而仍然使用的,人民法院应当酌情减轻会计师事务所的赔偿责任。 第 9 条:会计师事务所在报告中注明"本报告仅供年检使用""本报告仅供工商登记使用"等类似内容的,不能作为其免责的事由。 第 10 条:人民法院根据本规定第六条确定会计师事务所承担与其过失程度相应的赔偿责任时,应按照下列情形处理:(一)应先由被审计单位赔偿利害关系人的损失。被审计单位的出资人虚假出资、不实出资或者抽逃出资,事后未补足,且依法强制执行被审计单位财产后仍不足以赔偿损失的,出资人应在虚假出资、不实出资或者抽逃出资数额范围内向利害关系人承担补充赔偿责任。(二)对被审计单位、出资人的财产依法强制执行后仍不足以赔偿损失的,由会计师事务所在其不实审计金额范围内承担相应的赔偿责任。(三)会计师事务所对一个或者多个利害关系人承担的赔偿责任应以不实审计金额为限。 第 11 条:会计师事务所与其分支机构作为共同被告的,会计师事务所对其分支机构的责任部分承担连带赔偿责任。
《银行间债券市场非金融企业债务融资工具管理办法》	原银监会	银行间债券	第 10 条:为债务融资工具提供服务的承销机构、信用评级机构、注册会计师、律师等专业机构和人员应勤勉尽责,严格遵守执业规范和职业道德,按规定和约定履行义务。上述专业机构和人员所出具的文件含有虚假记载、误导性陈述和重大遗漏的,应当就其负有责任的部分承担相应的法律责任。

续表

法规名称	制定机关	适用范围	条　文
《股票发行与交易管理暂行条例》	国务院	股票发行、交易及相关活动	第77条:违反本条例规定,给他人造成损失的,应当依法承担民事赔偿责任。

(二)《证券法》与司法解释的适用位阶

作为衍生于《证券法》的司法解释,《虚假陈述若干规定》与《会计师事务所民事侵权赔偿规定》对证券服务机构虚假陈述的责任作出了细化的规定,但上述两则司法解释的规则制定背景、具体适用范围、详细程度与《证券法》都有差异,在具体的条文规定上可能存在龃龉。

最典型的例证即为证券服务机构虚假陈述责任的归责原则以及其与上市公司连带责任的问题。《证券法》总括性地规定了包括全部证券服务机构承担过错推定责任,并且需要与上市公司与发行人承担连带责任。《虚假陈述若干规定》与《会计师事务所民事侵权赔偿规定》亦规定了会计师事务所等证券服务机构需要承担过错推定责任,但是就其是否需要与上市公司与发行人承担连带责任的规定,在文字表述上与《证券法》略有不同。

《虚假陈述若干规定》第24条对于专业中介机构的责任规定为“就其负有责任的部分承担赔偿责任”,只有在第27条规定的“知道或者应当知道发行人或者上市公司虚假陈述,而不予纠正或者不出具保留意见的,构成共同侵权”情形下,才承担连带责任。从文义上看,似乎区分了“故意”与“过失”。

《会计师事务所民事侵权赔偿规定》第6条第1款规定:“会计师事务所在审计业务活动中因过失出具不实报告,并给利害关系人造成损失的,人民法院应当根据其过失大小确定其赔偿责任。”《会计师事务所民事侵权赔偿规定》第5条规定了与审计单位恶意串通等六种被认定为“故意”的情形,会计师事务所需要承担连带责任。除第5条规定情形之外因过失而出具不实报告的行为,会计师事务所仅需要根据过错大小确定赔偿责任。《会计师事务所民事侵权赔偿规定》第13条第1款规定:“本规定自公布之日起施行。本院过去发布的有关会计师事务所民事责任的相关规定,与本规定相抵触的,不再适用。”但该规定也仅仅优先于最高人民法院所发出的会计师事务所民事责任的相关规定,并未明确当其与《证券法》相违背时应当如何适用的问题。

1. 实践中对于《证券法》与司法解释规定不一致的态度

司法解释并非《立法法》中规定的法律位阶,与法律并没有上下位法的关系。虽然从理论上看,最高人民法院订立司法解释时,并不能与法律的规定相冲突,但实际上,受法律规定的高度概括性以及制定时的背景所限,司法解释往往会对于法律的适用作出扩张或者限缩的解释,或者根据实际情况的变迁而在法律原则性规定基础上进行一定的修正。

从性质上而言,司法解释并不属于任何位阶的法律,而是最高人民法院对于法律如何具体适用的意见。最高人民法院对于法律条文的具体适用可以作出限缩或者扩张的解释,使较为原则性且具有稳定性的法律得以面对不同的实践情形。从这一视角来看,当最高人民法院所作出的司法解释有别于法律规则时,司法解释往往体现出了原则性的法律在具体价值衡量之下的适用,因此应当优先适用司法解释的规则为宜。

2. 法院对于《证券法》及司法解释的态度

实践中,不乏证券服务机构提出应当优先适用司法解释的主张。在成都中院一审的(2019)川01民初491号等一系列案件中,作为被告的会计师事务所即主张,《虚假陈述若干规定》第24条、第27条分别规定了过失与故意的情形,会计师事务所行为属于过失,不应当承担连带赔偿责任。但成都中院仍然引用2014年《证券法》第173条的规定,认为关于证券服务机构与上市公司承担连带责任的规定具有实质合理性,《虚假陈述若干规定》第24条与第27条虽然未明确规定责任形式,但其依据的1998年《证券法》规定的责任形式均是连带责任,故会计师事务所关于其不应当承担连带责任的意见缺乏依据,不予认可。从成都中院的观点来看,其严格遵守了法律的效力位阶高于司法解释的原则,无论《虚假陈述若干规定》与《会计师事务所民事侵权赔偿规定》的规定为何,都需要依照《证券法》之规定承担连带责任。

在最高人民法院审理的(2019)最高法民申2397号证券虚假陈述责任纠纷再审案中,再审申请人即某负责审计的会计师事务所主张其行为属于轻微过失,依据《会计师事务所民事侵权赔偿规定》第6条的规定仅承担与其过失大小相适应的责任,而非连带责任。最高人民法院认为,尽管《会计师事务所民事侵权赔偿规定》根据会计师事务所在审计业务活动中的过错程度,对其责任承担形式进行了区分,但《证券法》明确规定了会计师事务所等证券服务机构以推定过错作为承担连带责任的构成要件，而并未进一步区分故意或者过失，在审计机构不能证明其无过错的情况下，其作为证券服务机构与上市公司应承担连带赔偿责任。

需要注意的是，同为该会计师事务所被起诉的案件，上海地区的法院在判决说理部分对于证券服务机构属于过失还是故意进行了区分。上海市一中院在(2017)沪01民初1291号等系列案件中作出判决："《最高人民法院关于审理涉及会计师事务所在审计业务活动中民事侵权赔偿案件的若干规定》中根据会计师事务所出具不实报告系基于故意或过失分别确立了连带责任和补充赔偿责任，其中第五条第二款规定，对被审计单位有前款第二至五项所列行为（包括明知被审计单位对重要事项的财务会计处理与国家有关规定相抵触，而不予指明；明知被审计单位的财务会计处理会直接损害利害关系人的利益，而予以隐瞒或者作不实报告；明知被审计单位的财务会计处理会导致利害关系人产生重大误解，而不予指明；明知被审计单位的会计报表的重要事项有不实的内容，而不予指明），注册会计师按照执业准则、规则应当知道的，人民法院应认定其明知。该条款系对会计师事务所主观'推定故意'之规定。"但在本案中，由于该会计师事务所对于上市公司提前确认收入、虚增销售收入、虚增利润等严重违法行为，因未执行必要有效的审计程序而未予揭示，会计师事务所认为其主观系过失的抗辩意见缺乏依据，应当就上市公司所需要承担全部虚假陈述赔偿承担连带责任。

也就是说，当司法解释与《证券法》中关于证券服务机构应当承担责任的规定存在不同时，是适用原则性的法律还是适用具体的司法解释仍未有统一的定论，法院在实践中的做法也不一致。《证券法》对于证券服务机构的责任要求最为严苛，其不仅需要自证不存在违反勤勉义务的责任，而且无论是在过失还是在故意的情况下，都需要就全部损失承担连带责任。从上述成都中院的判决中可以看出，不乏有案例中，法院认定《证券法》中关于证券服务机构承担责任的规定属于原则性的规定的案件，一旦证券服务机构出现了虚假陈述的情形，则无论故意或者过失，其也需要承担全部连带责任，而不适用两个司法解释中的"就其负有责任的部分承担赔偿责任"或"应当根据其过失大小确定其赔偿责任"等承担部分责任的规定。就法院的实践而言，似乎更为认可证券服务机构应当按照《证券法》认定责任。如若严格遵循《证券法》优先于其他司法解释的观点，则证券服务机构在证券服务中有微小的过失行为，也需要负担较重的民事责任。

第二节　虚假陈述民事法律责任的构成要件

一、虚假陈述民事法律责任的性质

对于虚假陈述民事法律责任的性质，学理上存在合同责任说、侵权责任说等多种学说。合同责任说主要认为，信息披露义务人和投资者之间签订了购买证券的合同，如上市招股说明书等文件亦构成了合同的要约，属于合同的组成部分。因此，虚假陈述行为属于对合同约定义务的违反。侵权责任说则认为，信息披露义务属于法定义务，信息披露义务人违反该法定义务，需要对投资者承担侵权责任。

从《证券法》及《虚假陈述若干规定》的相关条文来看，信息披露义务人不仅包括与投资者之间构成购买证券合同关系的证券发行人，还包括会计师事务所、律师事务所等与投资者不形成合同关系的主体，因此，合同责任难以解释虚假陈述中证券服务机构的责任。另外，司法解释对于信息披露义务人的信息披露义务作出了明确的规定，信息披露义务人一旦违反了相应的法定义务，则无论是否已在证券合同中作出约定，都需要承担责任。从这两点上而言，虚假陈述责任应当解释为侵权责任，在《证券法》及《虚假陈述若干规定》尚未作出明确规定时，应当适用侵权责任法的一般规定。

二、虚假陈述行为

（一）虚假陈述行为的类型区分

《虚假陈述若干规定》第 17 条确定了四种类型的虚假陈述，即虚假记载、误导性陈述、重大遗漏与不正当披露。①

1. 虚假记载

虚假记载，是指信息披露义务人在披露信息时，将不存在的事实在信息披露

① 《虚假陈述若干规定》第 17 条第 1 款："证券市场虚假陈述，是指信息披露义务人违反证券法律规定，在证券发行或者交易过程中，对重大事件作出违背事实真相的虚假记载、误导性陈述，或者在披露信息时发生重大遗漏、不正当披露信息的行为。"

文件中予以记载的行为。[①] 在实践中，虚假记载可能表现为虚构利润与业务收入[②]、政府财政补助[③]、股权持有情况[④]等。

上市公司、发行人以及相关的证券服务机构需要披露的内容，可以区分为描述性信息、评价性信息与预测性信息。[⑤] 描述性信息属于客观信息。判断描述性信息是否虚假记载较为简单，只要与实践情况不符即可以认定为虚假记载。

在证券服务机构所提供的服务中，还可能存在大量评价性与预测性的信息，前者如律师事务所出具的IPO法律意见书中的财务或者法律风险提示等，后者如发行人未来的机会和风险、未来营运的计划和目标、对未来财务事项的预测等情形。对于这两者，有学者统称为"主观性信息"。[⑥]

主观性信息未必能够完全准确地反映未来的发展方向或者可能发生的风险。我国立法并未明确区分主观性信息与客观性信息。对于主观性信息的披露标准，仅有各股票交易所的上市规则中进行了简略规定。如《上海证券交易所股票上市规则》(2019年修订)第2.6条规定："披露预测性信息及其他涉及公司未来经营和财务状况等信息，应当合理、谨慎、客观。"《上海证券交易所关于发布上海证券交易所行业信息披露指引第一号至第七号的通知》第19条规定："上市公司披露年度销售计划、中长期规划等经营预测性信息的，应当合理、审慎、客观，不得以新闻发布形式代替临时报告。上市公司已披露的经营预测性信息调整幅度超过20%的，应当及时公告。"《上海证券交易所上市公司董事会秘书管理办法》(2015年修订)第7条第2项也规定："本所对上市公司信息披露准确性情况进行评价，重点关注以下方面：……(二)披露预测性信息及其他涉及公司未来经营和财务状况等信息是否合理、谨慎、客观……"深交所亦作出了类似的规定。

对于评价性的信息，《上海证券交易所股票上市规则》(2019年修订)第2.24

---

① 《虚假陈述若干规定》第17条第3款。

② 海南高院二审的(2016)琼民终107号案。在本案中，上市公司提前确认销售收入，虚增2011年利润以及应计未计期间费用，导致上市公司2011年财务报表盈亏性质发生变化，属于虚假记载行为，构成证券虚假陈述。

③ 宁波市中级人民法院一审的(2018)浙02民初1053号案。在本案中，上市公司披露了其虚构影视版权转让业务和虚构财政补助两项违法事实，该两项违法行为导致上市公司2015年报虚增收入和利润。

④ 长春中院二审的(2017)吉01民初1063号案。在本案中，上市公司未依法披露其董监高的持股情况，以及持有公司股份最多的前十名股东及其持股情况发生较大变化。

⑤ 陈甦、吕明瑜：《论上市信息公开的基本原则》，载《中国法学》1998年第1期。

⑥ 廖升：《虚假陈述侵权责任之侵权行为认定》，载《法学家》2017年第1期。

条规定:"保荐人和证券服务机构为上市公司和相关信息披露义务人的证券业务活动制作、出具保荐书、审计报告、资产评估报告、财务顾问报告、资信评级报告、法律意见书等文件,应当勤勉尽责,对所依据文件资料内容的真实性、准确性、完整性进行核查和验证……"

也就是说,对于预测性的信息,目前的法律法规以及交易所规则仅仅规定了"合理、谨慎、客观"的要求;对于评价性的信息,亦仅要求证券服务机构勤勉尽责,对于所依据文件资料内容的真实性、准确性、完整性进行查验。对于主观性信息的披露是否属于虚假记载,现行法律法规并未提供"标尺"。

对此,有学者提出了判断预测性、评价性信息是否属于虚假记载的三个判断标准:第一,不确定信息的公开必须有一定的理论基础,即必须有市场情况、营业环境、经济条件、财务状况等条件的支持;第二,不确定信息的公开必须有合理性,即符合可预见性的要求;第三,公开的目的必须具有正常性,即必须是为了有助于投资者对上市公司股票的价格作出正确的判断。否则,当主观性的信息与事物未来发展方向不相符时,证券服务机构极有可能承担虚假陈述的侵权责任。

2. 误导性陈述

误导性陈述,是指虚假陈述行为人在信息披露文件中或者通过媒体,作出使投资人对其投资行为发生错误判断并产生重大影响的陈述。[①] 有学者将误导性陈述区分为以下四种类型:

(1)以偏概全型,以个别情况代表整体情况,从而掩盖整体情况的真相

例如,在上海高院二审的(2017)沪民终 456 号案中,上市公司宣传披露其互联网相关业务信息具有片面性,选择性披露利好信息、规避不利信息,同时混淆互联网金融业务和互联网金融服务的概念,被证监会认定为误导性陈述而作出行政处罚。[②] 由于其对于信息披露并未尽到真实、完整义务,上海高院认定其应当承担相应的虚假陈述责任。

(2)矫枉过正型,未实事求是反映问题和风险的防范措施,反而将不利的消息变为利好的消息

例如,在杭州中院审理的(2018)浙 01 民初 2340 号案中,某名人作为法定代表人与实际控制人的传媒公司准备收购上市公司股权从而实现上市的案件中,证

---

① 《虚假陈述若干规定》第 17 条第 4 款。

② 证监会处罚字〔2016〕53 号《行政处罚事先告知书》。

监会作出〔2018〕32 号《行政处罚决定书》认为，在本案中，该传媒公司被证监会认定为未进行资金的充分筹备，在境内可支付资金有限、金融机构拟融入资金缺乏充分准备的情况下，采取高杠杆收购方式，签订股权转让协议。在履行能力、履行结果不确切，收购行为真实性、准确性不能保证的情况下，贸然公布收购信息。其行为因其名人效应等因素叠加，引发市场和媒体的高度关注，致使目标上市公司股价大幅波动，严重扰乱了正常的市场秩序，从而被认为对市场和投资者产生严重误导。法院即判决上市公司与拟收购该上市公司的传媒公司的法定代表人、控股股东承担连带责任。

(3)语义模糊或晦涩型，即使用模棱两可，易生歧义，或使人难以读懂的术语，使投资人进行猜测，或无法理解，以掩盖行为人的真实情况

例如，在南京中院一审的(2016)苏 01 民初 2220 号案件中，上市公司在案涉的《分配提案》及《分配预告》中，对于以高比例转增的形式进行利润分配的理由作出了与事实不相符合的表述，使投资者误认为该公司 2014 年利润为正，并作出公司运营状况良好的错误判断，进而对投资者决定是否购买上市公司股票产生重要影响。2015 年 10 月 22 日，江苏证监局作出《行政处罚决定书》，认为案涉上市公司及前三名股东在法定业绩预告截止日期前的敏感时点，采用模糊性的语言，对 2014 年经营状况进行了描述，并作为高比例转增提议的理由，结合资本市场上业绩良好才会高转增的惯性思维，足以使投资者对公司 2014 年经营业绩产生错误判断，从而影响其投资决策。因此，法院判决上市公司应当对投资者的损失承担责任。

(4)预测失实型，即对未来事实、发展前景作出没有合理根据和专业判断，根本无法实现的错误预测

经北京高院二审的(2017)京民终 500 号即此类案件。在该案中，上市公司发布的《关于收购某公司部分股权的公告》明确载明，该上市公司收购目标公司的交易有助于上市公司加速切入互联网保险行业，进一步提升公司的综合竞争力，最终实现公司和全体投资者利益的最大化这一公告信息导致上市公司股票在接下来几个交易日中连续上涨，影响投资者购买股票的意愿，对于上市公司股票的交易价格也产生了重大影响。因此，法院认定上市公司构成误导性陈述，应当对投资者损失承担责任。

需要注意的是，误导性陈述需要满足“投资人对其投资行为发生错误判断并

产生重大影响”这一要件。对是否达成这一要件的判定标准，笔者将在后文予以论述。

3. 重大遗漏

重大遗漏，是指信息披露义务人在信息披露文件中，未将应当记载的事项完全或者部分予以记载的行为。《证券法》及相关的司法解释、部门规章以及各证券交易所的上市规则，都对披露义务人需要记载的重大诉讼、重大担保、公司经营、融资等事项进行了明确规定，披露义务人如若在这些事项上存在重大遗漏，即可能产生该项虚假陈述责任。

在杭州中院审理(2018)浙01民初2340号案中，某传媒公司试图通过收购目标上市公司股权从而实现借壳上市，收购上市公司的传媒公司关于筹资计划和安排的信息披露、无法按期完成融资计划原因的披露存在重大遗漏，“未完整披露款项支付方式将随金融机构的审批情况进行调整的情况、未在公告中明确金融机构融资存在巨大的不确定性，且在公告中将无法按期完成融资计划归因于金融机构融资审批失败，未披露在应支付第二笔股权转让款时，银必信未准备足够资金的事实”，[①]法院从而认定目标上市公司与传媒公司实际控制人存在重大遗漏的情况。法院亦要求目标上市公司与传媒公司实际控制人承担虚假陈述责任。

对于尚未确定的事实，发行人予以否认或拒绝披露是否会构成重大遗漏，亦是司法实践需要解决的问题。诸如公司正在洽谈、未来是否签订不确定的合同，公司如若予以否认或拒绝，是否会因此而承担虚假陈述责任。目前而言，国内尚缺乏类似的民事诉讼案例，司法实践尚无定论。

在美国司法实践中，法院采取了以下公式检验该等信息是否应当披露：信息的重要程度 = 事件发生的可能性 × 事件的重大性。对于事件发生的可能性，则主要依据谈判时双方公司的合作兴趣判定，包括董事会的内部决议、公司对投资银行所作的指示、实际谈判的过程以及参加谈判的人员在各自公司中的地位等，事件的重大性则从双方公司的规模大小和合并可能引起的股票增值幅度方面予以判定。[②]

---

① 证监会〔2018〕32号《行政处罚决定书》，载证监会官网：http://www.csrc.gov.cn/pub/zjhpublic/G00306212/201804/t20180416_336809.htm；证监会〔2018〕7号《中国证监会市场禁入决定书》，载证监会官网：http://www.csrc.gov.cn/pub/zjhpublic/G00306212/201804/t20180416_336810.htm，最后访问日期：2019年8月28日。

② 朱锦清：《证券法学》，北京大学出版社2019年版，第203页。

4. 不正当披露

不正当披露,是指信息披露义务人未在适当期限内或者未以法定方式公开披露应当披露的信息不正当披露亦可以区分为未遵守期限的不正当披露与未遵守法定方式的公开披露两种形式。对于证券发行人与证券服务机构的披露时间、法定形式要求明确规定,在法律法规、司法解释以及交易所规范、行业自律规范中,一旦违反即有可能构成不正当披露。

例如,贵州高院审理的(2012)黔高民商终字第3号案即为不正当披露的典型案例。在该案中,被告上市公司于2007年4月23日达成决议受让其大股东所持有的某信托投资有限公司股权,并于2007年5月18日至2007年6月30日付款5700万元。但对于上述与大股东之间的关联交易的事实,被告上市公司既未及时披露上述股权转让事宜,也未在2007年度中期报告中披露。此外,被告上市公司于2017年11月26日签订了《土地使用权转让协议》,受让了土地使用权,并在2007年12月18日前累计付款2085万元。对于受让股权和土地使用权的两项交易,上市公司于2008年4月30日才向公众进行披露。证监会认为,在上述两项交易中,该上市公司违反了《证券法》第63条关于上市公司信息披露的规定,亦违反了《证券法》第67条关于临时报告的规定。① 贵州高院基于证监会的上述处罚,认定被告上市公司未在适当期限内公开披露应当披露的信息,属于虚假陈述的行为,从而要求上市公司承担相应责任。

(二)证券服务机构的信息披露标准

《证券法》第19条第2款规定:"发行人报送的证券发行申请文件,应当充分披露投资者作出价值判断和投资决策所必需的信息,内容应当真实、准确、完整。为证券发行出具有关文件的证券服务机构和人员,必须严格履行法定职责,保证其所出具文件的真实性、准确性和完整性。"第163条规定:"证券服务机构为证券的发行、上市、交易等证券业务活动制作、出具审计报告、资产评估报告、财务顾问报告、资信评级报告或者法律意见书等文件,应当勤勉尽责,对所依据的文件资料内容的真实性、准确性、完整性进行核查和验证。"也就是说,证券服务机构的信息披露标准应当为真实、准确、完整。

就此三项要求而言,实际上对应的分别为虚假记载、误导性陈述、重大遗漏三

① 《行政处罚决定书》,载证监会官网:http://www.csrc.gov.cn/pub/zjhpublic/G00306212/201005/t20100520_180726.htm,最后访问日期:2019年9月1日。

种虚假陈述的类型。《虚假陈述若干规定》另外将不正当披露列为虚假陈述的一项类型,明确了信息披露义务人依照法定的期限、法定的方式向公众进行披露的义务,亦即对信息披露义务人还具有披露及时性与披露方式法定性的要求。

《证券法》第163条还确定了证券服务机构的勤勉尽责义务。如果证券服务机构制作、出具的文件有虚假记载、误导性陈述或重大遗漏,则应当承担连带责任。根据《虚假陈述若干规定》第24条的规定,证券服务机构违反《1998年证券法》第161条和第202条的规定进行虚假陈述,给投资人造成损失,应当承担责任;在此基础之上,第27条规定了证券服务机构知道或者应当知道发行人或者上市公司虚假陈述而不予纠正或不出具保留意见的,构成共同侵权。《会计师事务所民事侵权赔偿规定》第5条更明确了会计师事务所在审计过程中"明知而不予纠正"的定义,即违反第5条第1款第2~5项的情形,注册会计师按照执业准则、规则应当知道的,人民法院推定其为明知。

对于证券服务机构勤勉尽责义务之构成,即为"合理的职业怀疑",亦即作为相应职业中的合理注意义务。具体而言,证券服务机构应当遵守行业准则与业务规则,这在诸多规范性文件中也有体现。《上市公司重大资产重组管理办法》(2020年修正)第58条第1款规定:"为重大资产重组出具财务顾问报告、审计报告、法律意见、资产评估报告、估值报告及其他专业文件的证券服务机构及其从业人员未履行诚实守信、勤勉尽责义务,违反中国证监会的有关规定、行业规范、业务规则,或者未依法履行报告和公告义务、持续督导义务的,由中国证监会责令改正,并可以采取监管谈话、出具警示函、责令公开说明、责令定期报告、认定为不适当人选等监管措施;情节严重的,依法追究法律责任。"《会计师事务所民事侵权赔偿规定》第5条第2款规定,"对被审计单位有前款第(二)至(五)项所列行为,注册会计师按照执业准则、规则应当知道的,人民法院应认定其明知"。

实践中,对于证券服务是否构成勤勉尽责义务,也主要依据是否遵循了相关的行业准则与业务规定进行认定。

例如,在证监会作出的〔2017〕101号《行政处罚决定书》中,证监会认定进行审计的会计师事务所违反了《中国注册会计师审计准则》的相关规定,从而构成了对勤勉义务的违反。在该案中,会计师事务所的申辩理由也主要集中在其审计行为的合规性。会计师事务所主张,其出具的上市公司2010年年报不存在错报问题,会计师事务所不应当承担审计责任;对于2011年的年报错报问题反涉及某柴油厂的未入账的三笔索赔费用，会计师事务所对客户的函证程序不存在违反业务规则的情况。对于会计师事务所未违反业务规定的部分，证监会采纳了申辩意见，并对处罚金额进行了相应扣减。

对于其他的证券服务机构，证监会〔2017〕56号《行政处罚决定书》即认定，出具《法律意见》的律师事务所违反了《律师事务所证券法律业务执业规则（试行）》，未能尽到勤勉义务。证监会作出的〔2019〕36号《行政处罚决定书》亦认定评估机构未能符合《资产评估准则》的要求，从而未尽到勤勉义务。

（三）重大性标准

1. 重大性的概念与判断标准

《虚假陈述若干规定》第17条第1款规定："证券市场虚假陈述，是指信息披露义务人违反证券法律规定，在证券发行或者交易过程中，对重大事件作出违背事实真相的虚假记载、误导性陈述，或者在披露信息时发生重大遗漏、不正当披露信息的行为。"

对于重大事件的标准，根据《虚假陈述若干规定》第17条第2款的规定，应当结合《证券法》第78～81条（可以对应《虚假陈述若干规定》制定时的《证券法》第59～62条）、第56条（可以对应《虚假陈述若干规定》制定时的《证券法》第72条）及相关规定的内容进行认定。《证券法》第79条①主要规定了上市公司在半年报、

① 《证券法》第79条："上市公司、公司债券上市交易的公司、股票在国务院批准的其他全国性证券交易场所交易的公司，应当按照国务院证券监督管理机构和证券交易场所规定的内容和格式编制定期报告，并按照以下规定报送和公告：（一）在每一会计年度结束之日起四个月内，报送并公告年度报告，其中的年度财务会计报告应当经符合本法规定的会计师事务所审计；（二）在每一会计年度的上半年结束之日起二个月内，报送并公告中期报告。"

年报中必须予以公告的事项；第 80 条[①]、第 81 条[②]则确定了“发生可能对上市公司股票交易价格产生较大影响、而投资者尚未得知的重大事件”必须提交临时报告并予以公告，并在其后列举了多类“重大事件”，以及规定了“法律、行政法规规定的其他事项”这一兜底性条款。第 56 条[③]规定了禁止传播信息、虚假陈述或者信息误导。

在实践中，法院一般认为，《证券法》所规定的上述事项本身就是足以对股票价格产生重大影响的“重大事件”。如若信息披露义务人违反了相应的虚假陈述

---

① 《证券法》第 80 条：“发生可能对上市公司、股票在国务院批准的其他全国性证券交易场所交易的公司的股票交易价格产生较大影响的重大事件，投资者尚未得知时，公司应当立即将有关该重大事件的情况向国务院证券监督管理机构和证券交易场所报送临时报告，并予公告，说明事件的起因、目前的状态和可能产生的法律后果。前款所称重大事件包括：（一）公司的经营方针和经营范围的重大变化；（二）公司的重大投资行为，公司在一年内购买、出售重大资产超过公司资产总额百分之三十，或者公司营业用主要资产的抵押、质押、出售或者报废一次超过该资产的百分之三十；（三）公司订立重要合同、提供重大担保或者从事关联交易，可能对公司的资产、负债、权益和经营成果产生重要影响；（四）公司发生重大债务和未能清偿到期重大债务的违约情况；（五）公司发生重大亏损或者重大损失；（六）公司生产经营的外部条件发生的重大变化；（七）公司的董事、三分之一以上监事或者经理发生变动，董事长或者经理无法履行职责；（八）持有公司百分之五以上股份的股东或者实际控制人持有股份或者控制公司的情况发生较大变化，公司的实际控制人及其控制的其他企业从事与公司相同或者相似业务的情况发生较大变化；（九）公司分配股利、增资的计划，公司股权结构的重要变化，公司减资、合并、分立、解散及申请破产的决定，或者依法进入破产程序、被责令关闭；（十）涉及公司的重大诉讼、仲裁，股东大会、董事会决议被依法撤销或者宣告无效；（十一）公司涉嫌犯罪被依法立案调查，公司的控股股东、实际控制人、董事、监事、高级管理人员涉嫌犯罪被依法采取强制措施；（十二）国务院证券监督管理机构规定的其他事项。公司的控股股东或者实际控制人对重大事件的发生、进展产生较大影响的，应当及时将其知悉的有关情况书面告知公司，并配合公司履行信息披露义务。”

② 《证券法》第 81 条：“发生可能对上市交易公司债券的交易价格产生较大影响的重大事件，投资者尚未得知时，公司应当立即将有关该重大事件的情况向国务院证券监督管理机构和证券交易场所报送临时报告，并予公告，说明事件的起因、目前的状态和可能产生的法律后果。前款所称重大事件包括：（一）公司股权结构或者生产经营状况发生重大变化；（二）公司债券信用评级发生变化；（三）公司重大资产抵押、质押、出售、转让、报废；（四）公司发生未能清偿到期债务的情况；（五）公司新增借款或者对外提供担保超过上年末净资产的百分之二十；（六）公司放弃债权或者财产超过上年末净资产的百分之十；（七）公司发生超过上年末净资产百分之十的重大损失；（八）公司分配股利，作出减资、合并、分立、解散及申请破产的决定，或者依法进入破产程序、被责令关闭；（九）涉及公司的重大诉讼、仲裁；（十）公司涉嫌犯罪被依法立案调查，公司的控股股东、实际控制人、董事、监事、高级管理人员涉嫌犯罪被依法采取强制措施；（十一）国务院证券监督管理机构规定的其他事项。”

③ 《证券法》第 56 条：“禁止任何单位和个人编造、传播虚假信息或者误导性信息，扰乱证券市场。禁止证券交易场所、证券公司、证券登记结算机构、证券服务机构及其从业人员，证券业协会、证券监督管理机构及其工作人员，在证券交易活动中作出虚假陈述或者信息误导。各种传播媒介传播证券市场信息必须真实、客观，禁止误导。传播媒介及其从事证券市场信息报道的工作人员不得从事与其工作职责发生利益冲突的证券买卖。编造、传播虚假信息或者误导性信息，扰乱证券市场，给投资者造成损失的，应当依法承担赔偿责任。”

义务,可以直接认定为构成重大事件虚假陈述,而无须再具体考虑这一虚假陈述是否确实对股票价格、投资者等产生重大影响。例如,在(2015)粤高法民二终字13－967号案中,广东高院认为,关联交易会对投资者购买上市公司证券的意愿产生影响,从而影响交易价格。由于上市公司在长达近2年时间里存在多个关联交易并故意隐瞒的情形,严重违反上市公司信息公开的义务,严重违反法律规定的信息披露必须真实、准确、完备的原则,亦严重违反诚实信用原则,故涉案关联交易事项应认定属于重大事件。结合证监会此前的行政处罚,可以认定被告上市公司未披露关联交易的行为构成重大事件的虚假陈述。由此可知,广东高院在本案中,并未单独将实际的股票价格影响考虑在内。

在北京一中院审理的(2017)京01民初100号案中,被告上市公司提出抗辩,称其虚假陈述不具有重大性,法院在审理证券虚假陈述民事责任纠纷中必须对"重大性"问题进行判断,上市公司股票股价走势具有一贯性,虚假陈述行为未对股票的股价产生实质影响,因此,股票的虚假陈述不具有重大性。但北京一中院并未考虑被告上市公司所提出的"未对股票的股价产生实质影响"的抗辩,而是直接依据《证券法》的相关规定,结合证监会已经作出的行政处罚,认定被告上市公司的虚假陈述属于"重大事件"。

司法实践中并非将所有涉及上述内容的虚假陈述都列为重大事件的虚假陈述,认定构成虚假陈述民事责任仍需要遵循其他的标准。在最高人民法院再审的(2013)民申字第1808号案中,最高人民法院认为,构成虚假陈述的信息必须是违背事实真相的重大事件。对于财务会计报告中有关事项和数据是否构成重大事件,应当从所涉金额、事件性质、影响力等方面进行综合判断。在该案中,财政部主要是对上市公司的会计核算和财务管理错误地进行了处罚,在纠正后除了归属于母公司所有者的净利润和利润总额调整较大以外,其余科目调整幅度均很微小,并不能对股票市场产生实质影响;此外,调整后的内容增加了上市公司的利润总额,对于投资者而言是利好消息。因此,认定该上市公司的信息披露行为不构成虚假陈述。

也就是说,除了符合《证券法》规定的必须予以公告事项以外,重大事件还必须确定有"实质重大性"与"客观不利性"之特征。客观不利性是指对重大事件的虚假陈述必须在客观上对投资者造成不利,否则不应当产生虚假陈述责任。可见,对"重大性"与"客观不利性"的实质性考量,也形成了上市公司、保荐机构、证券服务机构是否确实构成虚假陈述的衡平。

对于实质上“重大性”的判断,主要存在两种标准:

第一种即“股价敏感性”标准,即该项事件是否会对股价产生重大影响。《证券法》第80条规定的“发生可能对上市公司股票交易价格产生较大影响的重大事件”,即采纳了这一项“股价敏感性”的标准。在上述经北京高院二审的(2017)京民终500号案中,被告上市公司虚假陈述,发布利好信息,导致其股票当日收盘价相较于前一交易日上涨5.24%,且在此后的4个交易日中,股票的涨幅均达到10%。而同期的上证指数和深证成指除一天涨跌幅为上涨外,其余几日均处于下跌状态。因此,法院认定,上市公司的虚假陈述对于股票价格产生了重大影响,构成对于重大事件的误导性陈述。

第二种即“投资者敏感性”标准,即一个正常的谨慎的人在购买证券前应当被告知的信息,如果存在这样的充分可能性,即若理性的投资者在购买或出售证券时可能认为某一事实是重要的,则该事实就具有重大性。① 相较于“股价敏感性”的客观性,这一标准将投资者的理性引入了判断依据。一旦投资者符合理性人的标准,并出于这种信赖而购买了证券,则应当认为该项事实具有重大性。

在辽宁高院审理的(2019)辽民终815号案中,一审法院大连中院在根据《证券法》的相关规定认定“重大事件”后,还考虑到虚假陈述行为是否对投资者的意愿产生了影响。大连中院认为,原告投资者作为普通投资者在购买某只股票时,无疑对股票发行人所披露信息只能给予足够的信任,上市公司所有已经披露的信息都应当是原告投资者在决定购买股票时所信赖的对象,在虚假陈述被揭露前,股票的股价并非正常的价格,而是受到虚假陈述的影响处于一种虚高的状态,已经对投资者购买股票的意愿产生了影响,因此该上市公司未披露相关事项和虚假陈述构成重大事件,属于虚假陈述。

实践中,也不乏同时采纳两者以判断重大性的案例,在成都中院审理的(2017)川01民初2385号案件中,法院认为,证券虚假陈述行为的重大性,是指公司行为对投资决定的可能性影响,主要包括投资者投资意愿等,其主要衡量指标可以通过该行为对证券交易价格和交易量的影响来判断。由此可见,上市公司披露所披露事项已对投资者购买或抛售上市公司股票的意愿产生影响,同时也对该

① 廖升:《虚假陈述侵权责任之侵权行为认定》,载《法学家》2017年第1期。

证券的交易价格产生了明显影响。因此,法院认定上市公司应当对投资者承担虚假陈述民事法律责任。

2015 年 12 月,《最高人民法院关于当前商事审判工作中的若干具体问题》对于虚假陈述的重大性也作出了要求:“重大性,是指违法行为对投资者决定的可能影响,其主要衡量指标可以通过违法行为对证券交易价格和交易量的影响来判断。交易因果关系是指违法行为影响了投资者的交易决定。重大性、交易因果关系是为了限制或减轻行为人责任的制度安排。”这一规定将“重大性”标准限制为“证券交易价格和交易量”,采取了较为客观的标准。而披露事项对于投资者而言是否具有重大性,则被纳入了对“交易因果关系”的考量。实际上,证券交易价格和交易量以及投资者敏感性无论被作为对重大性还是交易因果关系的判断标准,都不影响其可以作为“限制或减轻行为人责任的制度安排”,也就是说,法院在考虑信息披露义务人是否需要对虚假陈述承担责任时,仍然需要从这两方面进行衡量。

需要注意的是,《虚假陈述若干规定》第 6 条规定:“投资人以自己受到虚假陈述侵害为由,依据有关机关的行政处罚决定或者人民法院的刑事裁判文书,对虚假陈述行为人提起的民事赔偿诉讼,符合民事诉讼法第一百零八条规定的,人民法院应当受理。”依据该司法解释的规定,只有在证券虚假陈述被行政机关处罚或已经达成刑事裁判的情况下,法院才能进行民事受理。实践中法院对于“重大事件”的认定一般会结合证监会所作出的行政处罚,一旦证监会或者地方证监局对此作出了虚假陈述的行政处罚决定,则有很大概率会被认定为上市公司作出了重大事件的虚假陈述。对于行政处罚决定与“重大事件”认定的关系这一问题,笔者将在第四章第二节展开论述。

在美国证券法中,“重大性”也是依据《规则 10b－5》提起的证券欺诈诉讼的构成要件。例如,在 List v. Fashion Park Inc., 340 F. 2d 457(2d Cir. 1965)案中,第二巡回法院认为,某一事实是否具有重大性取决于一个合理投资人“在作出交易行为时是否重视被不实说明的事实”,且对“重大性”的认定应以投资人已有的全部综合信息为基础。如果被遗漏信息的披露很有可能改变一个理性的投资者对公开信息的综合看法,那么该信息就具有重大性。

2. 重大性与信赖要件之区分

《九民纪要》第 85 条规定:“审判实践中,部分法院对重大性要件和信赖要件存在着混淆认识,以行政处罚认定的信息披露违法行为对投资者的交易决定没有影响为由,否定了违法行为的重大性。这种认识应予纠正。重大性是指可能对投资者进行投资决策具有重要影响的信息,信赖要件强调的是虚假陈述行为与投资者交易决定之间的关系。在民事案件的审理中,对于一方当事人提出的监管部门作出处罚决定的行为不具有重大性的抗辩理由,人民法院不予支持。”

从这一条可以看出,最高人民法院对于重大性与信赖要件进行了区分。从定义上看,两者确实存在不同。所谓重大性,则是虚假陈述事实本身足以对投资者产生重大影响,具体的判断标准亦是整个证券市场的全部投资者,而非针对某一投资者。信赖要件的主要判断目标为针对具体投资者,虚假陈述行为是否使其产生了信赖并基于信赖而进行投资。在具体投资者对于虚假陈述行为缺乏合理信赖的情况下,应当认定其所遭受的损失与虚假陈述行为不具备因果关系。

三、因果关系

(一)法律、司法解释的相关规定

《虚假陈述若干规定》第 18 条规定:“投资人具有以下情形的,人民法院应当认定虚假陈述与损害结果之间存在因果关系:(一)投资人所投资的是与虚假陈述直接关联的证券;(二)投资人在虚假陈述实施日及以后,至揭露日或者更正日之前买入该证券;(三)投资人在虚假陈述揭露日或者更正日及以后,因卖出该证券发生亏损,或者因持续持有该证券而产生亏损。”

同时,《虚假陈述若干规定》第 19 条继而又点明了哪些情况不应认定为存在因果关系:“被告举证证明原告具有以下情形的,人民法院应当认定虚假陈述与损害结果之间不存在因果关系:(一)在虚假陈述揭露日或者更正日之前已经卖出证券;(二)在虚假陈述揭露日或者更正日及以后进行的投资;(三)明知虚假陈述存在而进行的投资;(四)损失或者部分损失是由证券市场系统风险等其他因素所导致;(五)属于恶意投资、操纵证券价格的。”

(二)欺诈市场理论

欺诈市场理论(Fraud on the market)源于美国联邦第九巡回法院在 Basic v. Levinson① 案中提出的理论。根据欺诈市场理论,在一个开放与成熟的证券市场

---

① See Basic Inc. v. Levinson, 485 U. S. 224 (1988).

中,关于公司及其业务的公开的重大信息决定了其股票的价格。因此,即使股票购买人没有直接信赖公司的虚假陈述,虚假陈述也会使购买人受到欺骗,从而可以推定购买人对虚假陈述的信赖。

对欺诈市场主张的常见抗辩包括不存在有效、活跃的市场以及"市场真实"(Truth on the market)抗辩。市场真实抗辩起源于 Basic Inc. v. Levinson,485 U.S.(1988)224 案。该案中,联邦最高法院指出,如果真实的信息及时进入市场并消除了误导性信息的影响,就可以推翻欺诈市场的推定。

这一理论为中国《证券法》与相关司法解释的规定所吸收。《虚假陈述若干规定》第 18 条也默认了证券市场所在的市场是充分竞争和健全的,在这一前提下,投资者完成直接关联性和时间举证两项举证责任,即可达成因果关系方面的举证责任。在初步确立因果关系的情况下,如果被告有证据证明第 19 条列举了的情形,则可以推翻因果关系。

但值得注意的是,与美国法司法实践中普遍采取欺诈市场理论不同,《虚假陈述若干规定》仅仅对在虚假陈述期间买入证券,也就是学理中的诱多型虚假陈述进行了规制,但是并未规定因为虚假陈述而卖出证券即诱空型虚假陈述的情形。对此,我国学理上亦颇有研究,笔者将在后文进行论述。

(三)虚假陈述实施日、虚假陈述揭露日、虚假陈述更正日的认定

1. 虚假陈述实施日

《虚假陈述若干规定》第 20 条第 1 款规定:"虚假陈述实施日,是指作出虚假陈述或者发生虚假陈述之日。"

一般而言,对于虚假记载、误导性陈述以及公开方式上的不正当披露等情形,披露义务人已经作出了积极的主动公开行为,但若主动公开的信息存在虚假、误导或者形式上的不正当,则作出积极公开信息之日即为虚假陈述实施日。只有当披露义务人作出了明确而肯定与事实不符的陈述时,方构成虚假陈述的实施。在沈阳中院审理的(2018)辽 01 民初 566 号案中,2015 年 11 月 14 日,被告上市公司发布的《重组预案》已经记载了与事实不符的财务数据,同时提醒了投资人财务数据尚未经过审计评估。直到 2016 年 4 月 23 日,上市公司发布《报告书》,才公布了经中介机构审计评估的财务信息。沈阳中院认为,证券虚假陈述,应当是信息披露义务人披露信息时作出明确而与事实不符的陈述,作出该陈述的日期就是虚假陈述实施日。《重组预案》虽然发布了财务数据,但同时也提醒投资人财务数据

未经过审计评估，并不能向证券投资人传递确定的财务信息，理性投资人不会据此信息对股票价值作出判断。因此，沈阳中院将 2016 年 4 月 23 日上市公司发布《报告书》之日作为虚假陈述实施日。

就因存在重大遗漏、不符合时限规定等的消极沉默因素导致虚假陈述如何认定“虚假陈述实施日”的问题，法院实践中的认定规则并不一致，主要有以下三种认定方式：

第一种观点认为，发生应当披露事件之日也就是信息披露义务最早发生之日为虚假陈述实施日，这一认定标准往往适用于《证券法》第 79 ~ 81 条规定的应当立即披露的重大事件。例如，在济南中院审理的(2014)济商重初字 4 号案中，2007 年 7 月 24 日，上市公司的股东已经持有上市公司发行股份的 6%，但是未通知上市公司从而导致上市公司并未进行及时公告。济南中院结合证监会(2012)6 号行政处罚决定书认定，上市公司股东已经持有上市公司发行股份 6% 之日 2007 年 7 月 24 日即为虚假陈述实施日。

第二种观点认为，如果信息披露义务人进行了相关披露，但是披露不完整，则虚假陈述实施日是信息披露中对该项信息产生遗漏之日。如在广东高院二审的(2015)粤高法民二终字 13 – 967 号案中，上市公司于 2010 年 7 月 13 日召开董事会，就关联交易进行了表决，上市公司于 2010 年 7 月 15 日发布公告披露了该项交易，但是未将该次增资事项披露为关联交易，存在重大遗漏。一审法院认定 2010 年 7 月 15 日属于虚假陈述实施日，二审法院广东高院亦予以确认。

第三种观点认为，信息披露法定期限的最后一个期日即虚假陈述的实施日。在辽宁高院二审的(2019)辽民终 939 号案中，一审法院大连中院将信息披露义务的最早发生日作为虚假陈述发生日。但辽宁高院变更了这一认定，认为证券虚假陈述行为分为积极的作为和消极的沉默，而该案上市公司实施的属于消极的证券虚假陈述行为，消极的证券虚假陈述行为实施日的确定取决于信息披露的法定期限，法定期限的最后一个期日即为消极虚假陈述的实施日。

2. 虚假陈述揭露日

《虚假陈述若干规定》第 20 条第 2 款规定：“虚假陈述揭露日，是指虚假陈述在全国范围发行或者播放的报刊、电台、电视台等媒体上，首次被公开揭露之日。”

根据《九民纪要》第 84 条的规定，虚假陈述的揭露和更正，是指虚假陈述行为被市场所知悉、了解，其精确程度并不要求达到全面、完整、准确的程度。原则上，只要交易市场对监管部门立案调查、权威媒体刊载的揭露文章等信息存在明显的反应,对一方当事人主张市场已经知悉虚假陈述的诉讼理由,人民法院就应予支持。

对于虚假陈述揭露日的认定,实践中一般从以下三个方面进行:一是虚假陈述行为应为首次公开披露;二是披露应是在全国范围发行(播放);三是该种披露必须对证券投资者具有强烈的警示作用。

在公开的形式问题上,《虚假陈述若干规定》虽然仅仅规定了报刊、电台、电视台等三种形式,但是实践中往往也将股票交易所网站等全国性网站公布作为虚假陈述披露的方式之一。在杭州中院审理的(2018)浙01民初3433号案中,杭州中院即认为,上市公司于2017年2月28日在上海证券交易所网站发布的《复牌提示性公告》以及《关于收到中国证券监督管理委员会调查通知书的公告》系上市公司包括案涉虚假陈述在内的违法违规问题在全国范围发行媒体首次被公开揭露。

在"强烈的警示作用"认定问题上,《九民纪要》第84条认为"并不以'镜像规则'为必要,不要求达到全面、完整、准确的程度……只要交易市场对监管部门立案调查、权威媒体刊载的揭露文章等信息存在明显的反应"。所谓镜像规则,是指披露的内容必须与行政机关作出处罚的内容相一致。对于公开的内容,并不需要确定的行政处罚决定,只需"立案调查、权威媒体刊载的揭露文章"即可。

对于立案调查的披露,最高人民法院认为,证券监管机构只有在掌握较为确实充分的证据的前提下,才能对涉嫌证券市场违法违规者进行立案调查,行政监管程度已经比较高。因此,上市公司发布的关于立案调查通知的公告,对于所有投资者都应属于具有较强警示性的投资信息,足以影响投资者的投资决策,符合有关虚假陈述"披露"的客观要求。另外,上市公司关于收购立案调查通知书的公告内容,已明确写明"敬请投资者注意投资风险",故其足以对理性投资者起到重新判断股票价值、注意证券市场投资风险的警示作用。若无其他情节,原则上立案调查通知书公告日作为揭露日①。

但是,实践中,仍然需要判断主案调查通知书是否对投资者的投资决策产生重大影响。在(2018)京02民初263号为代表的系列案件中存在强烈的警示作用。在本案中,2016年3月29日,上市公司在巨潮资讯网和《中国证券报》上就虚假陈述的事实进行揭露,发布了《整改公告》与对涉嫌犯罪行为进行控告的公告;

① 最高人民法院民事审判第二庭编著:《〈全国法院民商事审判工作会议纪要〉理解与适用》,人民法院出版社2019年版,第447页。

2016年6月3日,上市公司发布了证监会对其进行调查的《立案公告》。

法院认为,其一,上市公司于2016年3月29日发布的《整改公告》中的公司经营相关内容与证监会所作出行政处罚所认定的虚假陈述行为具有对应性;其二,《整改公告》中说明了该公告是应监管机构责令其改正的行政命令而进行的,体现出证券监管机构对其掌握了较为确实充分的证据,足以起到警示作用;其三,《整改公告》发出后,上市公司股票跌幅显著,足以说明该公告起到了足够的警示作用;其四,2016年6月3日《立案公告》发出后,股票价格并未受到严重影响。综上,法院认定,2016年3月29日为虚假陈述揭露日。

《九民纪要》要求,媒体虚假陈述揭露应当通过"权威媒体刊载的揭露文章"进行。对于何为"权威性"的媒体,法律、法规、司法解释以及部门性规章并没有作出规定。一般而言,《中国证券报》和巨潮资讯网作为上市公司披露相关信息的主要媒体具备权威性,在这两个媒体上进行的披露,应当视作"虚假陈述的揭露"。在实践中,并非所有的媒体披露都被认为属于"虚假陈述的揭露"。例如,在济南中院审理的(2014)济商重初字4号案中,在信息披露义务人进行披露前,《每日经济新闻》于2009年1月9日对上市公司股东持有超过上市公司超过5%股份予以报道。济南中院认为,这一报道仅仅属于新闻报道,对虚假陈述的揭露并不确定和具体,且此后上市公司的澄清公告亦未对相关事实进行任何说明。因此,2009年1月9日的媒体报道不属于证券法意义上的信息披露,亦不构成对证券虚假陈述事实的揭露,故这一日不能确定为虚假陈述揭露日。

但在判断是否构成足够警示性的问题上,法院仍然会将揭露内容与行政处罚内容进行对比,以判断该项揭露是否确实体现了虚假陈述的内容以及严重性,从而能够对投资者产生充分的警示。例如,在上述辽宁高院审理的(2019)辽民终939号中,被告上市公司在2016年10月13日发布三则临时公告,说明了公司存在虚假陈述事由。一审法院大连中院认为,三则临时公告所体现的内容并非2016年12月2日被告上市公司对上海证券交易所问询函回复公告的全部,两者不相对应,且被告上市公司在临时公告中所指出的"公司对存在的问题向投资者深表歉意,公司将加强信息披露及相关管理工作,确保公司信息披露真实、准确、完整、及时",不足以对证券市场起到警示作用,因此2016年10月13日不应被确认为虚假陈述日。

需要注意的是,虚假陈述揭露日的具体日期可能会因为传播媒介的不同而产生差异。例如，在成都中院审理的（2019）川 01 民初 400 号案中，法院即认为，互联网媒体发布上市公司收到证监会立案调查通知书的公告时间为 2015 年 6 月 4 日股市收盘后，并未对当日的交易产生影响，真正对投资者投资决策和股票交易价格产生影响的是下一个交易日，即 2015 年 6 月 5 日。因此，被告上市公司主张虚假陈述揭露日为次日的主张更具合理性。

3. 虚假陈述更正日

《虚假陈述若干规定》第 20 条第 3 款规定："虚假陈述更正日，是指虚假陈述行为人在中国证券监督管理委员会指定披露证券市场信息的媒体上，自行公告更正虚假陈述并按规定履行停牌手续之日。"

需要注意的是，上述条款规定的仅仅是形式要件，法院仍会判定公告的信息是否确实构成了实质上的"更正"，即是否对证券市场发出警示信号、提醒投资人重新判断股票价值。

在北京高院审理的（2017）京民终 106 号案中，除却认定虚假陈述更正满足形式要件之外，法院另外还认定了虚假陈述更正是否确实构成了对证券市场的警示。从发布更正信息后的上市公司股票的涨跌情况来看，股票收盘价均处于连续下跌状态，据此可以看出，上市公司的公告发布对投资人产生了提示作用，亦对于市场价格产生了影响。虽然上市公司自行更正的内容与证监会《行政处罚决定书》中认定的财务数据存在差异，但因其更正行为已起到了提示和警示的作用，因此该日可以被认定为虚假陈述更正日。

在沈阳中院审理的（2017）辽 01 民初 113 号案中，案涉上市公司于 2015 年 7 月 15 日发布了《关于收到中国证券监督管理委员会立案调查通知书的公告更正版》，称公司因涉嫌违反证券法律法规而收到证监会的《调查通知书》。被告上市公司于 2015 年 11 月 27 日发布了《关于对以前年度重大会计差错更正与追溯调整的公告》，首次对外公开了公司在 2011～2014 年间相关财务报表中的会计差错并自行予以更正，该更正公告所揭露的虚假陈述内容即系证监会此后在《行政处罚决定书》中所认定的上市公司虚假陈述行为的内容；被告上市公司又于 2015 年 12 月 10 日发布了《关于 2015 年半年度财务报告会计差错更正的公告》，首次对外说明了公司 2015 年上半年度财务报告会计差错并自行予以更正。

对于 2015 年 7 月 15 日上市公司发布的公告，法院认为，该公告日并未就虚假陈述的具体内容进行公示，投资人不能基于该公告的内容对股票价值进行重估，不能起到对投资人的警示作用,股票价格的波动与虚假陈述行为之间没有形成相对应的因果关系;从发布公告后证券市场的表现看,公司股价出现明显的上涨也表明,投资人并未真正认识到虚假陈述行为对投资带来影响。因此该日期不适宜被认定为揭示日。

对于其余两次更正的公告,法院认为,两次更正公告后,上市公司股票价格出现了明显的下跌走势,此亦说明投资人在对股票价值进行重估后又继而抛售股票,两次公告对市场中的投资人起到了积极的警示作用。因此,法院认为,2015 年 11 月 27 日与 2015 年 12 月 10 日为更正日,这也符合《虚假陈述若干规定》中关于更正日的规定。

(四)不存在因果关系的事由

1. 在虚假陈述揭露日或者更正日之前已经卖出证券或在虚假陈述揭露日或者更正日及以后进行的投资

从《虚假陈述若干规定》第 19 条列举的五项事由中可知,第 1 项"在虚假陈述揭露日或者更正日之前已经卖出证券"以及第 2 项"在虚假陈述揭露日或者更正日及以后进行的投资",实际上否定了《证券法》第 18 条的规定。在实践中,双方当事人的争议焦点也往往在于揭露日、更正日的确定,以辨明投资者的损失是否确实与虚假陈述存在因果关系。

2. 对虚假陈述不具有合理信赖存在而进行的投资

《九民纪要》第 85 条区分了虚假陈述重大性与信赖要件,对两者不能混淆。对于具备重大性的虚假陈述,如果投资者本身对其不具有合理信赖,则因果关系仍然不能成立。

在投资者具有相应的专业水准时,其因为公开的信息而所具有的信赖并不存在,也就是说,有效市场理论这一前提假设已经被打破。在此情况下,投资者买卖股票的行为不能归因于虚假陈述,而应当归因于投资者自身的行为。

实践中,被告信息披露义务人往往难以直接证明原告投资者存在"明知"的情形,法院会根据原告的投资行为综合判断其是不是出于对虚假陈述的信赖而进行证券交易。

在贵州高院审理的(2012)黔高民商终字 3 号案中,上市公司虚假陈述实施日为 2007 年 5 月 10 日及 2007 年 11 月 26 日,更正日为 2008 年 4 月 30 日,而原告投资者买入了该公司股票的时间为 2008 年 1 月 29 日和 2008 年 6 月 10 日。法院认为，在上市公司未按规定披露信息的情况下，原告投资者买入了该公司的股票，在上市公司公告了未及时披露的信息以后，原告仍然购买了该公司的股票。由此可见，上市公司未及时披露信息的行为客观上没有影响原告投资者的投资决定，亦不会使投资者产生投资其股票的信赖利益。投资者的投资交易并非由上市公司未及时披露信息的行为所决定。这一案例通过投资者在更正日后仍然买入该上市公司股票的行为确认了投资者并未受到虚假陈述影响，且并非基于对虚假陈述的信赖而购买股票，在此种情况下，信息披露义务人不应当对投资者的行为承担责任。

最高人民法院审理的(2016)最高法民申 502 号案亦采纳了上述观点。在该案中，上市公司的虚假陈述实施日为 2007 年 3 月 19 日，揭露日为 2010 年 11 月 5 日，但是投资者在 2009 年 11 月至 2011 年 9 月期间多次买入、卖出案涉公司股票，即虚假陈述实施日甚至揭露日之后其仍在进行买入卖出行为，应当认定其交易决定并未受到本案诉争的虚假陈述行为的影响，故不产生交易因果关系。

对于专业的投资者，法院可能会赋予其更高的注意义务，并对“明知”作出扩张解释。在专业投资者应当知晓而未知晓虚假陈述的情形、未尽到相应注意义务时，法院也会认为投资者损失与虚假陈述不具有因果关系。在宁夏高院审理的(2007)宁民商终字 74 号案中，原告投资者为专业基金管理有限公司，其在购买案涉股票时，在相当程度上依赖的是媒体报道、股票分析人员的点评以及先后派研究院、基金经理和相关投资人员等前往上市公司进行实地调研的结果。基金管理公司的研究人员就股票分析过程中已经对上市公司的业绩提出疑问，并要求进一步调查，最终仍然作出了投资购买股票的决定。

法院认为，基金管理公司的上述行为表明其未能合理运用自身专业知识和专业技能对股票的投资价值进行判断，在投资购买股票的实际决策过程中存在不周全和瑕疵之处，并未按照基金管理合同约定履行决策程序，使人不能确信其在投资时已经尽到了充分的审慎义务和正常对待上市公司公开披露信息的注意义务。基金管理公司作为专业投资机构，其投资上市公司股票的行为有重大不合理性。因此，法院认定，基金管理公司的投资行为与虚假陈述之间不存在因果关系。

美国证券欺诈诉讼案中的原告亦需要举证证明其对被告作出的虚假陈述的合理信赖。一般而言，为了说明其信赖的合理性，原告需要证明：其一，原告在进行交易前具有充分的谨慎；其二，本来能够使原告觉察欺诈的信息为被告所掌控，原告无法获取。

法院在考察信赖是否合理时通常会考虑下列因素:(1)原告对金融及证券事务上的成熟程度及专业知识;(2)双方之间是否存在长久的商业或私人关系;(3)原告获取相关信息的渠道的情况;(4)双方之间是否存在信义关系;(5)被告是否对欺诈进行了隐瞒;(6)原告是否有发现欺诈的机会;(7)原告是否为交易的发起人或积极促成交易;(8)不实说明具有一般性还是特定性。每一项因素都不具有决定性,并且原告的成熟程度会影响法院对其他因素的衡量。

被告则一般从两个方面对原告信赖的合理性提出质疑:一是在交易之前,原告将自己展示为能够对交易风险进行充分评估的成熟投资者;二是已有信息警示原告投资的风险。如果原告确实将自己展示为一个成熟的投资者,又未能证明其在交易前进行过独立调查,则对其的信赖合理性将很难得到支持。

3. 损失或者部分损失系由证券市场系统风险等其他因素所导致

系统风险,是指与市场整体运行相关联的,由某种全局性的共同因素引起的投资收益的可能变动,这种因素以同样的方式对所有证券的收益产生影响,由于这些因素都来自企业外部,因而是单一证券无法抗拒和回避的。[①] 相较于非系统风险,其具有外在性、总体性与不可回避性的特征。这种影响无法为个别企业或行业所控制,投资人也无法通过分散投资加以消除。

目前的司法实务中,法院对系统风险是否对股票价格损失的判断主要是从以下几个方面入手:

(1)最直观的考量为大盘指数、行业指数引发的系统风险。法院通常将大盘指数、行业指数或者两者相结合的方式作为系统风险计算的依据,部分法院还会参考同行业同类型个股价格的波动情况。[②] 在(2007)苏民二终字0112号案中,江苏高院即圈定了证券市场综合指数、流通股总市值、股票所在行业板块指数以及市值数据作为综合衡量系统风险的依据。因此,在股票价格的走势与上述事项的走势大致相一致的情况下,应当认定股票的下跌受到证券市场系统风险的影响,故应减轻或者免除信息披露义务人的赔偿责任。

---

① 蔡伟真:《论系统风险对证券市场虚假陈述损害赔偿额确定的影响》,载《研究生法学》第29卷第1期。

② 王军旗、王肖倩、孙鸿:《上市公司虚假陈述民事赔偿司法实务探讨——以因果关系认定为视角》,载《上海法学研究》2019年第6卷(总第6卷)。

(2)特殊时期的政治经济环境造成的系统风险。目前,法律规定与司法实践并未对何种因素属于系统风险有明确性的规定。从司法判决来看,只要是符合对市场所有证券带来收益或者损失可能性的因素,都可能被纳入系统风险的范畴中,如特殊的市场风险、宏观经济风险、利率风险、购买力风险、通货膨胀风险、汇率风险以及国内外的政治环境等,典型的如因A股熔断机制而造成的股价下跌、股灾、央行与证券监管部门的监管规定与特殊金融政策所导致的市场信心不足等。

(3)系统风险长短以及虚假陈述内容重要性造成的系统风险。①

在福州中院审理的(2017)闽01民初456号案中,福州中院即认为,2015年中期开始证券市场出现了大幅下跌,而在原告交易股票期间,案涉股票的价格走势与创业板综合指数基本一致,由此可见案涉股票价格受到大盘影响,市场系统风险客观存在,应当予以扣除。

在沈阳中院审理的(2018)辽01民初566号案中,法院将股票价格变动的因素区分为系统风险与非系统风险,并对于股票价格区分时间段进行了分析:

首先,在虚假陈述实施日至揭露日期间,中国股市整体疲软、制造业企业盈利下降,对案涉上市公司影响较大的钢铁、煤炭行业处于化解产能的过程中,属于专用设备制造行业的案涉上市公司的股价受到较大负面影响;其次,在实施日至揭露日期间,上市公司的财务水平也随之下跌;最后,由于在虚假陈述行为实施日前大盘和专用设备制造业行业指数均存在明显下跌,受重大资产重组预期的影响,案涉股票的股价却逆势暴涨,被推至虚高的价位,股票价格已不能充分反映其内在的价值,至本案虚假陈述揭露日前,案涉股票股价又重新跌至与《重组预案》发布前基本相同的价位。由于此时股票股价的大幅回落尚未受到本案虚假陈述被揭露的负面影响,其股价的变化也充分反映了此前的股价具有虚高的成分及证券市场固有的风险,与大盘走势相一致。

据此法院分析,实施日至揭露日期间的股票价格损失不是由本案虚假陈述行为导致的股价"泡沫"日后被挤出导致投资者的损失,与虚假陈述行为之间不具有损失因果关系。

但在虚假陈述揭露日至基准日期间,因为虚假陈述行为被披露,案涉股票出

① 张保生、周伟、刘思远:《证券虚假陈述民事赔偿案件系统风险的认定标准和计算方法》,载《金融服务法评论》第7卷。

现了明显的下跌走势,而在此期间大盘和行业板块指数均小幅度上涨,出现了明显的背离。因此,法院认为,在揭露日至基准日期间因股价下跌所造成的投资者的损失与虚假陈述行为之间具有直接的损失因果关系。

需要注意的是,即便实践中已经广泛采纳了参考大盘或者行业板块走势以确认是否存在系统风险的主张,但是仍不乏案例认为单纯依据证券市场的指数体系仍无法准确衡量系统风险,进而对信息披露义务人课以相当重的举证义务。例如,在最高人民法院公报案例23名投资人诉某上市公司与证券公司的虚假陈述侵权赔偿纠纷二审案[①]中,黑龙江高院即认为,被告信息披露义务人要证明系统风险造成投资人损失,但由于被告上市公司未能证明证券市场存在足以影响所有股票价格下跌的合理事由,更不能证明该事由与股市价格波动的逻辑关系,对虚假陈述行为和所谓系统风险如何影响股价变动以及各自影响的程度,被告上市公司也没有提出具体的区分判断标准和有说服力的理由。因此,法院并未认可这一系统风险的抗辩。

从该案中法院的观点来看,被告不仅需要证明引起系统风险某一事由的存在,还需要证明该事由与全体股票价格的变动存在因果关系,并进一步证明全体股票价格的下跌与案涉单一股票的损失确实有因果关系,这对于被告而言是相当重的举证责任,几乎难以完成。

在美国证券欺诈诉讼制度下,如果证券价格的下跌系由欺诈以外的因素导致,投资者无权获得救济。例如,在 Bastian v. Petren Resources Corp., 892 F. 2d 680 (7th Cir. 1990)案中,原告主张,正是因为被告的欺诈,原告才投资了被告的有限合伙企业,后来原告投资变得一文不值,因此,被告的欺诈行为直接导致了原告的经济损失。法院认为,被告的欺诈只是原告进行投资的原因,而非原告遭受投资损失的原因。原告当初决心投资石油与天然气行业的有限合伙企业,但受1981年后石油价格暴跌的影响,这一行业普遍遭受损失,即使被告未进行欺诈,原告投资这一行业其他企业也会遭受损失。

(五)恶意投资、操纵证券价格

《虚假陈述若干规定》第19条最后一项列举了投资者恶意投资、操纵证券价格作为切断因果关系的事由,其原因主要在于:其一,投资者一旦具有恶意投资、

---

① 《中华人民共和国最高人民法院公报》2005年第11期(总第109期)。

操纵证券价格的情形，本身即打破了理性而公平的证券市场这一前提，故造成的价格损失很难说是因为信息披露义务人虚假陈述而产生；其二，进行恶意投资、操纵证券价格的投资者往往为专业投资者，对于虚假陈述产生信赖的假设前提也已经被打破。

（六）其他因果关系事由

虽然《虚假陈述若干规定》中仅仅规定了上述五项不存在因果关系的抗辩事由，法院实践中仍不乏认定其他事由作为切断因果关系事由的案例。

1. 投资者因为虚假陈述以外的其他因素而产生的个人主观意志

在新疆高院生产建设兵团分院审理的（2017）兵民终 29 号案中，法院即认为：影响投资者作出股票投资决定的因素是多方面的，上市公司的信息披露仅是其中一项因素。影响投资者投资决定的主要相关因素如下：国家宏观经济状况的变化，国家经济、金融政策的变化，银行利率的影响，通货膨胀，投机操作行为，上市公司本身的声誉、经营状况、股利政策、预期发展前景以及投资者的心理因素和判断等。投资者在案涉股票巨亏的情况下，仍然买入该公司股票进行投资，完全系投资者个人意志，同时也说明该公司的企业经营状况并未影响投资者的选择。由此可见，案涉上市公司的虚假陈述行为不足以对投资者交易产生错误引导，投资交易损失并不是由上市公司发布虚减利润信息的行为所决定的，二者之间无交易因果关系。因此，法院将投资者自身的主观心理因素视作切断因果关系的事由之一。

2. 在诱空型虚假陈述的情形下投资者买入证券

如果信息披露义务人发布了虚假的利空消息或者隐瞒了实质性的利好消息，则会被认定为诱空型虚假陈述，实质上是促使投资者以低价卖出股票，法院一般认定该等虚假陈述不会导致引诱投资者买入股票的效果。如若投资者反其道而行之买入股票，法院则一般认定因果关系不成立。

在大连中院审理的（2017）辽 02 民初 407 号案中，案涉上市公司被法院认定为是作出了诱空型虚假陈述。法院认为，在此类虚假陈述行为中，利好消息即便未披露，也不会诱使投资者作出积极的投资决定。原告投资者的投资交易并非由上市公司未及时披露信息的行为所决定，其投资决定并未受虚假陈述行为影响，故原告的投资交易与被告上市公司的虚假陈述行为之间不存在交易的因果关系。

（七）"诱空型"虚假陈述的因果关系认定

所谓诱空型虚假陈述，是指信息披露义务人发布了虚假的利空消息，或者隐瞒实质性利好消息不予公布或者不及时公布，使投资者在股价向下运行或者相对低位时卖出股票，在虚假陈述被揭露或者被更正后股价又上涨而投资者遭受损失的行为。

虽然诱空型虚假陈述并未在《虚假陈述若干规定》中规定其因果关系的确定方法，但实践中法院已经对该问题进行了归纳与论述。

在深圳中院一审、广东高院二审的(2015)粤高法民二终字1058号案中，深圳中院即对于诱空型虚假陈述与投资者投资证券行为的因果关系进行了归纳：

第一，在虚假陈述行为实施日前即持有、并在虚假陈述行为实施日前卖出股票的投资者，其投资行为显然没有受到虚假陈述行为的影响，即使有损失，与虚假陈述行为之间也没有因果关系；

第二，在虚假陈述行为实施日前即持有、并在虚假陈述行为实施日后、揭示日(揭露日或更正日，下同)前卖出股票而发生亏损的投资者，将因没有享受到本应享有的信息红利而受到利益损害，故该部分投资者的前述损失与虚假陈述行为有因果关系，可以要求行为人赔偿；

第三，在虚假陈述行为实施日前即持有、并在虚假陈述行为揭示日后卖出或继续持有股票的投资者，因利好消息披露的时间点(虽然是迟延披露)处于其持股期间，其已经可以享受到消息红利，即使发生亏损，也失去了可以索赔的前提；

第四，在实施日后揭示日前买入、又在该时段内卖出股票受到损失的投资者，虽然买入时间晚于应当披露的时间，但其损失系因利好消息未能在其持股期间公布、虚假陈述行为人补救措施不及时所致，投资者亦因没有享受到本应享有的信息红利而受到利益损害，故该部分投资者可以要求行为人赔偿；

第五，股票是在实施日后揭示日前买入、在揭示日后卖出或继续持有，或至基准日后或继续持有，因其已经享受到信息红利，即使发生亏损，也与该虚假陈述行为本身没有因果关系；

第六，在揭示日后买入股票，因该虚假陈述行为已经为公众所知晓，投资者应该了解该揭示行为的警示和提醒作用，意识到自己下一步投资行为可能存在的机遇和风险，在此情况下其仍然作出投资决定，即使发生亏损，亦属于自身判断和决策的失误，与虚假陈述行为之间没有因果关系，无权就所发生的损失主张赔偿。

因果关系认定的前提是投资者发生损失，如果投资者实际产生盈利，则不符合侵权赔偿的要件。只有当投资者出现上述第二种情况、第四种情况下的损失，才可能与诱空型虚假陈述产生因果关系。这一结论也为二审法院广东高院认可。

对于诱空型虚假陈述导致的证券民事责任，仍然应该回归到一般侵权责任的视角，依照一般侵权责任法的原理进行判断。有学者即提出应当在诱空型虚假陈述中采纳事实因果关系与法律因果关系的两分法。所谓事实因果关系，即被告的侵权行为或可归责于被告，在事实上对损害的发生具有原因力；所谓法律上的因果关系，即事实上已经构成损害原因的侵害行为或应由侵权人负责的事件在法律上成为应对该损害负责的原因。

具体到诱空型虚假陈述，对于事实因果关系的认定，亦应参考市场欺诈理论，以重大性标准来推定诱空虚假陈述之实施因果关系，只要原告能够证明被告所隐瞒的事实会影响一个一般谨慎的理性投资者的投资决策，就可以证明原告损失与被告虚假陈述行为之间成立事实因果关系。

就法律因果关系的认定而言，对于故意侵权虚假陈述的制定采取"直接后果说"，即在既存条件下，因被告行为的作用且在没有积极的独立存在的外力作用下，依时间发展的通常过程所导致的后果。"直接后果说"不考虑被告的预见可能性，一般情况下考虑的是是否有系统风险等第三方独立因素的介入。对于过失侵权虚假陈述的制定采取的则是"合理预见说"，即侵权行为人的责任须以其在事件时对损害可得预见者为限，如果不在预见范围内，行为人对受害人并不构成风险。对于预见标准，则采取一般合理人标准，即只要具有充分知识与经验之人在行为人行为的时间和地点所能预见的范围预见其行为的危险性即可，并不要求其预见所有后果，只要证明实际发生的损害后果与行为人的后果属于同一种类的损害。在举证责任的分配上，原告只需要证明被告的虚假陈述行为造成了其以不公平的价格买卖证券的结果即可。①

四、证券服务机构侵权责任的归责原则

（一）现行法律规定

《证券法》第163条原则性地规定了证券服务机构如果未尽到勤勉尽责的义务，制作、出具的文件有虚假记载、误导性陈述或者重大遗漏的情况时，则应当与上市公司承担连带责任，并确立了过错推定的归责原则。

---

① 廖升：《诱空虚假陈述侵权责任之因果关系》，载《法商研究》2016年第6期。

《虚假陈述若干规定》第 24 条规定了证券服务机构就其负有责任的部分承担赔偿责任,并需要对这一部分承担过错推定责任。但是,这一条文并未规定这一部分是属于连带责任、按份责任还是补充责任。第 27 条规定了证券服务机构,知道或者应当知道发行人或者上市公司虚假陈述,而不予纠正或者不出具保留意见的,构成共同侵权,对投资人的损失承担连带责任。

相较于上述的法律和司法解释,《会计师事务所民事侵权赔偿规定》则明确了故意、过失与可以免责的事由。

第 5 条规定了以下几种情况会计师事务所应当与被审计单位承担连带赔偿责任:与被审计单位恶意串通;明知被审计单位对重要事项的财务会计处理与国家有关规定相抵触,而不予指明;明知被审计单位的财务会计处理会直接损害利害关系人的利益,而予以隐瞒或者作不实报告;明知被审计单位的财务会计处理会导致利害关系人产生重大误解,而不予指明;明知被审计单位的会计报表的重要事项有不实的内容,而不予指明;被审计单位示意其作不实报告,而不予拒绝。其中,对于第 5 条中的"明知"事项,如果是依照注册会计师执业准则应当知道的,则认定为"明知"。从责任形态上看,会计师事务所及注册会计师在明知存在违法的情况下,与被审计机构共谋或者放任违法形态的发生,属于直接或者间接的故意。

第 6 条规定了认定为过失的情形,即注册会计师未保持必要的执业谨慎:违反《注册会计师法》第 20 条第 2、3 项的规定,即委托人故意不提供有关会计资料和文件或委托人有其他不合理要求,致使注册会计师在出具的报告不能对财务会计的重要事项作出正确表述的情况下,未拒绝出具相关报告;以低于行业一般成员应具备的专业水准执业;指定的审计计划存在明显疏漏;未依据执业准则、规则执行必要的审计程序;在发现可能存在错误和舞弊的迹象时,未能追加必要的审计程序予以证实或者排除;未能合理地运用执业准则和规则所要求的重要性原则;未根据审计的要求采用必要的调查方法获取充分的审计证据;明知对总体结论有重大影响的特定审计对象缺少判断能力,未能寻求专家意见并直接形成审计结论;错误判断和评价审计证据;其他违反执业准则、规则确定的工作程序的行为。从责任形态上来看,主要表现为会计师事务所或者注册会计师未能尽到谨慎注意义务,从而导致损害的发生。从谨慎注意义务的标准判断上来看,采取的是会计师执业准则与标准,以及行业一般水准与必要的职业谨慎。

需要注意的是，根据第10条的规定，《会计师事务所民事侵权赔偿规定》第6条规定的因为过失而需要承担的虚假陈述责任属于补充责任，应当先由被审计单位或者出资人赔偿利害关系人的损失。对被审计单位、出资人的财产依法强制执行后仍不足以赔偿损失的，由会计师事务所在其不实审计金额范围内承担相应的赔偿责任。

第7条与第8条规定了免责与减责的事由。免责事由如下：已经遵守执业准则、规则确定的工作程序并保持必要的职业谨慎，但仍未能发现被审计的会计资料错误；审计业务所必须依赖的金融机构等单位提供虚假或者不实的证明文件，会计师事务所在保持必要的职业谨慎下仍未能发现其虚假或者不实；已对被审计单位的舞弊迹象提出警告并在审计业务报告中予以指明；已经遵照验资程序进行审核并出具报告，但被验资单位在注册登记后抽逃资金；为登记时未出资或者未足额出资的出资人出具不实报告，但出资人在登记后已补足出资。另外，若利害关系人明知会计师事务所出具的报告为不实报告而仍然使用，可以减轻会计师事务所的相应责任。

相比之下，根据美国证券法的规定，要达到《规则10b－5》的起诉要求，必须证明被告实施了明知行为，仅有过失行为是不够的。在Ernst & Ernst v. Hochfelder, 425 U.S. 185 (1976)案中，美国最高法院将明知界定为“具有欺诈、操纵或欺骗意图的一种心理状态”。对于不顾后果的轻率行为是否满足《规则10b－5》中的明知要件，本案联邦最高法院未进行回应。而在美国合同法下的欺诈诉讼中，行为人具有主观故意的表现形式包括明知与不顾事实真相两种。美国大多数法院亦认为，不顾后果也满足《规则10b－5》中的明知要件，但不同法院对不顾后果标准的认识又有所不同。

根据《规则10b－5》的规定，对会计师事务所等中介机构提起诉讼也需要证明被告方明知。在Ernst & Ernst v. Hochfelder, 425 U.S. 185 (1976)案中，一家会计师事务所受一家小型经纪公司委托，定期审计经纪公司的账本和记录。从经纪公司处购买股票的投资者主张，经纪公司的财务报告中存在虚假陈述，并声称会计师事务所对此存在疏忽，据此对会计师事务所提起《规则10b－5》下的诉讼。地区法院认为，要满足《规则10b－5》诉讼的起诉条件，必须证明行为人存在明知，因此判决原告败诉，但是地区法院的判决随后被巡回法院撤销。会计公司遂上诉至联邦最高法院。联邦最高法院支持了地区法院的观点，认为如果原告不能证明被告有欺骗、操纵或者欺诈的故意，而是主张被告存在过失，就不能根据《规则 10b－5》的规定提起诉讼。

《1995 年私人证券诉讼改革法》（The Private Securities Litigation Reform Act of 1995）要求，起诉状应当载明能够形成对被告明知的有力推断的特定事实，从而强化了证券欺诈诉讼中对明知的证明要求。关于“有力推断”的标准，在 Fla. State Bd. of Admin. v. Green Tree Fin. Corp.，270 F. 3d 645（8th Cir. 2001）案中，法院认为，欺诈案件的被告一般都具有实施违法行为的动机和机会，原告必须证明被告具有不寻常或强化的动机，方能构成对被告明知的有力推断。美国法院也经常重申这一观点：对明知的证明必须十分具有说服力，仅仅达到合理程度是不够的。

（二）证券投资机构存在虚假陈述责任的前提：虚假陈述与因果关系的存在

在证明证券投资机构需要承担虚假陈述责任时，投资者仍然需要承担相应的证明义务，即证明确实是证券投资机构的故意或者过失导致了其损失。具体而言，其需要证明的事项主要为：第一，证券投资机构存在不实陈述，也就是说，证券投资机构所出具的文件与实际情况不一致，这一不实陈述需要原告投资者提出证据予以证明；第二，证券投资机构的不实陈述与其损失之间确实具有因果关系，对这一因果关系的证明可以参照上述章节中关于“因果关系”的论述。

在福建省三明中院二审的（2017）闽 04 民终 1390 号案中，原告投资人未提供充分有效的证据证明案涉会计师事务所出具的涉案会计报告为不实报告。另外，投资者在尽职调查报告中使用了案涉会计师事务所的数据，但是其尽职调查报告作出时间为 2012 年 6 月 15 日，其作出投资分析决策的时间为 2012 年 6 月 16 日，法院认为，原告作为跟投机构，能够在短时间内作出决策的依据主要是主投机构的尽职调查结果和投资可行性报告及投资协议，而非依据被告会计师事务所的数据。因此，法院认为，原告投资者依据案涉会计师事务所出具的涉案审计报告进行投资决策，并根据决策结果进行投资没有事实和法律依据。

（三）证明自身无过错

根据《虚假陈述若干规定》第 24 条的规定，对于证券服务机构虚假陈述，作为被告的证券服务机构应当承担自身无过错的举证责任，但是《虚假陈述若干规定》并未明确举证标准。《会计师事务所民事侵权赔偿规定》第 7 条明确列举了不承担民事责任的事由，但对于律师事务所、资产评估机构等其他证券服务机构，仍未有明确的规定。

从实践来看，由于《虚假陈述若干规定》第6条提出了证券虚假陈述的前置性程序，证券监管机构往往已经对证券服务机构的过错进行了认定，包括是明知的间接故意抑或未达到行业标准与执业准则的过失行为。法院在裁判中一般只需要依据证券监管机构的刑事裁判文书或行政处罚决定进行处理即可。例如，在上海一中院审理的〔2017〕沪01民初1268号案中，法院即通过中国证监会作出的行政处罚决定书确定会计师事务所的行为对应《会计师事务所民事侵权赔偿规定》第5条第2款的规定，属于主观故意，从而判决其承担连带责任。

对于证券服务机构不存在过错的举证责任，仍然需要参照一般侵权责任的法理予以确定。

首先，从《虚假陈述若干规定》第24条的规定来看，对过失的判断首先是考虑了是否遵守相关的法律规定。《证券法》（1998年）第161条规定了证券服务机构必须按照执业准则规定的工作程序出具报告，对其所出具报告内容的真实性、准确性和完整性进行核查和验证；第202条规定了证券服务机构不得弄虚作假。这一规定为证券服务机构课加了法定的义务，即遵守执业准则、遵循核查和验证以及不得弄虚作假的义务。对于注册会计师而言，《会计师事务所民事侵权赔偿规定》将违反法律、法规与执业准则的违法性行为作为具有过失的推定。

其次，《证券法》第163条确定了证券服务机构的"勤勉尽责"之义务，也就是"合理审慎义务"或者"合理注意义务"，是指行为人的行为应当符合一定的标准，从而避免使第三人遭受不合理的危险，其统一的判断标准即为在同一执业领域中一个合格的从业人员在同样情况下应具备的谨慎、技能与能力。① 这一标准在各行业进行证券业务的规则中都有确定。例如，《律师事务所从事证券法律业务管理办法》第14条规定，"律师在出具法律意见时，对与法律相关的业务事项应当履行法律专业人士特别的注意义务，对其他业务事项履行普通人一般的注意义务，其制作、出具的文件不得有虚假记载、误导性陈述或者重大遗漏"。

需要注意的是，在实践中，一份对外陈述的完成可能是基于不同证券服务机构的合作。不同的证券服务机构所对应的专业领域与法定义务亦有所差异。对

① 程啸：《侵权责任法》（第二版），法律出版社2015年版，第283页。

于不同的专业领域,证券服务机构所面临的注意义务应当是不同的。具体而言,对于本专业领域中的事项,证券服务机构应当尽到特别的注意义务;对于其他业务事项,证券服务机构仅需要尽到普通人的一般注意义务即可。

五、损失的计算

(一)实际损失的计算

《虚假陈述若干规定》第29条规定了投资损失的范围:虚假陈述民事责任以实际损失为限。实际损失包括投资差额损失以及投资差额损失部分的佣金和印花税;导致证券被停止发行的,投资人有权要求返还和赔偿所缴股款以及银行同期活期存款利率的利息,利息自买入至卖出证券日或者基准日,按银行同期活期存在利率计算。持股期间基于股东身份取得的利益,红股、公积金转增所得的股份以及投资人持股期间出资购买的配股、增发股和转配股不得冲抵赔偿数额。

第31~32条规定了投资差额损失的计算方式。投资人在基准日及以前卖出证券的,其投资差额损失以买入证券平均价格与实际卖出证券平均价格之差乘以投资人所持证券数量计算。

投资人在基准日之后卖出或者仍持有证券的,其投资差额损失以买入证券平均价格与虚假陈述揭露日或者以更正日起至基准日期间每个交易日收盘价的平均价格之差乘以投资人所持证券数量计算,亦即基准价 = 虚假陈述揭露日起至基准日期间每个交易日收盘价的平均价格,而无须考虑加权因素。

鉴于《虚假陈述若干规定》已经规定,仅在虚假陈述实施日之后至虚假陈述揭露日之前买入的证券与虚假陈述具有因果关系,因此买入平均价 = 虚假陈述实施日至揭露日期间买入的股票成本 ÷ 该期间买入股票的数量,且应当考虑加权因素。

综上,可得出如下公式:股票投资差额损失 =(买入平均价 - 基准日前卖出平均价)× 揭露日至基准日期间卖出的可索赔证券数量 +(买入平均价 - 基准价)× 基准日之后卖出或仍持有的可索赔证券的数量。

第33条确定了基准日的含义与确认方式:基准日即虚假陈述揭露或者更正后,为将投资人应获赔偿限定在虚假陈述所造成的损失范围内及确定损失计算的合理期间而规定的截止日期。具体而言,一般通过以下方式认定:

1. 揭露日或者更正日起,至虚假陈述影响的证券累计成交量达到其可流通部分100%之日,但通过大宗交易协议转让的证券成交量不予计算。对于可流通部分股本,一般以揭露日作为计算基础。

2. 按前项规定在开庭审理前尚不能确定的,则以揭露日或者更正日后第30个交易日为基准日。

3. 已经退出证券交易市场的,以摘牌日前一交易日为基准日。

4. 已经停止证券交易的,可以停牌日前一交易日为基准日;恢复交易的,可以按第1项规定确定基准日。

需要注意的是,实践中法院可能认为上述规则中对投资差额的计算是不可通过,并非以投资者确实存在投资差额损失为前提。典型的情形是:投资人在虚假陈述实施日后买入证券,在基准日后仍然持有证券,但是其卖出时的证券价格高于证券的基准价。在此情况下,投资者实际遭受的股价损失低于按照《虚假陈述若干规定》第32条规定所确定的股价差额损失。在此情况下,法院可能仍然按照法条的规定进行股价差额计算。

例如,在广东高院审理的(2017)粤民终478号案中,被告上市公司抗辩称,投资人在基准日之后才卖出股票,且实际卖出价格高于基准价,故仅应支持其实际产生的亏损金额。广东高院认为,《虚假陈述若干规定》第32条并未对基准日之后卖出股票的价格作出限定,而仅以揭露日或更正日起至基准日期间每个交易日收盘价为计算依据,对于被告上市公司的该项抗辩未予支持。

(二)系统性风险因素的计算

如上所述,如系统风险部分造成股票价格损失,则法院很可能对于这一部分的股票价格损失予以削减,而由被告承担非系统性风险所造成的损失。对于是否属于系统性风险因素的衡量标准,江苏高院圈定了证券市场综合指数、流通股总市值、股票所在行业板块指数以及市值数据作为综合衡量系统风险的依据,并根据这4项判定股票价格下跌是否受到系统风险的影响。

系统性风险的计算方法主要有以下几种:

第一,由法院直接酌定风险直接比例。由于系统风险的因素较为复杂,且目前司法实践中缺乏统一的判别标准与公示,实践中经常依赖于法院直接酌定系统风险比例,在证券价格损失中予以扣减。按照案件情况的不同,在群体性的虚假陈述诉讼中,法院又区分为统一确定系统风险比例,即所有原告适用统一的系统风险比例,与个案计算系统风险比例,即不同原告根据个案情况确定不同的系统风险比例。①

在宁波中院审理的(2014)浙甬商初字第49号案中,法院不仅考虑到了国际政治经济环境、国内通货膨胀率与货币政策、证券交易所整体指数、同行业同类型股票的变动情形,而且考虑到了被告所作出的虚假陈述的重大性程度等因素,将系统风险比例酌定为20%。

第二,将证券价格与各项指数、流通股总市值等系统风险指标相比较,从而确定系统风险对于证券价格变动的影响比例。如在证券投资者买入到卖出时间段内某一被法院认定为可以作为指标的指数下降了20%,而股价下降了50%,则系统性风险的影响比例为指标/股价,即40%。

在山西高院审理的(2018)晋民终387号案中,法院即考虑到适用相对比例法计算系统性风险所占比例会更为客观精细。双方争论的焦点则在于相对比例法参考的系统风险指标应当为何。在本案中,被告上市公司主张采取其所在行业指数的跌幅进行计算,但是法院认为这一指数并非上交所发布的行业板块指数,只是通过对被告上市公司对于所属行业32只成份股跌幅进行测算得出的,不具有参考性和精确性,法院最终采纳了上证综合指数作为参照指数,计算了相对比例,并在结合其他因素的情况下进行了调整与酌定。

当然,亦不乏法院采纳了多种指标进行综合衡量。在济南中院审理的(2014)济商初字第402号案中,法院首先以大盘深市A股流通总市值作为参照对象,计算出其影响比例为33.33%;同时考虑到被告上市公司所在的化学纤维A股板块,计算出影响比例为76.67%。法院取平均值为55%,并以此作为系统风险影响比例在损害中进行扣除。

(三)关于美国证券法《规则10b-5》的损害赔偿

1.损害赔偿的原则

《规则10b-5》并未明确规定损害赔偿的计算方式。实践中,关涉《规则10b-5》的诉讼案例如汗牛充栋,但损害赔偿的计算原则却尚无定论,主要原因在于,大部分的案件都是最终通过庭外和解解决,只有极少数进行到最后的判决阶段,也就不涉及损害赔偿的计算问题。

大多数案件中,法院采用实际损害(out-of-pocket-loss)的方法来计算原

---

① 张保生、周伟、刘思远:《证券虚假陈述民事赔偿案件系统风险的认定标准和计算方法》,载《金融服务法评论》第7卷。

告应当获得的损害赔偿的数额,即原告在购买或销售证券时支付或获得的价格与在被告未实施欺诈的情况下证券本该有的价格之间的差额。

在引诱欺诈案件中,如果没有被告的欺诈,原告就不会进行交易,则原告可以主张撤销性损害赔偿(recissionary damages)。根据该标准,原告有权获得其支付的对价的返还,但是要减去其出售证券获得的金额以及任何因该证券获得的收益。①

在一些案件中,法院也会支持给予原告期待利益赔偿。根据期待利益原则,受欺诈的购买人可以主张如果陈述为真实的所购财产应当有的价值和因欺诈而表现出的价值之间的差额作为损害赔偿。例如,在 McMahan & Co. v. Wherehouse Entertainment, Inc., 859 F. Supp. 743 (1994)案中,纽约南区法院认为,如果被告在要约或委托投票书征集文件中对潜在合并的对价作出了虚假陈述,原告就有权获得期待利益作为损害赔偿。期待利益赔偿原则仅适用于其可以被合理确定的情况。

2. 损害赔偿的计算

对于公开交易的证券,在违法行为发生期间,可能有很多除违法行为之外的其他因素影响该证券的市场价格,包括总体市场或金融形势、行业形势、可归因于发行人但与违法行为无关的因素等。因此,在证券欺诈案件的损害赔偿计算中,常常需要聘请专家来衡量与违法行为无关的因素对证券价格的影响,以准确计算损害赔偿金额。专家们经常使用的两种计算方法是"若无价格线"和"事件研究"。

3. 若无价格线

在若无价格线计算方式下,专家首先对违法行为持续期间内如果没有违法行为时证券每天应有的价格(以下简称若无价格)进行估算,根据这些估算的价格点作出违法行为持续期间的价格线即若无价格线,再将若无价格线和实际的价格线相比较,以计算每股虚高的价格。

专家有时会使用横截面方法,以相似规模、盈利能力行业的公司或市场指数为参照物,来估计证券的若无价格。横截面方法对市场份额大的公司的适用性更强。②

---

① See Randall v. Loftsgaarden, 478 U.S. 647 (1986).

② See J. A. Koerber and D. L. Crumbley. 2010, *Lost Profit Disputes A Primer*, Oil and Gas Energy Quarterly, March, pp. 473 - 496.

4. 事件研究

事件研究法源自金融学和会计学领域的学术研究，经常被金融经济学家用来测算股票价格和各种事件之间的关系。[①] 美国证券欺诈诉讼案件中使用事件研究法的频率也非常之高，[②]很多法院曾表明其偏好甚至要求使用事件研究法。[③]

事件研究法通过比较特定信息进入市场后股票的盈利与一般情况下股票的盈利，来测量相关行为给股票价格造成的影响。事件研究法的运用通常包括以下五个步骤：[④](1)识别一个或多个事件日；(2)计算每一个事件日证券的盈利率；(3)确定每一个事件日证券预期的盈利率；(4)计算每一个事件日证券超出预期的盈利率；(5)评估超出预期的盈利率在特定标准上是否具有统计学意义。

六、证券服务机构之间的虚假陈述责任承担与区分

在证券活动中，往往并非一家证券服务机构“孤军作战”，如在一份招股说明书中，可能有会计师事务所、律师事务所、资产评估机构的共同工作成果。证券服务机构之间也有可能彼此参照工作成果，例如，若律师事务所出具的法律意见书参照了会计师事务所的审计结果，而会计师事务所的审计结果存在虚假陈述的情况，导致律师事务所未尽到相应的注意义务，在此情况下的责任区分应如何判断，我国司法实践中尚未形成定论，但在目前证券服务机构被诉越发频繁的情况下，这一问题应成为证券服务机构关注的问题。

从我国现行法律规定来看，《证券法》第 163 条规定了若证券服务机构出现虚假陈述的情况，则证券服务机构与上市公司共同承担连带责任。这一条文没有对于证券服务机构之间的责任作出区分，单纯从这一规定来看，不管证券服务机构的过错为何、虚假陈述的比例为何，都需要承担全部的连带责任，这对于证券服务机构而言相当沉重。《虚假陈述若干规定》第 24 条确实规定了证券服务机构对其负有责任的部分承担赔偿责任，只有在第 27 条明知且间接故意的情况下才就全

---

① See S. P. Kothari & Jerold B. Warner, *Econometrics of Event Studies*, in 1 Handbook of Corporate Finance: Empirical Corporate Finance 3 (B. Espen Eckbo ed., 2007).

② See, e. g., Alon Brav & J. B. Heaton, *Event Studies in Securities Litigation: Low Power, Confounding Effects, and Bias*, 93 WASH. U. L. REV. 583, 585 (2015).

③ See, e. g., Bricklayers & Trowel Trades Int'l Pension Fund v. Credit Suisse Sec. (USA) LLC, 752 F. 3d 82 (1st Cir. 2014).

④ See Jonathan Klick & Robert H. Sitkoff, *Agency Costs, Charitable Trusts, and Corporate Control: Evidence from Hershey's Kiss – Off*, 108 COLUM. L. REV. 749 (2008).

部损失承担赔偿责任。实践中,法院不乏认为《虚假陈述若干规定》第 24 条仅仅是对内部责任的划分,不影响证券服务机构仍然需要依照《证券法》第 163 条的规定承担全部连带责任。

这一责任承担方式确实有利于维护原告债权人的利益,在上市公司无力偿还债务的情况下,其可以向任何一个证券服务机构求偿。但是对于证券服务机构而言,其可能因为存在微小的过失,就承担全部的责任,甚至需要承担其他证券服务机构的过错。相比较于上市公司的获利而言,证券服务机构的获利往往也是相对微小的。因此,如果让证券服务机构承担全部责任,殊为不公。

在美国证券法的实践中,连带责任主要是适用于"伤害是不可分割"的情况,其证券法虽然规定了所有人应负连带责任,但是只有过错较大的被告才负有连带责任,并明确规定了共同被告的责任分摊权。当证券服务机构之间不存在共同作弊时,不适用连带责任,而适用于过错相应的比例责任。一些州也开始修改条文,在证券虚假陈述中引入了按份责任的概念。①

这一责任区分方式与我国《侵权责任法》的相关规定亦有相似之处。《侵权责任法》规定了共同实施加害行为承担连带责任;第 11 条规定了分别实施侵权行为造成同一损害,每个人的侵权行为都足以造成全部损害的,行为人应当承担连带责任;第 12 条规定了 2 人以上分别实施侵权行为造成同一损害,能够确定责任大小的,各自承担相应的按份责任。

将《侵权责任法》中的多人侵权责任具体适用到证券服务机构之间的责任划分,如果证券服务机构之间确实存在共同实施加害行为,包括证券服务机构明知存在过错而放任的间接故意主观形态,则其仍然应当就全部损失承担连带责任。

同样,如果证券服务之间不存在意思联络,且能够确定责任大小,可以使证券服务机构之间承担按份责任,典型的即会计师事务所作出了错误的审计结果,律师事务所在使用该审计结果的过程中也存在过失,导致最后的法律意见书中存在虚假陈述,此时会计师事务所与律师事务所适宜就各自的过错大小承担按份责任,如无法确定责任大小且每个虚假陈述行为都足以造成全部损失,则彼此之间应当就全部损失承担连带责任。

---

① 郭雳:《证券律师的行业发展与制度规范》,法律出版社 2013 年版,第 72 ~ 73 页。

第四章

虚假陈述民事诉讼程序

第一节　虚假陈述民事赔偿诉讼的管辖

首先,针对管辖法院的地域和级别,《虚假陈述若干规定》第 8 条规定:“虚假陈述证券民事赔偿案件,由省、直辖市、自治区人民政府所在的市、计划单列市和经济特区中级人民法院管辖。”根据这一规定,只有省、直辖市、自治区人民政府所在的市、计划单列市和经济特区的中院才能审理虚假陈述案件,非这些区域的中院无权受理虚假陈述赔偿案件。

其次,虽然虚假陈述民事赔偿诉讼的实质是侵权案件,但《虚假陈述若干规定》第 9 条明确了虚假陈述民事赔偿诉讼遵循“原告就被告”的原则,而不适用《民事诉讼法》中规定的侵权案件既可由侵权行为地(即侵权行为实施地、侵权结果发生地)也可由被告住所地法院管辖的规定。这是因为如果允许侵权行为地法院管辖,广大投资者委托进行证券买卖和交割的证券公司遍布全国各地,即侵权行为地也遍布全国各地,结果是全国许多法院都可以对不同投资人提起针对同一被告的同一虚假陈述案件进行审理,这将造成司法资源的极大浪费产并大大增加同案不同判出现的可能性。

具体而言,《虚假陈述若干规定》第 9 条规定:“投资人对多个被告提起证券民事赔偿诉讼的,按下列原则确定管辖:(一)由发行人或者上市公司所在地有管辖权的中级人民法院管辖。但有本规定第十条第二款规定的情形除外。(二)对发行人或者上市公司以外的虚假陈述行为人提起的诉讼,由被告所在地有管辖权的中级人民法院管辖。(三)仅以自然人为被告提起的诉讼,由被告所在地有管辖权的中级人民法院管辖。”第 9 条将多被告的管辖分为如下情况:第一,如果多个被告中有发行人或者上市公司的,则应由发行人或者上市公司所在地的直辖市、省会市、计划单列市或者经济特区中级人民法院管辖;第二,如果被告中没有发行人或者上市公司,但有其他机构和自然人的,则原告可以选择其中一个机构住所地直辖市、省会市、计划单列市或经济特区中级人民法院提起虚假陈述民事赔偿之诉;第三,如果被告仅由多个自然人组成,则投资人可以选择其中一个自然人所在地的直辖市、省会市、计划单列市或经济特区中级人民法院提起诉讼;第四,原告向两个以上有管辖权的中级人民法院提起虚假陈述民事赔偿诉讼,由最先立案的中级人民法院管辖。①

在第9条的基础上,《虚假陈述若干规定》试图进一步实现虚假陈述案件的管辖集中化。《虚假陈述若干规定》第10条规定:“人民法院受理以发行人或者上市公司以外的虚假陈述行为人为被告提起的诉讼后,经当事人申请或者征得所有原告同意后,可以追加发行人或者上市公司为共同被告。人民法院追加后,应当将案件移送发行人或者上市公司所在地有管辖权的中级人民法院管辖。当事人不申请或者原告不同意追加,人民法院认为确有必要追加的,应当通知发行人或者上市公司作为共同被告参加诉讼,但不得移送案件。”发行人或上市公司往往是虚假陈述案件的始作俑者,为查清案件事实通常有必要追加发行人或上市公司作为当事人。根据上述规定,可能会出现三种追加情况:原告申请追加、被告申请追加、法院依职权追加。法院如果最终追加发行人或上市公司为被告,只有在有原告反对的情况,才不得将案件移送发行人或上市公司所在地管辖。最高人民法院认为,法院基于查明案件事实的需要,依职权追加发行人或者上市公司为共同被告是为了解决私权纠纷行使公权力的结果,这种结果不是原告自愿选择的,不能强加到原告身上,这也是民事诉讼法不告不理原则的延伸。②

广受关注的《九民纪要》对于虚假陈述民事赔偿诉讼作出了新的规定。《九民纪要》第79条规定:“原告以发行人、上市公司以外的虚假陈述行为人为被告提起诉讼,被告申请追加发行人或者上市公司为共同被告的,人民法院应予准许。人民法院在追加后发现其他有管辖权的人民法院已先行受理因同一虚假陈述引发的民事赔偿案件的,应当按照民事诉讼法司法解释第36条的规定,将案件移送给先立案的人民法院。”但这一规定并未解决虚假陈述诉讼目前所面临的“同一纠纷,多地审理”的问题,甚至可能加重了诉累。原因在于,根据《虚假陈述若干规定》中关于管辖的规定,在原告不反对的情况下,如果追加发行人或上市公司为被告,案件均向发行人或上市公司所在地有管辖权的中院移送。但如果适用《九民纪要》第79条的规定,在先立案的法院不是发行人或上市公司所在地法院的情况下,则会出现即使发行人或上市公司被追加为被告也无法向其所在地法院移送的

① 李国光主编,最高人民法院民事审判第二庭编著:《最高人民法院关于审理证券市场虚假陈述案件司法解释理解与适用》,人民法院出版社2003年版,第153页。

② 李国光主编,最高人民法院民事审判第二庭编著:《最高人民法院关于审理证券市场虚假陈述案件司法解释理解与适用》,人民法院出版社2003年版,第159页。

情况。这样既未解决"同一纠纷,多地审理"的问题,也削弱了《虚假陈述若干规定》原有规定对集中管辖所作的努力。

第二节　虚假陈述民事赔偿诉讼前置程序

一、前置程序的相关规定及施行

2002 年发布的《最高人民法院关于受理证券市场因虚假陈述引发的民事侵权纠纷案件有关问题的通知》(以下简称《受理虚假陈述民事侵权纠纷通知》)第 2 条规定:"人民法院受理的虚假陈述民事赔偿案件,其虚假陈述行为,须经中国证券监督管理委员会及其派出机构调查并作出生效处罚决定。当事人依据查处结果作为提起民事诉讼事实依据的,人民法院方予依法受理。"根据上述规定,当事人只有在证监会及其派出机构作出处罚决定之后,才能据此提起民事诉讼。

《虚假陈述若干规定》第 6 条第 1 款规定,"投资人以自己受到虚假陈述侵害为由,依据有关机关的行政处罚决定或者人民法院的刑事裁判文书,对虚假陈述行为人提起的民事赔偿诉讼,符合民事诉讼法第一百零八条规定的,人民法院应当受理"。根据这一规定,除行政处罚决定外,刑事裁判文书也可满足虚假陈述民事赔偿诉讼的前置程序要求。

有观点认为,上述前置程序的出台背景是,我国证券市场起步较晚,市场化、规范化程度不高,加之相应法律法规等规范性文件总体上较为粗糙,缺乏可操作性。同时,办理相应业务的法官对证券业务较为陌生,可能难以对虚假陈述作出准确界定。也有学者认为,虚假陈述民事赔偿诉讼的前置程序具有必要性,其一,前置程序可以避免出现"证券诉讼爆炸"的情况;其二,前置程序有助于监管部门进一步对投资者利益进行保护;其三,前置程序从客观上减轻了投资者的举证责任。

2015 年,时任最高人民法院民二庭庭长杨临萍就《最高人民法院关于当前商事审判工作中的若干具体问题》发表讲话。她指出:"根据立案登记司法解释规定,因虚假陈述、内幕交易和市场操纵行为引发的民事赔偿案件,立案受理时不再以监管部门的行政处罚和生效的刑事判决认定为前置条件。"此番讲话的效力等级并不明确,在此之后,对于在没有行政处罚或刑事判决的情况下是否受理证券虚假陈述民事赔偿问题,各地法院态度不一。

部分法院仍依据相关司法解释，以不满足前置程序为由对起诉裁定不予受理。例如，在（2017）京民终543号裁定中，北京高院认为，本案是虚假陈述责任纠纷，根据《虚假陈述若干规定》第6条的规定，投资人以自己受到虚假陈述侵害为由，依据有关机关的行政处罚决定或者人民法院的刑事裁判文书，对虚假陈述行为人提起的民事赔偿诉讼，符合《民事诉讼法》第108条（《民事诉讼法》修改后为第119条）规定的，人民法院应当受理。即相关司法解释明确规定，当事人提起证券虚假陈述责任纠纷诉讼的，应当依据"有关机关的行政处罚决定或者人民法院的刑事裁判文书"以证明证券虚假陈述事实的存在，并以此情况作为法院受理相关案件的前提条件。北京高院认为，目前上述司法解释依然有效，由于起诉人在起诉时并未依据"有关机关的行政处罚决定或者人民法院的刑事裁判文书"，故其提出的诉讼不符合法律规定的受理条件，原审法院依法裁定对其起诉不予受理，符合相关法律规定。北京高院对原审法院的裁定予以维持。

部分法院在受理后以不符合起诉条件为由裁定驳回起诉。例如，最高人民法院在（2018）最高法民申337号裁定中认为，根据《虚假陈述若干规定》第6条的规定，当事人在提起证券市场虚假陈述诉讼时，应当以有关机关的行政处罚决定或者人民法院的刑事裁判文书，证明证券虚假陈述事实的存在，此为当事人提起证券市场虚假陈述诉讼并为人民法院受理的前提条件。不符合上述前提条件的，人民法院不予受理。本案中，起诉人只提交了针对其中一位被诉人的行政处罚决定书。对于其他被诉人的虚假陈述行为，起诉人未提交有关机关的行政处罚决定或者人民法院的刑事裁判文书加以证实。根据立案登记制改革规定，人民法院秉持有案必立、有诉必理的工作要求，实行登记立案，但《民诉法司法解释》第208条第3款亦规定，立案后发现不符合起诉条件或者属于《民事诉讼法》第124条规定情形的，裁定驳回起诉。因此，原审法院裁定驳回对其他未能通过行政处罚决定或者人民法院的刑事裁判文书证明存在虚假陈述行为的被诉人的起诉，于法有据。根据最高人民法院的这一裁判思路，或能得出虚假陈述民事赔偿诉讼的前置程序并未取消的结论。上海高院在（2017）沪民终390号案件中、江苏高院在（2017）苏民终817号案件中与最高人民法院在上述案件中持相同观点。

但是，有一些法院在当事人起诉不满足司法解释规定的前置程序的情况下，不仅予以立案，还进入了实体审理阶段。浙江高院在（2017）浙民终72号案件中认为，尽管起诉人未能提交相应的行政处罚或刑事裁判文书，但2015年5月1日起施行的《最高人民法院关于人民法院登记立案若干问题的规定》第 1 条规定，人民法院对依法应该受理的一审民事起诉、行政起诉和刑事自诉，实行立案登记制。同时，该规定第 20 条明确，以前有关立案的规定与本规定不一致的，按照本规定执行。据此，原审法院应当依照上述规定审查原告起诉是否符合民事诉讼法规定的起诉和受理条件。经审查，起诉人的起诉有明确的被告、具体的诉讼请求和事实、理由，属于人民法院受理民事诉讼的范围，符合《民事诉讼法》第 119 条规定的起诉条件，原审法院驳回其起诉不当，应予纠正，裁定由杭州中院审理本案。案件随后进入实体审理，历经两审，但两审法院均认为原告未能证明被告为上市公司出具的 2011 ~ 2014 年年报审计报告不实，应当承担举证不能的后果。据此，判决驳回原告以虚假陈述为由提出的赔偿请求。

从上述案件可以看出，目前，法院对于不满足《受理虚假陈述民事侵权纠纷通知》和《虚假陈述若干规定》规定的前置条件的案件是否应予受理，以及受理后是否应进入实体审理观点不一。最高人民法院在此前发布的《关于审理证券市场侵权民事赔偿案件的若干规定》(征求意见稿)中，取消了对虚假陈述民事赔偿诉讼前置程序的规定。考虑到有些法院已经开始在没有行政处罚或者刑事生效判决的情况下审理虚假陈述民事赔偿案件，以下两点问题亟待明确：

其一，取消民事诉讼前置程序会影响诉讼时效的起算。

根据《虚假陈述若干规定》第 5 条的规定，投资人对虚假陈述行为人提起民事赔偿的诉讼时效期间，根据行政处罚作出之日或刑事判决生效之日开始起算。如果虚假陈述行为人收到两个以上行政处罚或既收到行政处罚又收到刑事判决的，以最先作出的行政处罚决定公告之日或作出刑事判决生效之日作为诉讼时效的起算之日。从上述规定可以看出，法院以行政处罚公告时间或刑事判决生效之日开始计算诉讼时效。如果取消《虚假陈述若干规定》规定的前置程序，如何起算诉讼时效是一个亟待明确的问题。因为根据《民法典》第 188 条的规定，诉讼时效期间自权利人知道或者应当知道权利受到损害以及义务人之日起计算。针对虚假陈述民事赔偿诉讼，在监管机构还未对虚假陈述行为人立案调查时，如何确定投资人知道或应当知道权利受到损害之日，并不是一个简单的问题。例如，如果以《虚假陈述若干规定》第 20 条规定的虚假陈述行为揭露日，即“虚假陈述揭露日，是指虚假陈述在全国范围发行或者播放的报刊、电台、电视台等媒体上，首次被公开揭露之日”，作为诉讼时效的起算时间，也就意味着投资人须具备更高的市场敏感度和更丰富的金融专业知识,这对于投资人而言或许并不公平。

其二,若取消民事诉讼前置程序,则需要对行政调查程序的立案是否会导致民事赔偿诉讼的中止予以明确。

信息披露义务人违反披露义务作出不实陈述并不一定会构成《虚假陈述若干规定》中的"虚假陈述"。易言之,存在信息披露义务人因违规披露受到行政处罚,但因未构成《虚假陈述若干规定》中的"虚假陈述"而无须承担赔偿义务的可能性。此种情况下,如果投资者早于行政调查立案对潜在虚假陈述行为提起民事赔偿诉讼,行政调查立案后是否有必要中止民事诉讼程序,避免行政与司法对信息披露义务人是否如实履行披露义务作出不同判断,是一个亟待明确的问题。

二、前置程序与虚假陈述重大性的认定

行政处罚或者刑事程序的前置程序为中国证券法虚假陈述诉讼中的特殊规则,从其效果上而言,确实有助于防止诉讼爆炸,减轻投资者的举证责任。然而,证券监管机构或者作出刑事判决的法院已经在先前对于虚假陈述的事实作出了认定,在相当多的案件中,证券监管机构作出了严重违反法律法规与执业准则、产生重大虚假陈述等认定。这也就造成了法院在判断虚假陈述重大性的问题上,相当大地依赖于前置行政或者刑事程序,甚至一旦证券监管机构作出行政处罚决定,就会被法院认定为存在重大虚假陈述。

在上海高院审理的(2017)沪民终 432 号案中,上海高院认为,根据《虚假陈述若干规定》,民事赔偿诉讼案件受理要以对虚假陈述行为的行政处罚或刑事处罚为前提,即在人民法院受理民事赔偿案件之前,虚假陈述所涉信息的重大性问题已经在前置程序中得到了解决,人民法院无须就相关信息的重大性加以判断。2016 年 7 月 27 日,证监会上海监管局向被告发出行政处罚决定书,对被告存在的违法事实以及所涉信息的重大性问题进行了认定。因此,法院并未采纳被告认为违法事实不具有重大性的抗辩。从上海高院的这一判决中可以看出,法院的态度是将虚假陈述民事诉讼程序中的重大性问题归于前置程序解决,一旦行政或者刑事程序作出处罚或者刑事判决,则随之民事程序中也认定这一虚假陈述行为的重大性。

然而,实践中也有法院不将前置程序对被告的处罚作为认定虚假陈述重大性的依据。

在(2013)民申字第1808号裁定中,最高人民法院认为,构成虚假陈述的信息必须是违背事实真相的重大事件。对于财务会计报告中有关事项和数据是否构成重大事件的问题,应当从所涉金额、事件性质、影响力等方面进行综合判断。本案中,尽管财政部驻海南省财政监察专员办事处对被申请人会计核算及财务管理中的错误进行了处罚,但被申请人在按照行政处罚的要求对2018年年报相关数据进行调整时,除归属于母公司所有者的净利润(调增13.18%)和利润总额(调增5.16%)调整的幅度较大以外,其余科目调整幅度均很微小,并不能对股票市场产生实质性影响,其所披露的信息不构成重大错报。另外,被申请人在中国证监会指定的信息披露网站等媒体上发布的《关于财政部驻海南省财政监察专员办事处对公司2007年度会计信息质量检查结论和处理决定暨前期重大会计差错更正的公告》载明,调整后的资产总额、归属于母公司股东权益、少数股东权益、利润总额、所得税、归属于母公司所有者的净利润、少数股东损益等均比原来公布的增加,而负债总额减少。这些纠错后的客观调整增加了被申请人资产利润总额,对被申请人而言是正面消息,对投资者而言是利好消息。综上,最高人民法院认为二审判决作出的被申请人的信息披露行为不构成虚假陈述的认定,并无不当。

又如,在(2015)鄂武汉中民商初字第00728号案[①]中,武汉中院认为,被告未披露或未如实披露与案外两家公司的关联关系以及关联交易的行为,也未披露关联公司对另一家公司的持股信息。被告公司作为信息披露义务人虽然受到警告及罚款的行政处罚,但该不实陈述行为不像其他虚增业绩、隐瞒亏损等行为,对股票投资者会造成重大误导。结合本案的事实来看,被告不实披露行为未对原告投资者的投资行为产生影响,不具有重大性。虚假陈述行为的重大性,是指违法行为对投资者作出决定的可能影响,其主要衡量指标可以通过违法行为对证券交易价格和交易量的影响来判断。从信息不实披露实施日及揭露日前后10日的被告股票的股价及成交量对比表可以看出,不实披露行为并未对被告的交易量及价格产生重大影响。因此,被告未如实披露的行为不具有重大性。

更为典型的是(2016)苏民终732号[②]案。在本案中,四川证监会因被告子公司与关联方存在交换承兑汇票、出售承兑汇票占净资产值5.11%的重大关联交易行为未予披露,对被告作出了《行政处罚决定书》。但是法院认为,第一,承兑汇票

---

① (2015)鄂武汉中民商初字第00728号民事判决书。

② (2016)苏民终732号民事判决书。

交换与承兑汇票买卖行为并不导致被告主要财务指标失真。被告未披露的关联交易系其关联企业间交换承兑汇票及出售承兑汇票的交易行为，因承兑汇票均载明明确的票面金额，承兑汇票交换与承兑汇票买卖不易存在价格偏高或偏低的情形，与关联方之间进行的货物买卖、资产置换、股权变更等较易形成利益输送、财产转移的交易存在明显区别。相关关联交易并未导致被告总资产、净资产、负债、利润、收入等重要财务指标变化。第二，被告2012年度报告对大部分关联交易亦有反映。第三，案涉行政违法行为并未导致被告控股股票价格及成交量的明显变化。综合上述分析，被告2012年度报告中虽存在违法之处，但该行为不属于《虚假陈述若干规定》第17条所规定的对重大事件在披露信息时发生重大遗漏，亦未造成被告控股股票价格和交易量的明显变化，故被告的行为不构成证券虚假陈述。

上述案件都是在行政处罚已经作出的情况下，法院以不实信息不具有重大性，认定虚假陈述不成立的情形。此处实际上有一个观点的转变问题。在《虚假陈述司法解释理解与适用》一书中，最高人民法院认为，在当前阶段，由于前置程序的存在，在适用《虚假陈述若干规定》审理民事赔偿案件时，法院无须就相关信息的重大性加以判断，原告亦无须就信息的重大性予以举证；在前置程序取消后，法院在审理相关案件时，需就信息的重大性作出认定。但根据上述案件，即使存在行政处罚，法院在审理虚假陈述民事赔偿案件时也对相关信息的重大性进行了审查。可能的原因是行政机构对证券市场信息披露的监管越来越严格，如果用行政监管的标准作为判断是否构成民事诉讼中虚假陈述的标准，不利于保持证券市场的活力。综上，证券服务机构在应对虚假陈述赔偿的诉讼中，如果当时未有行政处罚、刑事裁判文书作出，首先，应结合《证券法》规定，以不存在违规披露为由进行抗辩；其次，应以即使存在违规披露，违规披露也不具有“重大性”进行抗辩。对重大性的抗辩主要应当结合“价格敏感性标准”与“理性投资人标准”。

2019年下半年，证监会新闻发言人在回答记者提问时说道：“市场和投资者反映的法律规定处罚太轻，中介机构未勤勉尽责追究不到位等问题客观存在，我们正在会同有关方面，推动尽快修改完善《证券法》《刑法》有关规定，拟对发行人、上市公司及其控股股东、实际控制人信息披露虚假，和会计师事务所、保荐人等中介机构未勤勉尽责等证券违法行为，大幅提高刑期上限和罚款、罚金数额标准，强化民事损害赔偿责任，实施失信联合惩戒，切实提高资本市场违法违规成本。同时，我们将会同有关方面，进一步加大执法力度，对涉嫌犯罪的，坚决移送司法机关从严追究刑事责任；对未勤勉尽责的会计师事务所、保荐人等中介机构的证券违法行为，依法采取暂停、撤销业务许可的资格罚；对因证券违法行为造成投资者损失的，积极支持受害投资者依法提起民事损害赔偿诉讼，并与有关部门共同实施失信联合惩戒等综合措施，维护投资者合法权益。”①2019年9月6日，证监会副主席阎庆民在出席第二届中小投资者服务论坛时表示，当前正大力推进证券法以及相关法律法规的起草制定，进一步加大对证券期货违法行为的打击力度。②可见，证券监管的寒冬即将到来，证券服务机构务必提高自身业务水平、勤勉尽责，充分履行信息披露义务，避免卷入虚假陈述民事赔偿诉讼；同时，应加大相关培训力度，提前做好准备应对可能集中爆发的虚假陈述民事诉讼。

第三节　虚假陈述集体民事诉讼程序

一、共同诉讼

《民事诉讼法》确定了共同诉讼与代表人诉讼的规则。《民事诉讼法》第52条规定：“当事人一方或者双方为二人以上，其诉讼标的是共同的，或者诉讼标的是同一种类、人民法院认为可以合并审理并经当事人同意的，为共同诉讼。共同诉讼的一方当事人对诉讼标的有共同权利义务的，其中一人的诉讼行为经其他共同诉讼人承认，对其他共同诉讼人发生效力；对诉讼标的没有共同权利义务的，其中一人的诉讼行为对其他共同诉讼人不发生效力。”

《虚假陈述若干规定》第12条规定：“本规定所涉证券民事赔偿案件的原告可以选择单独诉讼或者共同诉讼方式提起诉讼。”第13条规定：“多个原告因同一虚假陈述事实对相同被告提起的诉讼，既有单独诉讼也有共同诉讼的，人民法院可以通知提起单独诉讼的原告参加共同诉讼。多个原告因同一虚假陈述事实对相

① 《证监会新闻发言人答记者问》，载“证监会发布”微信公众号：https://mp.weixin.qq.com/s/0-2lkZPGHHHXCGe0mD6RTQ，最后访问日期：2019年9月12日。

② 《证监会副主席阎庆民：正推进证券法起草制定 将提升资本市场违法违规成本》，载澎湃新闻网：https://emwap.eastmoney.com/news/info/detail/201909061230045620，最后访问日期：2019年9月12日。

同被告同时提起两个以上共同诉讼的,人民法院可以将其合并为一个共同诉讼。”第 14 条规定:“共同诉讼的原告人数应当在开庭审理前确定。原告人数众多的可以推选二至五名诉讼代表人,每名诉讼代表人可以委托一至二名诉讼代理人。”

虚假陈述民事诉讼中不乏采纳共同诉讼的案例。如在(2016)沪 01 民初 877 号案件中,法院裁定将其他原告的案件并入(2016)沪 01 民初 877 号虚假陈述纠纷案进行审理。[①] 在(2017)京 01 民初 481 号案中,北京一中院也作出了类似裁定,由于多名原告起诉同一上市公司,故将多位原告的案件并入虚假陈述纠纷案进行诉讼。

虽然共同诉讼在降低当事人诉讼成本、节省司法资源、提高审判效率方面具有不言而喻的优势,但是还远远不能适应解决证券纠纷的需要,主要原因在于:第一,共同诉讼的原告必须在法院进行登记,否则资格不受认可,而广大中小投资者可能出于时间、精力的考虑而放弃登记,最后形成的原告团体范围有限,难以对违法行为人形成真正的威慑;第二,在受害人数众多且较为分散的证券诉讼案件中,众多受害人可能很难共同推举诉讼代表人,容易产生集体行动困境,阻碍诉讼程序或和解的高效进行。

二、示范判决机制

《民事诉讼法》中对于共同诉讼的要求为“合并审理并经当事人同意”,在证券侵权民事诉讼中,可能涉及上百个原告,很难得到原告全部一致同意,各原告的起诉时间也可能并不一致。另外,与业主共同诉讼等情况不同,投资者可能分居各地,具有不同的身份与背景,难以推选出共同的代表人,从而也难以适用《民事诉讼法》第 54 条关于代表人诉讼中示范性判决的相关规定。

即便未能形成共同诉讼或者代表人诉讼,法院仍然热衷于采纳“示范性”的处理方式。法院目前较为常见的判决模式是效仿青岛中院对“东方电子虚假陈述案”的审理,即先对某一案例进行审判,确定事实问题,再对其他案件的个别问题进行审理,并分别计算损失。

在青岛中院审理的(2007)青民初字第 70 号等系列案件中,合议庭首先开庭审理了投资人陈某作为原告的案件,解决了诉讼主体资格、因果关系、虚假陈述揭

---

① 参见(2016)沪 01 民初 918 号民事裁定书。

露日、实施日、损失计算基准日、系统风险因素、损失计算方法、虚假陈述与内幕交易及操纵市场的关系和会计师事务所的责任等问题。对其他案件，青岛中院要求法官不再审理已在“陈某案”中解决的问题，只对个案中的不同问题进行审查。此种处理方式能够从一定程度上规避同案不同判的裁判结果，但仍不能完全避免，因为案件采取的“一案一立”的方式使是否上诉仍取决于个案的当事人。

上海高院在(2019)沪民终 263 号等系列虚假陈述案中第一次明确了示范判决的制度，即由一审法院选择能够基本涵盖此次群体性案件投资者情况的 4 位投资者的案例，在二审上海高院判决生效后，再把判决结果告知已经起诉的平行案件当事人，并在立案窗口进行公示告知尚未起诉的投资者。在这一示范判决中，上海高院确定了因果关系、买入价确定方式、系统风险因素以及其他影响证券价格因素等事实内容，供其他尚未审结的案件的判决以及当事人参与调解参考。① 与共同诉讼与代表人诉讼不同的是，法律并未明确规定此类示范判决对其他尚未审理或者起诉的案件是否也产生拘束力。但是基于法院同案同判的追求，法院仍然有大概率依照该示范判决进行事实的认定。

示范判决制度通过“类同案同判原则”实现了判决效力的间接扩张，有利于避免群体性纠纷中的矛盾判决和法院重复审理造成司法资源浪费的问题。但是示范判决制度本质上属于单独诉讼，无法应对同一证券违法行为背后成千上万的受害者纷纷起诉给法院带来的考验。

三、人数不确定的代表人诉讼

《民事诉讼法》第 53 条与第 54 条确立了代表人诉讼的规则，即人数众多的共同诉讼，可以由当事人推选代表人进行诉讼，人数众多起诉时尚未确定的，人民法院亦可以通过公告登记来确定权利人。第 54 条中所规定的“未参加登记的权利人在诉讼时效期间提起诉讼的，适用该判决、裁定”，实际上为虚假陈述诉讼中的示范性诉讼提供了规范基础。

需要注意的是，《民事诉讼法》第 55 条规定了对污染环境、侵害众多消费者合法权益等损害社会公共利益的行为可以由人民检察院提起公益诉讼，但是针对同

---

① 《全国首例证券纠纷示范判决案二审宣判！近千名股民索赔平行案件将高效参照办理》，载人民法院报网：https://mp. weixin. qq. com/s/KctD9 - eTmYaeGQ4xrChb_A，最后访问日期：2019 年 10 月 12 日。

样影响甚广、可能损害社会公共利益的虚假陈述民事侵权案件，并未明确是否适用于公益诉讼，实践中也尚未有适用的案例。

《九民纪要》结合近年司法实践经验，对证券虚假陈述民事赔偿案件的诉讼模式作出了进一步规定。就案件审理方式方面，《九民纪要》第80条规定："案件审理方式方面，在传统的'一案一立、分别审理'的方式之外，一些人民法院已经进行了将部分案件合并审理、在示范判决基础上委托调解等改革，初步实现了案件审理的集约化和诉讼经济。在认真总结审判实践经验的基础上，有条件的地方人民法院可以选择个案以《民事诉讼法》第54条规定的代表人诉讼方式进行审理，逐步展开试点工作。就案件审理中涉及的适格原告范围认定、公告通知方式、投资者权利登记、代表人推选、执行款项的发放等具体工作，积极协调相关部门和有关方面，推动信息技术审判辅助平台和常态化、可持续的工作机制建设，保障投资者能够便捷、高效、透明和低成本地维护自身合法权益，为构建符合中国国情的证券民事诉讼制度积累审判经验，培养审判队伍。"就立案登记方面，《九民纪要》第81条规定："多个投资者就同一虚假陈述向人民法院提起诉讼，可以采用代表人诉讼方式对案件进行审理的，人民法院在登记立案时可以根据原告起诉状中所描述的虚假陈述的数量、性质及其实施日、揭露日或者更正日等时间节点，将投资者作为共同原告统一立案登记。原告主张被告实施了多个虚假陈述的，可以分别立案登记。"第82条规定："人民法院决定采用《民事诉讼法》第54条规定的方式审理案件的，在发出公告前，应当先行就被告的行为是否构成虚假陈述，投资者的交易方向与诱多、诱空的虚假陈述是否一致，以及虚假陈述的实施日、揭露日或者更正日等案件基本事实进行审查。"《民事诉讼法》第54条规定了人数不确定的代表人诉讼。从上述《九民纪要》的规定可以看出，最高人民法院赞同以人数不确定的代表人诉讼的模式对证券虚假陈述案件进行受理、审理，改变了《虚假陈述若干规定》关于共同诉讼开庭审理前原告人数必须确定的规定。在此情况下，根据《民事诉讼法》第54条的规定，投资者可以根据法院的通知，在一定期间内向法院登记参与诉讼；未参加登记的投资者在诉讼时效期间提起诉讼的，适用该判决、裁定。

《九民纪要》就证券虚假陈述民事赔偿诉讼的规定，或许能在一定程度上减轻证券服务机构等潜在虚假陈述责任人应对民事赔偿诉讼的压力。因为其不再需要在诉讼时效期间不断应诉，也无须单独应对部分投资者提出的上诉。但相应地，这对于代理律师的业务水平提出了更高的要求，因为代理律师的表现对于案件的影响将是对同一虚假陈述行为引发的民事赔偿案件整体的影响。

四、集团诉讼

2019年12月28日发布的新《证券法》第六章"投资者保护"第95条第3款规定:"投资者保护机构受五十名以上投资者委托,可以作为代表人参加诉讼,并为经证券登记结算机构确认的权利人依照前款规定向人民法院登记,但投资者明确表示不愿意参加该诉讼的除外。"

根据上述规定,只要受到50名以上投资者的委托,投资者保护机构就可以作为代表人发起诉讼,且投资者保护机构作为代表人,有权为经证券登记结算机构确认的权利人向人民法院登记,除非其他投资者明确表示不愿意参加诉讼。这一规定确立了"默示加入、明示退出"的集团诉讼制度。证券集团诉讼制度在实践中的具体适用,尚需立法、审判机关出台相关细则。

集团诉讼制度是美国证券侵权纠纷最常用的手段,也是打击证券违法行为人强有力的武器,对保护投资者权利、稳定证券市场秩序发挥了重要作用,也对其他国家和地区的法律制度设计产生了重大影响。因此,下文将对美国的集团诉讼制度进行介绍,以期为我国证券集团诉讼制度的程序设计提供有益借鉴。

第四节　美国的集团诉讼制度

集团诉讼制度最早起源于英国衡平法中的代表诉讼,即由多个具有相同利害关系的人推举一个或多个诉讼代表人代表集体进行诉讼,诉讼结果适用于全体被代表人。1853年美国联邦法院首次在判例中确立了集团诉讼制度。1938年颁布的《联邦民事诉讼规则》第23条将集团诉讼制度引入普通法救济领域,是美国集团诉讼制度最重要的法律渊源。1966年修订的《联邦民事诉讼规则》增加了确定集团成员范围的"声明退出机制",美国集团诉讼制度的基本架构得以确立。其后,集团诉讼逐渐发展成为一种强有力的诉讼形式。20世纪80年代开始,美国证券集团诉讼大量出现,证券集团诉讼成为解决证券侵权民事纠纷最常用的手段。

集团诉讼中通常涉及的问题包括集团诉讼的确认、集团成员范围的确定、和解与撤诉、赔偿金与律师费的确定。

一、集团诉讼的确认

集团诉讼的确认(Certification of Class Action)是指法院对案件是否满足集团诉讼的条件的审查。根据《联邦民事诉讼规则》,集团诉讼的确认包括确定案件是否满足集团诉讼的前提条件以及是否符合集团诉讼案件类型两个步骤。

(一)前提条件

《联邦民事诉讼规则》第23条(a)规定提起集团诉讼需满足四项前提条件:多数性、共同性、典型性、充分代表性。

1. 多数性(Numerosity)

《联邦民事诉讼规则》第23条(a)(1)规定,只有当集团人数众多,把所有成员都加入诉讼程序不切实际时,法院才能确认集团诉讼成立。集团成员人数众多没有绝对的数量标准,[①]在这方面美国法院有一定的自由裁量权。除人数众多外,法院还会考虑是否存在其他使将所有成员加入诉讼程序不切实际的因素。在Zeidman v. J. Ray McDermott & Co., 651 F. 2d 1030 (5th Cir. 1981)案中,法院认为,为符合集团诉讼的原告资格条件,原告需要举证证明集团成员的"多数性"。一般而言,原告需要举证证明或合理估计集团成员的数量。除此之外,其他因素也可能与"多数性"相关,如集团成员的地理分布、确定集团成员的难易程度、诉讼的性质、每位原告的索赔金额。

2. 共同性(Commonality)

《联邦民事诉讼规则》第23条(a)(2)要求集团的所有成员有共同的法律问题或事实问题。虽然法条原文对共同的法律或事实问题中的"问题"一词使用了复数形式(questions),但是美国法院认为,仅存在一个共同的法律或事实问题亦能满足共同性的要求,[②]即使集团成员所寻求的救济有所不同。[③]

在Green v. Wolf Corp., 406 F. 2d 291 (2d Cir. 1968)案中,被告先后发布了三份招股书,原告在第三份招股书发布后购买了被告公司的股票。原告主张三份招股书中都存在夸大预期利润率的不实陈述,请求法院将第三份招股书发布前后

---

① See Gen. Tel. Co. of the Nw., Inc. v. EEOC, 446 U. S. 318 (1980); Ibe v. Jones, 836 F. 3d 516 (5th Cir. 2016); Golden v. City of Columbus, 404 F. 3d 950, 965 (6th Cir. 2005).

② See Wal-Mart Stores, Inc. v. Dukes, 564 U. S. 338 (2011).

③ See Meyer v. Portfolio Recovery Assocs., LLC, 707 F. 3d 1036 (9th Cir. 2012).

购买被告公司股票的人都认定为集团成员。原告还主张被告三次虚假陈述行为均系为了操纵股票价格。法院据此认为本案满足“共同性”要求。

3. 典型性(Typicality)

《联邦民事诉讼规则》第23条(a)(3)要求集团代表所提出的请求或抗辩具有典型性,这一要求是为了确保集团诉讼的影响只及于那些能够被集团代表的请求覆盖的人。① 一般而言,如果所有集团成员的诉请由相同的事件引起,并且诉请的法律依据相同,则可以满足典型性要求。② 集团代表诉请的典型性不要求集团代表与其他集团成员的诉请完全一致,一定的事实差异或损害赔偿请求上的差异也不会导致典型性不成立。③ 但是如果存在单独针对集团代表的抗辩,并且该抗辩可能成为本案的核心问题,法院可能会认为集团代表的诉请不满足典型性要求。④

4. 充分代表性(Adequacy)

实践中,证券集团诉讼往往由一名或多名集团代表以及担任集团一方诉讼代理人的律师共同发动。《联邦民事诉讼规则》第23条(a)(4)要求代表人(representative parties)能够公正和充分地维护集体成员的利益,这一要求历来被认为同等适用于集团代表和集团律师,直到2003年《联邦民事诉讼规则》修改时增加了第23条(g)(4),专门对集团律师的充分代表性进行规定。

实务中,针对集团代表与集团律师的充分代表性的检验标准相同,均包括:第一,代表人与集团之间是否存在利益冲突的情形;第二,代表人是否有能力和动机有力地代表集团进行诉讼。⑤

充分代表性并不要求代表人与集团成员的利益完全对称,⑥只有具有根本性

---

① See Gen. Tel. Co. of the Nw., Inc., 446 U.S.

② See Marcus v. BMW of N. Am., LLC, 687 F.3d 583 (3d Cir. 2012); Robidoux, 987 F.2d; Little v. Washington Metro. Area Transit Auth., 249 F. Supp. 3d 394 (D.D.C. 2017); Wolin v. Jaguar Land Rover N. Am., LLC, 617 F.3d 1168 (9th Cir. 2010).

③ See Just Film, Inc. v. Buono, 847 F.3d 1108 (9th Cir. 2017); Ault v. Walt Disney World Co., 692 F.3d 1212 (11th Cir. 2012).

④ See Hanon v. Dataproducts Corp., 976 F.2d 497; In re Milk Prods. Antitrust Litig., 195 F.3d 430 (8th Cir. 1999).

⑤ See Evon v. Law Offices of Sidney Mickell, 688 F.3d 1015 (9th Cir. 2012); Larson v. AT & T Mobility LLC, 687 F.3d 109 (3d Cir. 2012); In re Drexel Burnham Lambert Group, 960 F.2d 285.

⑥ Matamoros v. Starbucks Corp., 699 F.3d 129, (1st Cir. 2012); In re Flag Telecom Holdings, Ltd. Sec. Litig., 574 F.3d 29, (2d Cir. 2009).

且非过分猜测的利益冲突才会使代表人丧失充分代表性。在 Robin v. Doctors Officenters Corp., 686 F. Supp. 199(N. D. Ill. 1988)案中,被告主张原告与 DOC 公司本次发行的主承销商 Steiner Diamond 公司之间具有利益关系,如果 Steiner Diamond 公司也被列为被告,原告肯定不能在避免让 Steiner Diamond 公司分担判决结果的前提下继续进行诉讼,因此要求法院拒绝批准将本案定为集团诉讼。

法院认为,如果一方应对集团承担赔偿责任,而集团代表因为利益关系未将其列为被告,则集团代表不具备充分代表性。本案中,集团代表与主承销商及其管理人的商业和社会关系并不会导致集团代表丧失客观评估集团诉请的能力。因此,不能说明主承销商加入了诉讼就一定会使集团诉讼无法确认。如果主承销商以后被列为被告,法院将另行检验代表的充分性。

(二)案件类型

一项集团诉讼得以成立,除了需满足上述四项前提条件外,还必须属于第 23 条(b)规定的三种案件类型中的一种。

第一种是分别诉讼存在特定风险的案件,具体包括两种情形:一是将案件分别立案处理,可能对各个集团成员作出不一致或不同的判决,将对集团对方当事人形成不相容的行为标准;二是对集团各个成员作出裁决,将在实际上处分没有作为诉讼当事人的其他集团成员的利益,或对他们行使权利造成实质性的削弱或阻碍。

第二种是寻求禁止令或宣告性救济的集团诉讼,即集团对方当事人作出了针对集团的作为或不作为,从而可以将集团作为一个整体作出合适的禁令救济或者宣告性救济。

第三种是集团成员涉及的共同的法律或事实问题占主导地位,并且将案件作为集团诉讼处理更为公平、有效的案件,这两个条件分别被称为"支配性"和"优越性"。绝大部分请求金钱损害赔偿的集团诉讼案件都属于这一类别。

1. 支配性

共同性要求集团成员之间有共同的事实问题或法律问题,而支配性要求是在此基础之上,进一步要求共同性的问题应该占据主导地位。支配性的判断标准有两条:一是共同性的问题是否能被集团共同的证据证明;二是能被共同证据证明的问题是否比只能被单独证据证明的问题更为重要。[①] 但是即使存在只针对少数集团成员的个别问题,例如,损害赔偿或特定的抗辩,支配性要求仍然可能得到满足,[②]只要个别问题不占据支配地位。[③]

2. 优越性

优越性是指将案件通过集团诉讼的方法来审理更为公平、高效。《联邦民事诉讼规则》第 23 条(b)(3)(A)-(D)规定了四项是否属于第三类案件判断标准:第一,集团成员单独起诉是否有利;第二,集团成员已经提起的诉讼的进展情况与性质;第三,将案件集中在某一特定法院是否有利;第四,法院管理集团诉讼的能力。从条文本身来看,这些标准和支配性和优越性都有关,但是实践中通常用来衡量是否满足优越性的要求。[④]

如果法院管理集团诉讼遇到困难,原告可向法院提出解决方案,以说服法院案件可以通过集团诉讼的方式得到有效解决。为使案件可以通过集团诉讼的方式审理,法院可能会采取以下几种方式:分步审理(将责任问题与损害赔偿问题分开审理)、通过集团诉讼的方式审理特定问题、划分子集团。[⑤]

如果法院认为,除非通过集团诉讼的方式,否则集团成员的损失将无法得到救济,[⑥]或者特定类型的请求数量众多,通过集团诉讼的方式解决可以实现司法经济,[⑦]法院可能会批准集团诉讼。

---

① See Amgen Inc. v. Connecticut Retirement Plans and Trust Funds, 568 U. S. 455 (2013); Langan v. Johnson & Johnson Consumer Cos., 897 F. 3d 88 (2d Cir. 2018); In re Whirlpool Corp., 722 F. 3d 838 (6th Cir. 2013); In re Rail Freight Fuel Surcharge Antitrust Litig. - MDL No. 1869, 725 F. 3d 244 (D. C. Cir. 2013).

② See Tyson Foods, Inc., 136 S. Ct. 1036 (2016); In re Asacol Antitrust Litig., 907 F. 3d 42 (1st Cir. 2018); Electrolux Home Prods., Inc., 817 F. 3d 1225 (11th Cir. 2016); Roach v. T. L. Cannon Corp., 778 F. 3d 401 (2d Cir. 2015).

③ See Vega v. T - Mobile USA, Inc., 564 F. 3d 1256 (11th Cir. 2009); In re Nassau Cnty. Strip Search Cases, 461 F. 3d 219 (2d Cir. 2006).

④ See Vega v. T - Mobile USA, Inc., 564 F. 3d 1256 (11th Cir. 2009).

⑤ See In re Petrobras Securities, 862 F. 3d 250 (2d Cir. 2017); In re Nassau County Strip Search Cases, 461 F. 3d 219 (2d Cir. 2006); See Carnegie v. Household Int1, Inc., 376 F. 3d 656 (7th Cir. 2004); In re New Motor Vehicles Can. Export Antitrust Litig., 522 F. 3d 6 (1st Cir. 2008).

⑥ See Amchem Products, Inc. v. Windsor, 521 U. S. 591 (1997); Phillips Petroleum Co. v. Shutts, 472 U. S. 797 (1985); In re Nexium Antitrust Litigation, 777 F. 3d 9 (1st Cir. 2015).

⑦ See *Mejdrech v. Met - Coil Sys. Corp.*, 319 *F. 3d* 910 (*7th Cir.* 2013).

（三）法院的确认裁定

法院对集团诉讼是否成立的审查结果以裁定的形式作出。根据《联邦民事诉讼规则》第23条(c)(1)的规定，案件被作为集团诉讼提起后，法院应对其是否符合集团诉讼的要件进行审查并尽快作出裁定。法院的裁定可以附条件，在案件审理终结前，法院可以修改或变更裁定。

如果法院认为不符合集团诉讼的要件，原诉讼仍然可由“诉讼代表人”进行下去，但法院对此作出的判决不能对原本属于集团诉讼成员的人产生约束力。原诉讼的一方当事人也可能被划分为较小的诉讼集团在符合集团诉讼的条件下进行。

当事人对集团诉讼的确认问题的裁定不能上诉，必须遵守法院的裁定，一直到法院就该案件作出实体判决。如果对判决不服可以提起上诉，上诉法院进行审查时将对集团诉讼的确认问题一并进行审查。

二、集团成员范围的确定

在《联邦民事诉讼规则》第23条(b)规定的三种案件类型中，对于前两类案件，一旦诉讼形成，所有的集团成员都无权选择退出该诉讼，法院对该集团诉讼的判决对每一个集团成员都有约束力；但是对于第三类请求金钱损害赔偿的案件，由于其并不一定要通过集团诉讼的方式解决，因此法律赋予了这一类集团成员选择退出而不受法院判决的约束的权利。

《联邦民事诉讼规则》第23条(c)(2)(B)规定，对于根据第23条(b)(3)确认的集团，法院应指令以最切实可行的方式向集团成员发出通知，包括向通过合理努力可以确定的集团成员发出单独通知，告知其有权在特定的日期以前，提出不加入集团诉讼的要求。集团诉讼通知和选择退出机制使集团成员的范围得以确定。

（一）集团诉讼通知

集团诉讼通知主要包括集团证明的通知和集团和解的通知。其中，集团证明的通知是指在诉讼提起后，由集团诉讼代表人及律师将诉讼基本情况、成员的权利告知集团的成员或潜在成员的行为。除需告知被通知人案件当事人、案由、受理法院、受理时间等案件基本情况以及选择退出的权利外，集团证明的通知还须包括下列事项：(1)未被排除在集团诉讼之外的成员，无论案件结果如何，集团诉讼的处理结果将对其产生拘束力；(2)所有未被排除在集团诉讼之外的成员，如愿意亲自介入诉讼的,可要求由自己的律师出庭。

关于通知的形式,美国联邦法院一般要求集团诉讼代表人在以信件个别通知所有可能确定的集团成员外,还要在报刊上以公告形式进行补充通知,一般是在全国性商业报刊上发布通知。具体的通知形式和内容须由法院事先确认方有效。

(二)选择退出机制

选择退出机制于1966年《联邦民事诉讼规则》中确立,即经有效通知后,集团诉讼所涉及成员在规定时间内明确表示不加入诉讼的,将被法院排除在诉讼之外。选择退出的当事人仍然可以就该纠纷在诉讼时效内向有管辖权的法院提起诉讼,所有未"选择退出"的集团一方涉及的当事人都被视为集团诉讼中集团一方的成员,他们的请求权自动累积到集团一方的诉讼请求中。

选择退出规则使集团诉讼包容空前规模的当事人成为可能。庞大的原告集团的结集,使原告方请求赔偿金额累计达到,或超过了违法行为人的违法收益,从而对被告人真正形成强大的威慑,但是对选择退出机制的批评声也不绝于耳,主要集中在助长滥诉和未具名原告的利益保护的问题上。第一,选择退出机制最大限度地扩大了集团规模,但也给集团代表虚张声势创造了机会。集团代表可以提起毫无价值的诉讼,利用选择退出机制对被告形成威慑,并利用被告对诉讼成本、诉讼结果的不确定性的担忧,诱使被告与之达成和解,集团律师因此获得一笔高昂的胜诉酬金。第二,选择退出机制使未参加诉讼、发表意见的未具名原告受到集团判决的约束,难以回应正当程序方面的质疑。

三、集团诉讼中的和解

普通法系向来流传一句名言:最差的和解也好过判决。这句话在集团诉讼中的应用尤甚。根据美国基石研究中心发布的统计数据,2018年立案的集团诉讼案件共403件,[①]2018年通过和解结案的案件共78件,[②]21%的集团诉讼案件在立

① Supra n. 5.

② Cornerstone Research, Securities Class Action Settlements: 2018 Review and Analysis, https://www.cornerstone.com/Publications/Reports/Securities-Class-Action-Settlements-2018-Review-and-Analysis (last visited Sep. 29, 2019).

案两年之内达成了和解。[①] 究其原因，在于原告与被告都有强大的和解动力。

首先，集团律师实质上掌握了集团方的和解决定权。在胜诉酬金的制度下，集团律师的报酬直接从被告的赔偿额中按照一定比例支付。如果集团律师经过衡量，认为通过判决获取的律师费高于和解的可能性不高，就毫无疑问会追求和解。其次，考虑到诉讼结果不确定性的风险，以及持续的诉讼程序对公司经营造成的阻碍，和解往往是集团诉讼中的发行被告的最佳选择。最后，对于被告中的发行人董事和高管，职业保险可以覆盖他们在和解中需要承担的赔偿责任，却不能覆盖判决中的赔偿责任，再加上他们对自身声誉的重视，董事和高管有很强动机去规避不利判决。

（一）集团确认之前的和解

集团诉讼中的和解既可以发生在法院作出集团确认裁定之前，也可以在此之后。其中，集团确认裁定作出之前的和解又分为单独诉讼与和解集团诉讼。

1. 单独诉讼

在法院对集团进行确认之前，集团代表可与被告达成个别和解，同意将集团诉讼转化为单独诉讼。在这种情况下，法院无须再对集团进行确认，但是此后集团代表与被告之间达成的任何和解都不能约束其他集团成员。

2. 和解集团诉讼

和解集团诉讼则是一种更为常见的和解方式。在这种方式下，当事人在集团确认之前已经就赔偿金达成一致意见，双方承诺诉讼的目的在于和解而不是获得判决，被告同意如果法院批准和解就不对集团的确认提出异议，这也就意味着和解是唯一的结案方式，如果不能达成和解，原告的诉请则回归到通过单独诉讼或其他方式解决。

（二）和解批准程序

为控制律师的道德风险，保护未出席诉讼的集团成员的利益，《联邦民事诉讼规则》第 23 条(e)(1)规定，集团诉讼中的和解必须经法院批准。和解批准程序包括三个阶段：一是法院对和解条款的公正性进行初步审查；二是向集团成员发出批准和解的通知；三是正式审理程序，法院将对和解协议的“公正、合理、充分”进行审查，以决定是否批准和解协议。

---

① Cornerstone Research, https://www. cornerstone. com/Publications/Research/Securities – Class – Action – Settlements (last visited Sep. 29, 2019).

1. 初步审查

集团诉讼的当事人经协商一致愿意达成和解后，需要向法院提出动议，请求法院对和解进行初步批准。法院将对和解协议的条款是否“公正、合理、充分”进行初步认定。当满足以下条件时，法院可能会初步批准和解：(1)当事人似乎经过严肃、非正式、非共谋的谈判而达成和解；(2)和解协议没有明显瑕疵；(3)和解协议没有给予集团代表或特定集团成员不合理的优惠待遇；(4)和解属于可能被批准的类型。①

在初步批准和解的动议中，集团代表可以同时请求法院为和解的目的对集团进行初步确认。在这种情况下，集团确认的审理程序和初步批准和解的审理程序将会合并进行，法院会对案件是否符合集团确认的四项前提条件和是否属于三种案件类型的范围作出初步判断。

2. 和解批准的通知

《联邦民事诉讼规则》第23条(e)(1)(B)规定，法院应以合理的方式向集团成员发出关于和解协议、撤诉和相互妥协的通知。根据第23条(d)(2)的规定，法院可以指示当事人具体执行通知事务。一般而言，发出通知的义务应由集团代表承诺，但是法院有权根据案件的具体情况裁定被告执行这一任务，也有自由裁量权分配执行通知任务的成本。②

批准和解的通知应当包括下列内容：(1)和解协议条款，并且声明和解经正式批准后将约束所有集团成员；(2)集团的定义；(3)每股的可能赔偿额、集团成员在各州的分布情况；(4)如果和解批准与集团确认同时进行，应说明集团确认是否完全为了和解的目的；(5)说明集团成员是否有退出的权利；(6)起诉、答辩的情况以及案件开庭审理时间表。③ 集团成员可以就支持或反对和解发表意见，并在随后的正式审理程序中展开辩论。

3. 和解批准的裁量标准

和解批准程序的基本目标是确保和解结果对权利人是公平和充分的。在 In re Microstrategy, Inc. Securities Litigation, 150 F. Supp. 2d 896 (E. D. Va. 2001) 案中，法院提出衡量和解协议是否公平和充分的因素包括：(1)案件在和解方案提

---

① See In re Nasdaq Mkt. – Makers Antitrust Litig., 176 F. R. D. 99, 102 (S. D. N. Y. 1997).

② See Oppenheimer Fund, Inc. v. Sanders, 437 U. S. 340 (1978).

③ See Manual for Complex Litig. (Fourth) § 21.633 (2004).

出时的进展情况;(2)已经进行的证据开示的程度;(3)协议的环境;(4)律师在集团诉讼方面的经验。在 In re the Drexel Burnham Lambert Group, Inc. ,960 F. 2d 285 (2d Cir. 1992)案中,第二巡回法院也指出,在决定是否批准集团诉讼和解时,法院的考虑因素包括:诉讼的复杂性、和解提议和可能判决的比较、律师的经验、已经进行的证据开示的范围、被告履行和解协议的能力。

四、胜诉酬金制度

美国诉讼制度中没有关于败诉方承担胜诉方律师费的规定,无论胜诉与否,原被告双方均需自行负担律师费,这为胜诉酬金制度创造了条件。

所谓胜诉酬金制度,是指集团律师从被告支付的赔偿金中抽取一定数额作为律师费的制度。胜诉酬金制度的两大基本特征是风险代理和法院对最终数额的决定权。第一,律师只有帮助当事人集团获得胜诉或达成和解才能取得一定报酬和支出补偿,换言之,不胜诉或达成和解将一无所得;第二,一般的风险代理是在合同中约定律师费的数额,除非法律有特别规定,法院无权介入当事人的约定,但是在集团诉讼中的胜诉酬金制度下,法院对律师费的最终数额具有决定权,必须对此作出裁决。《1995 年私人证券诉讼改革法》引入首席原告与集团律师事先订立协议约定律师费的规定,但是不影响法院对律师费的最终数额的决定权,并使律师费更符合原告的预期,以及更接近市场的律师费标准,而不是仅依靠法官的直觉和偏好决定。[①]

胜诉酬金制度一方面为律师提供了极大激励,鼓励律师去主动发现欺诈行为、投入调查成本、寻找有利证据和理由、奋力赢得诉讼或促成和解;另一方面为受害的集团成员解决了诉讼成本的问题。于是,律师与原告形成一个诉讼风险投资的合伙,原告提供诉讼项目,律师提供资金,这样也解决了集团诉讼中的集体行动困难问题。[②]

胜诉酬金的计算方式有两种:一种是简单的比例计算法,在采用这种计算方式的案件中,律师费占赔偿额的比例通常为 25% 至 30%[③];另一种是北极星计算

---

① See Lynn A. Baker, *Setting Attorney's fees in Securities Class Action*: *An Empirical Assessment*, 66 Vanderbilt Law Review 1677 (2013).

② 参见郭雳:《美国证券集团诉讼的制度反思》,载《北大法律评论》2009 年第 10 卷第 2 辑。

③ See Robert H. Klonoff , Class Actions and Other Multi - Party Litigation , 3rd Edition , Thomson & West (2007), p. 276.

法(Lodestar),即以律师的小时费率乘以工作时间得到的数额为基数,再根据案件的特殊风险、复杂程度、律师工作质量等因素,用一个1~5不等的乘数对这一基数进行调整。法院通常根据实际情况决定适用哪种方式更为合理,但是北极星计算法通常为联邦法院使用,并不被所有的州法院认可。[①]

① See Stephen C. Yeazell, Joanna C. Schwartz, Civil Procedure, 9 th ed., Wolters Kluwer (2016), p. 1096.

第五章

证券服务机构民事责任的风险防范

结合前文的探讨，我国证券服务机构在提供证券服务过程中可能面临的风险日益明显且持续上升，该趋势给相关从业服务群体提出了更高的日常风险防控要求。如何在提供优质服务的过程中合法、合规、合理地保障自身权益，成为各类证券服务机构亟待正视的问题。结合我国证券市场的具体情况和风险触发过程，本部分针对利用非诉和诉讼手段进行风险防范的诸种措施进行探讨。

第一节　认真对待工作底稿

一、何为工作底稿

工作底稿，常运用于各类专业性较强的行业，如会计、审计、资产评估、建筑、税务、法律等。在保荐业务中，工作底稿，是指保荐机构及其保荐代表人在从事保荐业务全部过程中获取和编写的、与保荐业务相关的各种重要资料和工作记录的总称。在会计学上，工作底稿又被称为“工作底表”，是将一定会计期间核算所得到的会计资料汇集一起，为最终取得一定的会计信息而进行调整、试算、分析的表示。[①] 资产评估工作底稿，是指资产评估人员执行评估业务形成的，反映评估程序实施情况，指出评估结论的工作记录和相关资料。[②] 在律师行业中，工作底稿是指律师在提供法律服务的过程中形成、搜集和制作的能够反映律师工作内容和服务方式的相关材料，是指律师出具法律意见书和律师工作报告的依据。[③] 根据以上论述，对于工作底稿的含义，虽然各行业有自己的专门界定，但核心内涵基本趋于一致，即工作底稿是证券服务机构在工作过程中获取和编写的、与证券业务相关的各种重要资料和工作记录的总称。

工作底稿有以下三项特征：时间性、客观性、基础性。时间性，是指证券服务机构的工作底稿是各类证券服务机构在提供专业服务的过程中形成与制作的，是他们意见形成与结论得出的历史反映。客观性，是指工作底稿是对证券服务机构

---

① 朱小丽、兰君主编：《会计学原理》，北京邮电大学出版社 2016 年版，第 149 页。

② 何雨谦、王丽主编：《资产评估学》，东北财经大学出版社 2016 年版，第 357 页。

③ 左德起：《我国律师工作底稿规则探析》，载《中国政法大学学报》2019 年第 1 期。

经办人员的工作思维和工作过程的客观体现。因此，证券服务机构应当坚持实事求是的要求，确保工作底稿的客观性，不得刻意伪造。基础性，是指证券服务机构提供的专业服务必须有工作底稿的支撑，尤其是对特定的交易发表专业意见或形成相关结论之时。

二、工作底稿的作用

证券服务机构之所以需要进一步认真对待工作底稿，进而实现有效规避职业风险，主要是因为工作底稿具有以下两项重要作用，二者互为支撑：

第一，工作底稿是澄清证券服务机构法律责任的重要依据。证券服务机构制作工作底稿不仅是监管部门的要求，同时也是证券服务机构履行法律义务和勤勉尽责的重要依据，甚至必要时可以在一定程度上规避职业风险。根据《证券法》的规定，证券服务机构所承担的民事责任采推定过错的规则。因此，对于证券服务机构而言，工作底稿是澄清责任最为重要依据。根据《最高人民法院关于审理涉及会计师事务所在审计业务活动中民事侵权赔偿案件的若干规定》（法释〔2007〕12 号）第 4 条第 2 款的规定，会计师事务所在证明自己没有过错时，可以向人民法院提交与该案件相关的执业准则、规则以及审计工作底稿等。

第二，工作底稿是证券服务机构发表意见与结论的重要支撑。根据《上海证券交易所科创板上市保荐书内容与格式指引》第 8 条第 2 款的规定，保荐人应当对本次证券发行上市发表明确的推荐结论，并具备相应的保荐工作底稿支持。根据《中国注册会计师审计准则第 1131 号——审计工作底稿》第 4 条的规定，注册会计师应当及时编制审计工作底稿，以实现下列目的：提供充分、适当的记录，作为审计报告的基础。

三、工作底稿的编制

（一）工作底稿编制的基本要求

虽然证券市场中各类证券服务机构的工作职责迥异，工作底稿的具体内容和类型亦不相同，但他们制作工作底稿的目标是一致的，即确保勤勉尽责，这也就决定了各类证券服务机构在编制工作底稿时所遵循的基本规则应当相同。具体而言，证券服务机构在从事各类业务的过程中，应当确保工作底稿的真实性、准确性、完整性。工作底稿的真实性、准确性和完整性是法定的基本要求。根据《证券法》第 173 条的规定,证券服务机构为证券的发行、上市、交易等证券业务活动制作、出具审计报告、资产评估报告、财务顾问报告、资信评级报告或者法律意见书等文件,应当勤勉尽责,对所依据的文件资料内容的真实性、准确性、完整性进行核查和验证。《证券发行上市保荐业务工作底稿指引》规定,工作底稿应当真实、准确、完整地反映保荐机构尽职推荐发行人证券发行上市、持续督导发行人履行相关义务所开展的主要工作,并应当成为保荐机构出具发行保荐书、发行保荐工作报告、上市保荐书、发表专项保荐意见以及验证招股说明书的基础。根据《首次公开发行股票配售细则》第 23 条的规定,主承销商应当完整保存网下投资者报价及申购信息、配售对象基本信息、配售决策过程文件、法律意见书等配售工作的相关资料。根据《上市公司并购重组财务顾问业务管理办法》第 33 条的规定,财务顾问的工作档案和工作底稿应当真实、准确、完整。根据《资产评估执业准则——资产评估档案》第 7 条的规定,工作底稿应当真实完整、重点突出、记录清晰。根据《证券市场资信评级机构评级业务实施细则》(试行)的规定,评级项目组应当对自行收集的资料信息进行评估,以保证其及时性、准确性、完整性。根据《执业规则》第 41 条的规定,工作底稿内容应当真实、完整,记录清晰。

根据工作底稿的基本作用,一旦证券服务机构在制作工作底稿的过程中未能确保工作底稿的真实性、准确性和完整性,则往往足以证明证券服务机构未能完全履行勤勉尽职之责。例如,在某公司通过发行股份及支付现金的方式收购某传媒公司项目中,资产评估公司工作底稿、询证函回函编号显示,资产评估公司选取了传媒公司 31 家销售客户对其收入及应收账款进行函证,但底稿中只保留了 23 份回函,缺失了 8 份回函。同时,底稿中未见资产评估公司执行对发函和回函保持控制程序的记录,未见函证收发统计表和函证收发快递单等任何控制程序的记录。基于此,证监会认定资产评估公司未履行勤勉尽职的义务。

(二)工作底稿编制的具体内容

证券服务机构应当在遵循真实性、准确性和完整性的基础之上,依据各自的职责,编制相应的工作底稿。

1. 保荐业务工作底稿的内容

根据证监会 2009 年发布的《证券发行上市保荐业务工作底稿指引》,证券公司从事保荐业务制作工作底稿至少应当包括以下内容:根据有关规定对项目进行立项、内核以及其他相关内部管理工作所形成的文件资料;在尽职调查过程中获取和形成的文件资料；对发行人相关人员进行辅导所形成的文件资料；协调发行人和证券服务机构时，以定期会议、专题会议以及重大事项临时会议的形式，为发行人分析和解决证券发行上市过程中的主要问题形成的会议资料、会议纪要；保荐机构、为证券发行上市制作、出具有关文件的律师事务所、会计师事务所、资产评估机构等证券服务机构及其签字人员，对发行人与发行上市相关的重大或专题事项出具的备忘录及专项意见等；根据实际情况，对发行人及其子公司、发行人的控股股东或实际控制人及其子公司等的董事、监事、高级管理人员以及其他人员进行访谈的访谈记录；根据实际情况，对发行人的客户、供应商、开户银行，工商、税务、土地、环保、海关等部门、行业主管部门或行业协会以及其他相关机构或部门的相关人员等进行访谈的访谈记录；发行申请文件、反馈意见的回复、询价与配售文件以及上市申请和登记的文件；在持续督导过程中获取的文件资料、出具的保荐意见书及保荐总结报告等相关文件；保荐代表人为其保荐项目建立的尽职调查工作日志；其他对保荐机构及其保荐代表人履行保荐职责有重大影响的文件资料及信息。

2. 承销业务工作底稿的内容

根据中国证券业协会2018年修订的《首次公开发行股票配售细则》的规定，证券公司在从事承销业务制作的工作底稿应当包含以下内容：网下投资者报价及申购信息、配售对象基本信息（获配投资者为自然人的，应至少取得其姓名、证券账户号码、身份证或护照号码、联络方式、住址等信息；获配投资者为法人或其他组织的，应至少取得其名称、证券账户号码、身份证明号码、联络方式、办公地址等信息）、配售决策过程文件、法律意见书以及协会规定的其他材料。

3. 会计师工作底稿的内容

根据财政部2016年修订的《中国注册会计师审计准则第1131号——审计工作底稿》的规定，审计工作底稿通常包括：总体审计策略、具体审计计划、分析表、问题备忘录、重大事项概要、询证函回函、管理层声明书、核对表、有关重大事项的往来信件（包括电子邮件），以及对被审计单位文件记录的摘要或复印件等。通常不包括：已被取代的审计工作底稿的草稿或财务报表的草稿、对不全面或初步思考的记录、存在印刷错误或其他错误而作废的文本，以及重复的文件记录等。

此外，注册会计师应当考虑编制重大事项概要，将其作为审计工作底稿的组成部分，以有效地复核和检查审计工作底稿，并评价重大事项的影响。重大事项通常包括:引起特别风险的事项;实施审计程序的结果,该结果表明财务信息可能存在重大错报,或需要修正以前对重大错报风险的评估和针对这些风险拟采取的应对措施;导致注册会计师难以实施必要审计程序的情形;导致出具非标准审计报告的事项。

4. 律师工作底稿的内容

根据中国证券监督管理委员会和司法部 2010 年发布的《律师事务所证券法律业务执业规则(试行)》第 40 条的规定,律师事务所在从事证券法律业务之时制作的工作底稿应当包括以下内容:第一,律师接受委托事项的基本情况,包括委托人名称、事项的名称;第二,与委托人签订的委托协议;第三,查验计划及其操作程序的记录;第四,与查验相关的文件,如设立批准证书、营业执照、合同、章程等文件、变更文件或者上述文件的复印件;第五,与查验相关的重大合同、协议及其他重要文件和会议记录的摘要或者副本;第六,与政府有关部门、司法机关、中介机构、委托人等单位及相关人员相互沟通情况的记录,对委托人提供资料进行调查的访问记录、往来函件、现场查验记录、查阅文件清单等相关的资料及详细说明;第七,委托人及相关人员的书面保证或者声明书的复印件;第八,法律意见书草稿;第九,内部讨论、复核的记录;第十,其他与出具法律意见书相关的重要资料。

5. 资产评估机构工作底稿的内容

根据中国资产评估协会 2018 年发布的《资产评估执业准则——资产评估档案》的规定,资产评估机构的工作底稿通常分为管理类工作底稿和操作类工作底稿。管理类工作底稿是指在执行资产评估业务过程中,为受理、计划、控制和管理资产评估业务所形成的工作记录及相关资料。管理类工作底稿包括:资产评估业务基本事项的记录、资产评估委托合同、资产评估计划、资产评估业务执行过程中重大问题处理记录、资产评估报告的审核意见。

操作类工作底稿,是指在履行现场调查、收集评估资料和评定估算程序时所形成的工作记录及相关资料。操作类工作底稿通常包括:现场调查记录与相关资料、收集的评估资料、评定估算过程记录。

6. 信用评级机构工作底稿的内容

根据中国证券业协会 2012 年发布的《证券资信评级机构执业行为准则》和 2016 年发布的《证券市场资信评级机构评级业务实施细则》(试行),信用评级机构在开展资信评级服务时制作的工作底稿应当包括受评级机构或受评级证券发行人提供的原始材料以及信用评级机构出具项目评级结果所依据的其他全部信息与数据,包括访谈记录和尽职调查资料等。

第二节　完善内部风险控制机制

风险是任何影响目标实现的因素,所有的企业,无论规模、结构和行业性质,只要存在经营就面临着风险,证券公司、会计师事务所、律师事务所等都概莫能外。所谓风险控制,就是采取一定的措施对面临的风险进行检测和评估,使风险降低到可以接受或者可以容忍的程度。虽然通过制作工作底稿能够对证券服务机构的进行跟踪和记录,可以时刻提醒证券服务机构应当恪守勤勉尽责的义务,降低执业过程中的风险,但这一功效的实现,还需要依赖一套完善的内部风险控制制度。毕竟,在实现组织的目标和既定的计划时,由于各种因素的影响,任何一个组织的行为都可能会偏离自己的目标和计划,此时就需要使用管理的一项重要职能:控制。[①] 换言之,借助内部风险控制机制能够实现对业务各环节可能出现的风险进行识别,采取必要的内部控制措施,确保业务开展合法合规,确保信息披露的真实、准确和完整。

实践中,证券服务机构基本上均已建立了相应的内部风险控制机制。最为典型的是审计机构的三级复核制度。所谓三级复核制度,即由项目负责人首先对所有工作底稿进行以及复核,然后由部门经理重新进行二级复核,最后由对该项审计业务负直接责任的注册会计师或合伙人进行三级复核。[②] 需要注意的是,三个层次的复核并不是简单重复,在范围和重点上均有所不同:一级复核覆盖所有的工作底稿,目的是确保助理人员均已按照审计计划完成所有审计工作,并且进行适当记录;二级复核无须详细复核所有工作底盖,但须复核审计领域,确保一级复核人已经适当地对工作底稿进行了详细复核;三级复核一般只复核与复杂及高审计风险项目有关的工作底稿。此外,对于证券公司和律师事务所等证券服务机构,内部往往也有类似的制度,通过内核会、内审会等对特定高风险事项进行决策。

---

① 芮明杰编著:《管理学原理》,格致出版社 2016 年版,第 209 页。

② 汪益纯、任欣、沈彤主编:《审计学》,东北师范大学出版社 2012 年版,第 244 页。

此外,相关法律法规和规范性文件也对证券服务机构的内部风险控制提出了具体要求。例如,《首次公开发行股票配售细则》要求,主承销商应当建立健全组织架构和配售制度,加强配售过程管理,在合规管理相关制度中明确对配售工作的要求。配售制度包括决策机制、配售规则和业务流程,以及与配售相关的内部控制制度等。主承销商应当有负责配售决策的相关委员会,委员会具体职责应当包括制定配售工作规则、确定配售原则和方式,履行配售结果审议决策职责,执行配售制度和程序,确保配售过程和结果依法合规。此外,主承销商应当聘请律师事务所对网下发行过程、配售行为、参与配售的投资者资质条件及其与发行人和主承销商的关联关系、资金划拨等事项进行见证,并出具专项法律意见书。《证券市场资信评级机构评级业务实施细则》(试行)(中证协发〔2016〕115 号)规定,应当建立和实施评级质量控制、信用评级委员会、信息保密、利益冲突防范等内控制度。

但是,在市场化改革推断深入的今天,为了有效规避风险,必须要进一步完善证券服务机构的内部风险控制,筑牢抵御执业风险的坚强壁垒。通常而言,内部风险控制的主要手段包括:组织结构控制、授权批准控制、岗位轮换控制、全面预算控制、会计系统控制、标准化流程控制、内部报告控制、内部审计控制、档案专管控制、永续盘存控制和员工素质控制。[1] 但对于证券服务机构而言,适宜的内部风险控制手段应当是组织结构控制、授权批准控制和内部报告控制。

组织结构控制要求证券服务机构内部应注意构建相互制约、相互监督的格局,对于高风险的业务应当构建起专门的监督机构,确保对具体执业人员的行为形成有效监督,确保风险识别与防范。

授权批准控制要求在证券服务机构内部明确授权与职责分工。证券服务机构主要由内部的各个团队来具体完成,大致可以分为项目负责人、项目执行人和助理人员。为了有效规避风险,不仅需要在团队内部明确职责划分,还应将每一团队置入证券服务机构的整体中,明确在各类交易中团队与证券服务机构之间的职责划分,通过授权批准控制形成内部控制和监督。

内部报告控制的核心是保障信息的畅通。信息对于证券服务机构构建内部风险控制机制至关重要,力求确保信息能够在证券服务机构内部自下而上地进行

---

① 李端生:《内部控制理论与实务》,东北财经大学出版社 2017 年版,第 13 ~ 22 页。

传递，确保上层机构和人员能够及时、准确地获知具体业务信息，并在此基础之上对风险作出有效评估与判断。

第三节　建立职业责任保险制度

一、弥补传统风险控制方式的多元化手段

如前所述，通过完善工作流程、加强内部控制可以在一定程度上降低证券服务机构遭受损失或诉讼的概率，但是证券类业务也有其独有的复杂性，单纯依赖完善的内控措施并无法完全避免，而一旦出现问题，往往会涉及更为复杂的抗辩以及高额的经济损失。因此除了做好内控以外，针对可能面临的巨额经济损失，市场中也已出现较为多元化的应对手段，以降低相关主体面临的风险。根据具体手段的不同，可以将其分为以下几个较有代表性的方式，而不同方式间所适用的机构类别和可达到的效果也有着明显差别。

（一）风险自留型

风险自留也称风险承担，是指单位自身非理性或理性地主动承担风险，以其内部的资源来弥补损失。这类做法的主要动力为：自身风险判断能力比同业高而且极少出现错误、自身风险承受能力极大。此类方式主要适用于资金较为充裕的大型国有证券公司，主要的风控手段全部依赖于该机构的内部控制，对于可能遭受的经济损失不作其他分摊或转移处理。这种自留的方式虽然省去了采购的麻烦、也可以节省一小部分营运成本，但是一旦某一项目出现问题，其自身可能承受全部的巨额损失，对当年的经营结果可能产生较大影响。对于资金实力一般的中小型证券公司、评估机构或其他合伙制证券服务机构而言，其经营风险并未实质转移或分散；而对于大型国有证券公司而言，虽然偿付能力不成问题，但相对高额的赔偿金也将变相造成国有资产的流失，同时给公司的正常经营和相关高管的正常履职埋下隐患。

（二）风险共担型

风险共担相较于风险自留而言，已从单纯使用内部资源来弥补损失转化为通过大量同质风险的承担者相互支持，通过将单一损失分散化，降低该损失对某单个单位的冲击。此类方式多出现于律师事务所、会计师事务所等合伙制机构中，

根据具体形式的不同,又可分为所内赔偿互助基金和协会赔偿互助基金两种。其中,所内赔偿互助基金指同一事务所内的不同合伙人团队,以各自团队的名义向事务所缴纳固定比例的互助基金,在事务所出现风险事故时,通过互助基金进行损失补偿,能够避免因某一业务的问题导致该合伙人团队甚至整个事务所受到重大影响。而另外一种协会赔偿互助基金的基本形式和原理同所内式的基本相同,唯一的不同点是协会基金的收集方式是以事务所为单位,由各地行业协会组织,辖区内各事务所以所为单位自愿上缴资金建立赔偿互助基金,以便在某一事务所出现问题时,提供互助式的损害赔偿。从资金的规模性和互助性而言,无疑协会赔偿互助基金可以起到更大的风险分摊作用。但是这种方法也有其固有的缺陷,即只能在相关业务比较发达的北京、上海、深圳、广州等地区或全国范围内证券类业务的头部机构进行,而不具有普适性。其原因在于,不同地区各个证券服务机构的业务量差别太大,所面临的业务类型和职业风险的差距也较大,难以保证互助基金的充足性和公平性,进而导致无法实现风险公平均摊、损失有效转嫁的目的。

(三)风险转嫁型

风险转嫁又称风险转移,是指将风险及其可能造成的损失全部或部分转移给他人。通过转移风险而得到保障,是应用范围最广、最有效的风险管理手段,保险就是其中之一。上述风险共担型的风控方法,严格来说也属于风险转移的一种,但相较于应用更为普遍的保险而言,转移的程度更为有限。此类方式适用于各类证券服务机构,据保险业内人士反馈,目前证券公司、律师、会计师和评估师事务所均有通过购买职业责任保险(又称"执业责任保险"或"职业赔偿保险",承保专业技术人员因职业上的疏忽或过失致使合同对方或其他人遭受人身伤害或财产损失,依法应承担赔偿责任的保险,其承保对象包括医生、会计师、建筑师、工程师、律师、保险经纪人、交易所经纪人与其他专业技术人员,一般由承保对象从事专业技术服务的单位投保)的方式来转嫁自身的风险敞口,只是在不同行业中,职业责任保险的渗透率(保险提供商对该类客户群体的渗透程度,即该客户群体中拥有或正在使用该保险的比例)和购买形式有所不同。相较于海外市场而言,我国证券公司购买职业责任保险的比例相对较低,大多采用上文所述的强内控方式进行风险自留。相较而言,律师、会计师行业则均采用行业统保的模式进行,渗透率也相对较高。从风险敞口的处理和转移而言,购买商业保险的模式有着风险完全转嫁的效果，一旦保险合同成立，在合同范围内的相关损失将几乎全部（须扣除一定额度的免赔额）由第三方保险公司承担，证券服务机构无须支付任何额外的费用或赔偿金，且根据不同证券服务机构业务规模、风险暴露大小的不同，保险公司可有针对性地出具对应的保险方案，也可最大限度做到风险转嫁的公平与合理。但是需要承认的是，在这种方式下，相关机构需要按年缴纳一定数额的保险费，也即存在自身风控成本的支出。

（四）混合转嫁型

在上述风险转嫁型的基础上，市场中还衍生出了另外一种更为综合的风险转嫁机制，即证券服务机构在自身通过商业保险进行风险转嫁的同时，还在其与上市公司（或相关客户）签订的服务合同中嵌入保险条款，明确要求上市公司（或相关客户）同时采购针对虚假陈述或该项目其他可能涉及的风险敞口的责任保险（一般为"董事高管责任保险"或针对首次发行的"招股说明书责任保险"），并将证券服务机构纳入被保险人的范围内，一旦出现问题，则可优先从上市公司的责任保险中获得赔偿。这样做无疑会让整个风控安排稍显复杂化，但好处也同样明显，通过合同中的保险条款，可以同步让上市公司（或相关客户）了解风控的重要性，并且在自身免费享有客户方保险保障的同时，安排自有的职业责任保险作为补充保障，在客户方保险保障用尽后再进行赔付，一方面提升自身赔偿额度充足度，另一方面也会因自有职业责任保险会有较高的起赔点，达到节省保费成本的效果。此种方法已成为较为普遍的国际标准，广泛应用于各类海外 IPO 业务中。

二、建立职业责任保险制度的必要性

如上所述，除了风险自留型以外，其余三种手段均可实现一定的风险转嫁效果。但是从实操性来看，除了小部分拥有千亿资产的证券公司以外，其他证券服务机构原则上规模和收入均较为有限，以互助基金的模式较难做到公平与对风险敞口的完整覆盖。同时因部分机构还涉及合伙制的经营结构，不同合伙人之间对基金的使用和分配意愿也会存在一定程度的不确定性。因此，从风险分散的形式和有效性上来看，风险转嫁型和混合转嫁型无疑具有更多的优越性，其本质是以小额的保险费支出，依托商业保险公司的偿付能力和雄厚资本，来获取未来不确定的巨额损失的保险补偿，是对证券服务机构自身严格风控手段的有效补充。2013 年颁布的"证券业国九条"针对"健全中小投资者赔偿机制"设置了单独章节，其中也提到了我国需要“健全证券中介机构职业保险制度”。在目前“强化证券中介机构看门人责任”的大环境下，就个案进行诉讼抗辩前完成必要保险机制的妥善安排，更能凸显其必要性。

（一）风险敞口增加，证券服务机构从重追责

随着我国国民经济的发展，证券服务机构以其服务和在证券市场的特殊地位，已成为中国证券监管机构重点监管的对象之一。2019 年修订的新《证券法》特别就证券公司及证券服务机构均须承担先行赔付责任进行了再次强调，并新增纠纷调解条目，投资者请求的，证券公司不得拒绝；在监管阶段，强调审核中根据需要启动现场检查，对发现的问题采取正式立案，除行政罚款外，强化拒绝受理材料、责任人市场禁入等举措，进一步强化证券服务机构的赔偿义务和责任追究。而近年来某一欺诈发行案的 2.42 亿元赔偿以及超过 95% 的适格投资者覆盖率，也同样让市场看到了在解决虚假陈述民事纠纷时，证券中介机构应承担的责任及其可以起到的作用。在实操层面，专门负责集中管辖金融案件及科创板相关案件的上海金融法院于 2019 年发布了《关于服务保障设立科创板并试点注册制改革的实施意见》，其中也特别提到了在未来的证券纠纷案件中，将加强中介机构单方承诺调节机制，同时适用过错推定原则，从严、准确地界定中介机构民事责任，并加大对职业责任人的执行惩戒力度。在此种处理方式下，证券服务机构即便没有主观过错，但因举证和行为边界的判定困难，连带责任也很难避免。如果已在严格内控之余安排了合理的保险风控机制，则可一定程度上缓解快速增长的执业风险所带来的或有损失。

（二）已有司法判例，合伙制机构更须重视

2018 年，在某群体性上市公司虚假陈述案中，首批受损投资者获得终审胜诉判决，会计师事务所因作为审计机构，在该虚假陈述案中未尽勤勉尽责而被终审判决承担连带赔偿责任，这类情况同样出现在证券公司、会计师事务所等身上，证券服务机构也因可能承担的连带责任而让其公信度和正常经营雪上加霜。该案中，证券服务机构成为连带被告，除了其本身依据相关法律法规须承担相应责任以外，更重要的原因在于，部分上市公司在自身的违法违规行为被查处后存在被强制退市或资不抵债的情况，无力承担众多投资者的维权索赔。而在目前国内推行证券支持诉讼、示范判决机制甚至中国特色的集团诉讼制度的情况下，索赔金额和参与投资者将会越来越多，这无疑让上市公司自身的偿付能力存在更大的不

确定性，证券服务机构的诉讼风险相应快速提升，但是倍数增长的索赔金额对于中小型证券服务机构及绝大部分合伙制机构而言，偿付能力同样值得担忧。仍以会计师事务所为例，在某一虚假陈述案中，截至2019年10月，共涉及投资者民事索赔额6.38亿元之巨，但上市公司近三年净利润已为巨亏，极端情况下，会计师事务所及涉案的两名合伙人须承担的连带赔偿责任将超过6亿元，占该所2018年累计业务收入的15%。该会计师事务所在2018年从业务收入上来说排名所有内资所第一，自第16名开始单个事务所的业务收入总额已不足10亿元，该案即可对其当年经营造成毁灭性的冲击。而继该虚假陈述案件之后，会计师事务所在2017~2019年又相继因另外三家上市公司的虚假陈述问题被连带调查并被处以行政处罚，共涉及另外6名不同的合伙人。而这三家上市公司近三年累计净利润全部为净亏损，更有两家被ST，另外一家上市公司因欺诈发行预计会被强制退市，能够足额偿付投资者索赔的概率极小，而会计师事务所收到一审判决，同样被判承担连带赔偿责任。此时，若存在一个合理的保险机制则可以独立的第三方资金进行损失补偿，以避免高昂的法律费用和民事赔偿金给相关服务机构带来的经营困境。

（三）与国际接轨，建立标准化风控机制

自20世纪70年代开始，海外证券市场的投资者即掀起了针对会计师事务所等证券服务机构的诉讼浪潮，主要原因之一便是投资者在作出自身投资决策时依赖的财务报告存在虚假或不实情况。自此，职业责任保险制度在海外市场得以快速发展。以会计师事务所的职业责任保险为例，早在20年前（1993~1995年），美国六大会计师事务所的职业责任保险成本就增加了10倍之巨，但保险渗透率仍持续处于高位。近年来更是发展为自身采购与保险要求并行的混合转嫁型风控机制，普遍应用于各类证券及投资类业务中。我国证券市场整体发展时间尚短，在市场风控方面可借鉴海外成熟模式，通过合理手段降低自身从业危机。同时考虑到我国从业机构越来越多地参与到国际化业务或跨境业务的服务中，参考海外成熟风控模式也可更好地保护自身。

综上所述，建立一个行之有效的商业保险机制是证券服务机构以非诉手段处理自身执业风险的一个重要方式，但是如何更为合理地进行制度构建和保险采购也不容小觑。在我国，自由采购和行业统保两种模式正被广泛应用，应作何种选择，值得进一步剖析。

三、现行行业统保模式的利弊

自由采购模式在我国尚处于初级发展阶段,未能于证券服务机构中得到普及,而统保模式则广泛应用于律师和会计师行业,是目前我国证券服务机构中以商业保险模式进行风险转嫁最为成功和普及的领域。

以律师执业责任保险为例,早在1999年年初北京市律师协会便开展了由律协统一为律师购买执业责任保险的探索,并于2001年3月正式与中国平安财产保险股份有限公司北京分公司签订了律师执业责任保险合同,上海、广州也逐步开展统保试点,以降低律师行业的执业风险。随后,司法部自2002年起在全国范围内强制推行律师职业赔偿保险制度,并将其纳入司法部《中国律师事业五年(2002~2006年)发展纲要》,作为今后律师业发展的一项重要任务。直至今日,该统保模式已发展为全国性的标准化风险转嫁模式,其拥有覆盖面广、操作统一便捷、价格低廉等优势,给律师执业带来了诸多便利。

虽然已有以上不错的尝试,结合对市场各行业统保模式的探究,我们也发现,随着市场的变化,一般性的统保模式在操作模式、保险保障和条款设置中可能也存在一些进一步调整的空间:

在操作模式上,主要以保险行业内标准示范条款进行采购,保障内容、赔偿限额、保险费率在各参保主体间保持一致。这一模式虽然可以一定程度为操作提供便捷性和公平性,但因各家的主营业务及整体业务范围、规模有所不同,保障内容和最高赔偿额度的无差异化也造成了部分主体的风险敞口未能完全覆盖。

在保险保障上,现行方案主要基于律师事务所违反《委托合同》和《律师法》第49条的相关规定,承保的是"委托人向被保险人提起的索赔",在普通的民事纠纷案中,这样的方式没有问题,但若结合本书的核心探讨方向、涉及证券虚假陈述纠纷案由,因提起索赔的人员均为投资者,并非证券服务机构的委托人(上市公司),因此此类诉讼很难被现有统保保单承保。

在赔偿限额上,赔偿限额即被保险人在保险期间或单一保险事故内可于保险合同项下获得的最高赔偿额度。现行的统保执业责任保险更偏向于普惠性的保险安排,存在每人赔偿限额、每次事故赔偿限额、总累计赔偿限额等多个限额设置,且每人、每次事故赔偿限额一般为百万级别,相对证券虚假陈述或其他证券纠纷案动辄千万上亿的诉讼金额而言,很难满足证券服务机构的需求。

在业务追溯上，传统责任保险产品一般会针对参保主体的执业行为作出追溯，即在保险公司和被保险人合议的追溯日之后的执业行为所导致的索赔，方才属于保险责任。在目前的统保项目中，一般追溯日的限定为保险期间开始前5年，但是在部分业务类型中，特别是证券类业务中，实际风险的暴露往往是上市公司上市多年之后或是随着时间的累积最终叠加而成。较短的追溯期设置可能会为实际享有保险保障的业务范围施加进一步限制。

除以上提及的几个要点以外，部分服务机构除国内项目以外还同时参与赴港赴美公开发行股票、沪伦通建立甚至“一带一路”相关海外工程建设等多项跨国性的业务，这些项目同样涉及目前统保项目不承保的风险，需要各参与主体在新形势下共同努力、一起优化风控方案。

四、个性化职业保险采购要点

行业统保模式的尝试无疑是我国证券服务机构完善风险控制的一个较为先进的尝试。但基于前述分析，我们不难发现，随着我国证券市场的发展，证券类业务的风险类型（境内/境外、股票发行/债券发行、重大资产重组等）和风险损失程度（可能遭受的索赔金额和相关抗辩成本）呈现快速变化和持续上升趋势，单纯的行业统保一定程度上较难满足多元化的风控需求。因此未来不同机构间个性化的保险采购将在行业统保之余成为主流，而这一趋势也趋同于海外成熟市场的模式。就个性化职业责任保险的采购要点，本部分进一步解析如下：

（一）保险保障部分

具体而言，职业责任保险承保被保险人（证券服务机构）在履行保险合同承保的职业服务的过程中，因其不当的职业行为而对第三方造成损失所依法应承担的法律服务费用和民事赔偿金。基本的保险责任主要涵盖了证券服务机构的民事赔偿责任，在实际操作中，一般以一年期为保险期间，到期续保。以下就具体保险内容中的关键条款作进一步说明：

（二）职业服务

通常而言，职业服务可分为“不列明”和“列明”两类，区别即在于是否在保险合同中列明所承保的“职业服务”的范围内（如是否包含上市保荐、上市公司审计等）。针对“不列明”的保险合同，所有被保险人所提供的职业服务均属于承保范围；而针对“列明”的保险合同，则只有明确列在保险合同内的方才属于承保范围。

但是在成熟市场的操作中，一般会采用“列明”的方式进行，这样有助于更清晰地让被保险人和保险人了解保险责任，避免产生理赔纠纷，同时也可为被保险人提供投保的自由选择权，使之更贴合自身风险转嫁需求。在证券服务机构建立保险制度时，首先要确保证券市场的相关服务内容纳入承保的“职业服务”的范畴，同时需要确保“职业服务”的描述足够清晰、本地化，符合实际风控需求。从我国证券市场来看，证券服务机构为证券的发行、上市、交易等证券业务活动制作、出具审计报告及其他鉴证报告、资产评估报告、财务顾问报告、资信评级报告或者法律意见书等文件等均可包含在内。

1. 被保险人

被保险人一般是指证券服务机构的总部机构以及所有的子公司和分支机构，同时也包含前述机构内所有的管理人员（合伙人）及雇员。需要注意的是，这里的管理人员（合伙人）及雇员应包含所有类别的人员，同时从时间上来看，也应包含过去（已离职）或在保险期间内新聘用的人员，以确保人员的更迭不会影响证券服务机构及相关责任人所应享有的保障，但是相关保障仅适用于前述人士以该机构管理人员或雇员身份提供职业服务时的行为。

2. 不当的职业行为

不当的职业行为系指在提供职业服务过程中因疏忽、过失等原因而造成的服务过失，如在证券虚假陈述案中比较常见的在提供法律服务、审计服务过程中“未勤勉尽责”。

3. 第三方

第三方一般是指除被保险人、保险人以外的其他主体。在这里需要特别注意的是，针对证券虚假陈述或其他证券类相关风险，第三方不应局限于“委托人”（因该类案件的诉讼主体一般为投资者），否则可能会存在诉讼主体不属于保险责任范围内的情况。

4. 依法

这里的依法一般指被保险人就其不当的职业行为对第三方造成的损失负有赔偿责任所依据或适用的法律、法规或规章。结合近年的证券类业务发展，相关机构需要特别注意此处的限定，最好可结合自身的经营范围而定，若无海外业务，则仅限于中国境内即可；但若涉及，则需要明确包含所涉及业务的国家或地区。

5. 追溯日

因责任风险一般为长尾风险，尤其是针对证券类而言，实际风险的爆发往往发生于提供服务的多年之后，因此在购买职业责任保险时，要特别注意追溯日的设定，一般最好的设定方式为“向前无限追溯”，可最大限度避免风险敞口的遗漏。

除此之外，结合我国证券市场的风险特点，安排一个有效、全面的职业责任保险制度还需要注意以下几个保险保障措施的落实：

一是证券监管执法。即使在海外，一个标准的证券公司的职业责任保险也不会包含就配合证券监管机构（如证监会）的监管调查而聘请律师或其他专家所产生的费用。但是针对我国证券市场风险，因前置程序的过往传统，中国证监会及派出机构的监管执法仍是证券服务机构被确定不当职业服务的必经阶段。而随着我国法治建设的完善，相关法律抗辩成本也不断增加，尤其针对证券服务机构而言，甚至有可能超过最终实际须承担的民事赔偿金。因此，此阶段的保险保障措施将会成为相对重要的一环。

二是行政和解。自 2014 年《行政和解试点实施办法》出台以来，其特有的调查解决机制成为中国证券市场的一个特有和解方式，虽然在过去 5 年左右的时间中在上市公司层面未有实际实践，但在 2019 年 4 月，我国第一例行政和解案例在中国证监会同高盛亚洲、高华证券和 7 名相关工作人员间诞生，相关人员共缴纳行政和解金 1.5 亿元人民币。从案例中可见，证券服务机构在创新纠纷解决机制的实践中发挥着重要角色，也同时给自身带来相关风险，因此在考虑职业责任保险时须囊括此风险敞口。

6. 责任免除部分

任何的保险产品在保险保障之余均会有不承保的事项，也称“责任免除”。就证券服务机构的职业责任保险而言，通常涉及的责任免除条款如下：

（1）故意违法行为。依据我国《保险法》的相关规定，职业责任保险不能承保故意造假、串谋欺诈等违法行为。但是值得注意的是，如何认定被保险人的故意违法行为对于职业责任险的投保来说尤为重要。合理且符合国情的判定标准将大大减少将来可能发生的保险理赔纠纷，并为被保险人提供最大的风险保障。

（2）投保时的已知事件。保险产品是就未来损失发生的不确定性提供损失补偿的一种产品，这一原理同样适用于职业责任保险。如果一家证券服务机构在投保时已经知晓某一不当职业服务的发生或已有针对其的诉讼产生，则相关事宜所导致的任何损失将不在承保范围内。

第四节　强化执业人员素养

证券服务机构在从事证券服务的过程中必须依赖具体的执业人员，即相应的个体，来完成具体的工作，提供相关服务。由此可见，执业人员冲在具体项目和业务的最前线，这也就必然导致职业人员素养的高地将直接关系到证券服务机构的执业风险。因此，除了认真对待工作底稿，完善内部风险控制机制外，还应当着重强化证券服务机构职业人员的素养，这在注册制改革的背景下体现得更为显著。《最高人民法院关于为设立科创板并试点注册制改革提供司法保障的若干意见》提出，要严格落实证券服务机构保护投资者利益的核查把关责任，证券服务机构对会计、法律等各自专业相关的业务事项未履行特别注意义务，对其他业务事项未履行普通注意义务的，应当判令其承担相应法律责任。基于此，证券服务机构执业人员的具体行为以及其对特别注意义务的判断将会直接影响责任的最终成立。

因此，为了有效规避风险，证券服务机构必须加强相关执业人员管理，提升执业人员的素养。具体而言，不仅应使执业人员具备完成工作所必需的知识与基础，确保其能够正确理解法律发挥对于证券服务机构从事各类证券业务的具体要求和规定，并且及时恰当地分析和处理事务。更为重要的是，还要使职业人员牢记证券服务机构在各项业务中的特别注意义务与一般注意义务，确保他们能够尽职尽责地为客户提供专业服务，真实、准确、完整、及时地履行相应的披露义务，履行勤勉尽责的义务。虽然，证券服务机构的具体执业人员通常均持有相应的执业资格证书，具备的相应的基础知识与机能，但证券服务机构不能对此有所松懈，依然有必要加强对执业人员执业能力的培训和道德素养的培训。

图书在版编目(CIP)数据

证券服务机构虚假陈述责任及风险防范 / 郭克军，孙巍，沈乐行著. -- 北京 ：法律出版社，2020
ISBN 978 -7 -5197 -4663 -6

Ⅰ. ①证… Ⅱ. ①郭… ②孙… ③沈… Ⅲ. ①证券交易-民事诉讼-研究-中国 Ⅳ. ①D925.104

中国版本图书馆 CIP 数据核字(2020)第 109327 号

证券服务机构虚假陈述责任及风险防范
ZHENGQUAN FUWU JIGOU XUJIA CHENSHU ZEREN JI FENGXIAN FANGFAN

郭克军 孙 巍 沈乐行 著

责任编辑 慕雪丹 章 雯
装帧设计 马 帅

出版 法律出版社
总发行 中国法律图书有限公司
经销 新华书店
印刷 固安华明印业有限公司
责任印制 胡晓雅

编辑统筹 法商出版分社
开本 710 毫米×1000 毫米 1/16
印张 16.25
字数 265 千
版本 2020 年 11 月第 1 版
印次 2020 年 11 月第 1 次印刷

法律出版社/北京市丰台区莲花池西里 7 号(100073)
网址/www.lawpress.com.cn
投稿邮箱/info@lawpress.com.cn
举报维权邮箱/jbwq@lawpress.com.cn
销售热线/400 -660 -8393
咨询电话/010 -63939796

中国法律图书有限公司/北京市丰台区莲花池西里 7 号(100073)
全国各地中法图分、子公司销售电话：
统一销售客服/400 -660 -8393/6393
第一法律书店/010 -83938432/8433
西安分公司/029 -85330678
重庆分公司/023 -67453036
上海分公司/021 -62071010/1636
深圳分公司/0755 -83072995

书号:ISBN 978 -7 -5197 -4663 -6
定价:69.00 元
(如有缺页或倒装,中国法律图书有限公司负责退换)